# MECA EN MI PASADO
Un Peregrinaje a Cristo

Por el Dr. Ahmed Joktan

© 2020 por el Dr. Ahmed Joktan
Impreso a través de Proclaim Publishers, Wenatchee, Washington

**Library of Congress Cataloging-in-Publication Data**

**Datos de catalogación en publicación de la Biblioteca del Congreso**

Joktan, Ahmed, 1991–
    Meca en mi Pasado: un peregrinaje a Cristo / Ahmed Joktan.

       p. cm.

    ISBN: 978-1-7345462-6-2 (print)

    ISBN: 978-1-7345462-7-9 (ebook)

    1. Joktan, Ahmed, 1991- 2. Evangelistas – Estados Unidos – Biografía I. Título

Todos los derechos reservados. Ninguna parte de esta publicación puede ser reproducida, almacenada en un sistema de recuperación o transmitida de ninguna forma por ningún medio, ya sea electrónico, mecánico, fotocopiado, grabado o de otro tipo, sin el permiso previo del editor, excepto en los casos previstos por la ley de derechos de autor de EE.UU..

Primera impresión, 2020
Producido en los Estados Unidos de América

A todos los que todavía están en el viaje tomándose un descanso, vengan y beban de la única y verdadera fuente de Agua Viva

# Ratificaciones

para la historia del Dr. Joktan, como está en sus memorias, *De La Meca a Cristo*

El Dr. Ahmed Joktan cuenta una historia de la gracia de Dios en acción. Él da una visión de las creencias actuales que dará entendimiento al lector no islámico. Más que esto, su libro es un ensayo de la bondad de Dios extendida a todos. Espero que su viaje hacia el amor de Dios sea también tu historia.
—Chris Fabry, Chicago, Illinois
*Presentador, Chris Fabry Live en Moody Radio*
*Autor de "War Room: Prayer Is a Powerful Weapon"*

Abandonado durante horas en el caluroso desierto saudí a la edad de cuatro años por un padre que quería hacer de él un hombre, flagelado antes de llegar a la pubertad por cometer el más mínimo error al recitar el Corán, entrenado para odiar y aterrorizar a los infieles en su temprana adolescencia, visitado por Jesús en un sueño, recibiendo a Cristo y entregando su vida a su Salvador, enfrentando una horrenda persecución, el Dr. Ahmed dedica ahora su vida a compartir el evangelio con su pueblo y a llevarlos a un conocimiento salvador de Cristo. Estos son solo algunos ejemplos de la vida del Dr. Ahmed. Pero el libro es más que un testimonio. Es también un curso introductorio sobre Mahoma y el islam. El autor, en imágenes gráficas, expone las dificultades de crecer en Arabia Saudita y la dura persecución después de su conversión. El Dr. Joktan es ahora un alegre, esperanzado y apasionado seguidor de Jesús con una visión para su pueblo. No solo leas este libro; actúa para animar a este querido hermano que tiene una visión dada por Dios que haríamos bien en apoyar.

— Georges Houssney, Boulder, Colorado
*Presidente, Horizons International*

El Dr. Ahmed Joktan escribe un excelente relato de su historia personal en su nuevo libro *De La Meca a Cristo*. Documenta su experiencia como un medio para animar e inspirar a sus lectores para que podamos defender lo que creemos. Es un libro que puede cambiar muchas vidas.

—Kevin Wayne Johnson, Washington, D.C.
*The Johnson Leadership Group*

El libro *De La Meca a Cristo* del Dr. Ahmed Joktan, nacido y criado en Arabia Saudita, es un testimonio convincente de su conversión realizada en el extranjero y de sus angustiosas experiencias de persecución a su regreso, cuando compartió valientemente el evangelio con sus compatriotas sauditas y otros árabes de la zona del Golfo. También es un ejemplo brillante del triunfo del amor en su corazón por sus compatriotas perdidos, a pesar del trato cruel que le dieron. La fundación De La Meca a Cristo Internacional es un tributo a su amor eterno por su propio pueblo. Su libro se completa con una apasionada invitación a unirse a él en sus ministerios.

—Dr. Don McCurry, Colorado Springs, Colorado
*Ministries to Muslims*

Recomiendo encarecidamente el libro *De La Meca a Cristo* de Ahmed Joktan. Viví algunas de las experiencias con Ahmed descritas en este libro, ¡y puedo confirmar de primera mano la persecución que vivió! Fue un gran honor enaltecer al Señor Jesucristo con Ahmed mientras estaba en Riad y dirigir el grupo de discusión de la Biblia. La lectura de este libro te dará una idea de lo que nuestro Señor está haciendo en lugares inalcanzables.

—Charles May, Riyadh, Arabia Saudí
*Oficial retirado de la Fuerza Aérea de los Estados Unidos*

El libro del Dr. Ahmed es desgarrador, y demuestra verdaderamente el poder de Dios en una persona para abandonar todo y seguir a Cristo. El Dr. Ahmed y yo asistimos a la misma iglesia cuando vivía en los Estados del Golfo, y lo acompañé durante gran parte de la persecución que sufrió. Lo recuerdo conduciendo 13 horas cada domingo solo para llegar a nuestra iglesia en otro país, ya que las iglesias son ilegales en el Reino de Arabia Saudita. En *De La Meca a Cristo,* verán el poder de Dios en acción. Puedo atestiguar que este libro es verdadero porque he sido testigo de muchas cosas.

—Andrew Stewart, Louisiana
*Oficial Naval retirado de los Estados Unidos*

Sin duda, la historia de conversión más dramática de la Biblia es la de Saulo de Tarso encontrándose con el Cristo resucitado en el camino a Damasco. Esta historia de la transformación de Ahmed Joktan tiene algunos paralelismos notables. Desde su poderoso encuentro con el Cristo resucitado en una habitación de hotel en Auckland un año durante el Ramadán, hasta las palabras del Señor a Pablo de que "le mostraría

cuánto debe sufrir por mi causa", este libro traza el viaje de Ahmed a través de la persecución y el sufrimiento tanto de la familia como de las autoridades estatales. Es un libro que da vuelta a la página, y bien vale la pena leerlo.
—Murray Robertson
*Ex pastor principal de la Iglesia Bautista Spreydon, Iglesia de Cristo, Nueva Zelanda*

El fenómeno de que los musulmanes se vuelvan a la fe en Jesucristo es la última de una serie de "sorpresas" divinas que han marcado el movimiento global del Espíritu Santo durante el último siglo. La más sorprendente de todas es la extraordinaria conversión del hijo del muftí de la Meca, Ahmed Joktan. Este libro describe su inesperada conversión y el horrendo sufrimiento que experimentó como resultado. Se trata de una historia de la sorprendente gracia del Señor y del valiente testimonio de un musulmán de origen convertido. Que esto ocurra en mi propio país, Nueva Zelanda, tan lejos del corazón del Islam, es un tributo más a las sorpresas de Dios.
—Rob Yule
*Ministro presbiteriano jubilado, autor y antiguo moderador de la Iglesia Presbiteriana de Aotearoa, Nueva Zelanda*

Este es el extraordinario viaje desde el prejuicio en el Islam hasta la persecución de Cristo, todo a través del encuentro con Jesús en un sueño en Auckland, Nueva Zelanda, en 2010. Conocí a este moderno apóstol Pablo y escuché sus historias por primera vez, cuando Ahmed visitó nuestra iglesia en 2017. Más convincente que sus historias de sufrimiento, fue su carácter bondadoso y semejante a Cristo y su misión de vida transformada, con una carga especial para evangelizar a su

propio pueblo saudí y equipar a otros para alcanzarlos. Lea su historia - ¡no querrá dejar de leerla!
—Rev. Steve Jourdain, North, NZ
> Ministro Principal de la Iglesia Presbiteriana de San Albán, Nueva Zelanda

# Contenido

Prólogo: Carta de un Fantasma ..................................................1
1 | Mirando a Través del Cañón ...............................................7
2 | Un Momento para Celebrar .................................................11
3 | Allahu Akbar ...............................................................17
4 | El Niño Pastor .............................................................23
5 | Reflexiones ................................................................31
6 | En los Pasos del Profeta ..................................................53
7 | Un Hombre del Islam .......................................................61
8 | El Sueño ...................................................................75
9 | La Casa de los Pilares Blancos y el Hombre Alto .........................89
10 | Una Tormenta Antes de la Calma .........................................141
11 | Marginado .................................................................157
12 | Un Nuevo Comienzo ........................................................167
13 | Terapia de Conversión ...................................................191
14 | Trece Horas para la Iglesia .............................................223
15 | Oportunidad ...............................................................259
16 | Colisión ..................................................................283
17 | Marginado, Parte Dos ....................................................319
18 | Derecho a Usar el Refrigerador .........................................343
19 | La Carta ..................................................................359
20 | Dictamen ..................................................................365
21 | La Tierra de la Libertad ................................................389
22 | Hogar de los Salvados ...................................................411
23 | Una Familia para Siempre ................................................427
24 | Su Gran Comisión .........................................................441
Apéndice ......................................................................451

# Prólogo:
## Carta de un Fantasma

Seré breve, ya que los que me conocen bien saben que son quinientas páginas o al menos tres horas de conversación unilateral. Para ser honesto, este es mi tercer intento de componer lo que realmente necesita ser una pieza rápida, con un doble propósito: primero, comentar el improbable emparejamiento que es este escritor fantasma con esta historia y su autor; y, segundo, poner al descubierto cómo este texto difiere de su pieza madre, *De la Meca a Cristo*, y las razones de estas diferencias. Como este no es un libro sobre mí, mantendré el boceto de mi rostro como el de una figura hecha de palitos, en vez de como el de un Miguel Ángel.

Yo escribo.

(Podríamos necesitar un poco más que eso)

Escribo, y arreglé las palabras que estás a punto de leer.

Sin embargo, yo no escribí esta historia.

Tampoco fui digno de participar en este proyecto.

Un candidato poco probable, por lo que ni siquiera me preguntaron. En pocas palabras, yo era un escéptico agnóstico, amargado por la fe cristiana, y un orgulloso patriota con un claro recuerdo del día en que vio como miles de inocentes americanos perdían sus vidas a manos de aquellos bajo el estandarte negro del Islam—este era el hombre al que un pastor cristiano le pidió ayuda para escribir una historia sobre su amigo, el ex yihadista.

Es improbable, en efecto; pero, como encontrarán en las páginas que siguen a esta carta, ser improbable encaja perfectamente en esta historia.

No hace falta decir que no me entusiasmó inmediatamente la propuesta; sin embargo, finalmente acepté ayudar a editar el manuscrito de *De la Meca a Cristo*, después de lo cual se me preguntó si estaría dispuesto a capturar la historia en forma narrativa, algo más parecido a una novela, a diferencia de las memorias originales.

Hacerlo sería una gran empresa; pero había algo en esta historia, algo incluso sobre un gran cambio que estaba ocurriendo en mi propia vida, de lo cual no me atrevía a hablar, que simplemente no podía dejar pasar la oportunidad. Sin embargo, si quería hacer esto bien, necesitaba algo más que *De la Meca a Cristo*; necesitaba conocer al hombre mismo. Y fue en ese momento cuando finalmente me presentaron a Ahmed.

No se parecía en nada a lo que yo había imaginado que se vería el sujeto de una historia con tanta fuerza. Excepto por las cicatrices en su cara y su inusual sonrisa, era tan ordinario como cualquier otro hombre que hubiera conocido; sin embargo, uno podía sentir el extraordinario trabajo que se llevaba a cabo a través de él. Mi interés inicial en su historia cuando se me presentó por primera vez era simplemente ayudar a exponer a las masas los males de una religión que yo despreciaba. Pero rápidamente descubrí, mientras editaba *De la Meca a Cristo* y hablaba más con el hombre que lo había vivido, que si bien era necesario levantar el velo, este relato poseía algo mucho más desgarrador.

Ahmed y yo discutimos la versión narrativa de su historia, en cuyo momento me reveló duras evidencias de un mundo de oscuridad como nunca había conocido. Durante varios meses después de nuestras conversaciones, no escribí nada; mi mundo se había sacudido irreparablemente, y yo nunca sería el mismo.

Sin embargo, como un escéptico testarudo, incluso con sus pilas de documentación y la prueba tallada en la cara que me miraba tranquilamente, no podía aceptar su palabra únicamente cuando se trataba de la esencia de su vida anterior. Tenía que conocer este lecho de roca más íntimamente; así que me convertí en un estudiante del Islam, sumergiéndome de cabeza en el Corán y sus textos de apoyo, escudriñando las profundidades de sus afirmaciones, prestando oídos a sus más ardientes y estudiados partidarios y seguidores, buscando cada piedra que pudiera ser volcada; y al hacerlo, he vuelto como el pródigo a la fe que tenía muchos años antes de conocer a Ahmed rechazado por una vida de ignorancia, autorrealización, agnosticismo, incluso nihilismo, volviendo ahora de la pocilga de cerdos que había sido la culminación de mi derrochador camino: allí en el barro y la suciedad del tiempo, el yo y el propósito malgastados. Cristo se hizo más real, hermoso y hasta necesario para mí al embarcarme en este viaje, en el que me había propuesto con la intención de ejercitar mis viejos músculos para hacer un trabajo de la más alta calidad para una historia que cambiaría el mundo, pero que dejaría intacto este corazón de piedra.

Eso, probablemente en demasiadas palabras, es mi parte en todo esto; y felizmente ahora me desvaneceré detrás de las líneas.

Así que, con la fase uno de esta carta ya completa, pasemos a la fase dos.

No puede haber una lectura de esta narración sin consumir también las memorias de las que se derivó: *De la Meca a Cristo*, es el relato en bruto de los eventos tal y como ocurrieron, punto por punto y pieza por pieza, así como una historia muy enriquecedora del Islam y la exposición de la vida tal y como es hoy en Arabia Saudita: el lugar de nacimiento y el punto caliente de esa religión.

Basada en la historia de Ahmed, la cual fue dictada autobiográficamente, la próxima composición está ordenada y presentada de tal manera que resalta y amplía, sin exagerar, sus elementos más convincentes y hace que el que es un extraño para el lector esté vivo y cuente su historia de una manera íntima y personal, como lo hizo conmigo. El propósito de la narración es aprovechar más que los hechos; también busca atar tu espíritu a la gente y a los eventos, dejar que el corazón del relato sangre ante ti; busca sacar a relucir los colores, las vistas, los sonidos y los olores; dejarte probar la amargura, cenar en la esperanza; envolverte en el frío de la oscuridad y bañarte con el calor arrebatador de la luz. Sobre todo, busca romper sobre tu alma el poder del Dios vivo, dejar que tus brazos sientan el peso de la cruz que los cristianos están llamados a llevar, y te señalan a un salvador moribundo.

Ahora, para convertir correctamente el lenguaje de las memorias en el de una narración, se requiere una traducción. En aras de una total transparencia y para asegurar que no haya dudas o malentendidos sobre los hechos tal y como se presentan en esta historia, estas alteraciones las enumeraré en un apéndice al final del libro. Revísalas como quieras: antes de leer, después de leer, mientras lees, en tu hora de almuerzo, con un poco de té de la tarde, arriba de un árbol, en un barco, parado de cabeza... no importa. Nuestro propósito es que estés lo más informado posible sobre los hechos de esta historia, ya que, como leerás, ha habido muchos (hasta ahora) que dudan de su veracidad, a pesar de su respaldo testimonial. Recuerda, incluso yo he sido uno de esos escépticos.

En este libro no encontrarán exageraciones ni hechos ficticios - ficticios en lo que se refiere a los acontecimientos experimentados por Ahmed tal y como se relatan específicamente en la línea de tiempo de sus memorias, en todo el ámbito de su vida hasta ahora, o a los acontecimientos tal y como suceden actualmente en Arabia Saudita. Por el contrario, los cambios más frecuentes se dan en las siguientes formas: En primer lugar, y lo más importante, la mayoría de los personajes se presentan bajo nombres inventados con el fin de proteger el anonimato. Algunos personajes se visten con ropas metafóricas, coloreando los rasgos o atributos de una o varias personas para representar algo más, como un sentimiento, un colectivo o una creencia. El texto también incluye algunas modificaciones en la línea de tiempo: la compresión de grandes pasajes de tiempo en momentos únicos o en períodos cortos, con el fin de que se pueda seguir el ritmo; y otras veces los acontecimientos o situaciones reales que se encuentran hoy en día en Arabia Saudita se colocan delante del personaje de Ahmed, convirtiéndolo en espectador en la narración de cosas que ha visto diariamente y conoce íntimamente, pero que podría no haber visto o encontrado en ese momento específico de la historia.

No voy a extender esa lista aquí, está todo en el apéndice.

Sin embargo, insisto en este punto: no consumas esta narración y no te olvides de tomar la esencia de *De la Meca a Cristo*, ya que sería como leer solo la alegoría y dejar sin voltear las páginas del texto del que se deriva.

Habiendo prolongado mi bienvenida, terminaré esta "breve" carta con esto: Ha sido un honor y una alegría componer esta pieza, así como una experiencia muy humilde y esclarecedora. No puedo explicar cómo sucedió, pero creo que empiezo a entender el *porqué*, y la respuesta a eso no tiene nada que ver conmigo, o con la habilidad que pueda tener. En verdad, el hombre que me está mirando al espejo era una imposibilidad inconcebible cuando este viaje comenzó. Simplemente no puedo explicar el *cómo*; pero estoy llegando a entender mejor el *quién*.

La historia escrita por Dios a través de su sirviente Ahmed ha estado cambiando vidas durante muchos años. Y si esta versión narrativa es bendecida por ser otro medio por el cual las vidas serán tocadas, permítame reclamar ser el primero en ser impactado; porque el hombre que dio la primera pincelada no es el mismo que da la última, aquí y ahora.

Como dice Ahmed con esa brillante y radiante sonrisa, ¡por Cristo y su reino!

Atentamente,

Escritor Fantasma
Junio 12, 2020

# 1
## Mirando a Través del Cañón

Pocas cosas en la vida se pueden comparar con la sensación de tener el cañón de un rifle AK-47 completamente cargado presionado violentamente contra la frente. Durante días, mi cuerpo había vociferado a gritos atormentados por las espantosas magulladuras que cubrían mi golpeado cuerpo; el duro suelo en el que me arrodillé roía sin piedad los huesos de mis rodillas; y el miedo, como un coro espectral que chillaba, hacía eco de su veneno que todo lo consumía a través de mis venas y su violento temblor. Sin embargo, aun con la caótica cacofonía de un cuerpo magullado, rodillas roídas, terror tumultuoso, y una fría barra de acero que me perforaba la piel con rabia, me pasaba entre los ojos con una persecución tan feroz que parecía estar a punto de perforarme el cráneo, aun con todos estos choques en lo que debería haber sido un ensordecedor golpe de muerte, solo podía oír el roce de un dedo lleno de rabia contra un prístino y pulido gatillo, y los pesados gruñidos que retumbaban de la cara detrás de ese dedo: el de mi padre.

En muchas ocasiones me había estremecido ante este poderoso Mufti de la Meca, pero la mirada en su rostro este día era como nunca había visto en toda mi vida. Ni siquiera en aquellos tiempos de mi infancia, cuando le había ofendido mucho, había visto esa mirada salvaje y maníaca de odio, esos momentos en los que se cernía sobre mí, su voz retumbaba como un trueno y golpeaba repetidamente la palma de mi mano con una vara redonda de madera, derramando en mi alma más terror de lo que el arduo dolor podía abrumar hasta el día siguiente. Yo estaba, ahora mismo, en su ojo, como un cerdo que ha rastreado la suciedad a través de su casa y se ha tragado sus tesoros sagrados. Cualquier vínculo más allá de la sangre que me había atado a este hombre había sido cortado permanentemente. Ya no era más su hijo; era su despreciado y mortal enemigo.

Ya no había vuelta atrás. Aunque sobreviviera a este momento, sabía que mi vida se volvería instantáneamente más desconocida de lo que ya había previsto. Llámenme loco, pero aunque sabía muy bien el costo, la realidad de ser abandonado por mi propio padre y separado de mi propia familia -mi madre, mis hermanos y todos aquellos a quienes amo- parecía demasiado extrema para hacerse realidad, para sucederme a mí.

Me habían llamado para que abandonara a mi padre y a mi madre y a esta familia temporal mía, y tomara una cruz en un nuevo camino; solo que me habían golpeado hasta la médula, me habían echado de su seno y me habían lanzado a un camino desconocido con una carga que no sabía si podría soportar.

De hoy en adelante, sería un extraño en una tierra extraña si, es decir, si este hijo musulmán, ahora declarado muerto por sus parientes, fuera encontrado vivo mañana.

Con sus ojos abiertos mirando ansiosamente el cuerpo del rifle, mi padre abrió sus labios furiosos.

# 2
# Un Momento para Celebrar

—¡VEN! —gritó mi padre, poniendo su rifle AK-47 en mis manos—. ¡Sal, Ahmed! ¡Nuestros héroes han triunfado!

Era martes, justo después de la una del mediodía, haciendo que fuera extraño el día y la hora en que mi padre regresó repentinamente a casa después de sus muchos viajes. Como muftí (un erudito islámico que interpreta y expone la ley islámica), mi padre es un hombre muy estimado y respetado, cuyo camino desde que era un alumno que estudiaba directamente bajo el Gran Muftí de Arabia Saudita hasta convertirse en un distinguido líder en la ciudad más sagrada del Islam, lo ha elevado a una posición de gran honor y ha exigido mucho de sus palabras, haciendo de la nuestra una familia muy prominente y rica. Dado que también es de la línea de Joktan -el tataranieto de Shem, que fue hijo de Noé, como en el Arca de Noé- mi padre disfruta, como yo, de la dignidad de formar parte de una tribu conocida por ser guerreros yihadistas de Alá, intensamente comprometidos con las creencias del Islam. Y, para mi familia, eso es verlo a la ligera.

Como he mencionado, él viaja bastante a menudo desde nuestra casa en la ciudad de La Meca, normalmente para llevar a cabo su trabajo de interpretación, aplicación y exposición en conferencias de los libros sagrados del Islam (el Corán, los Hadith y la Sunna); pero a veces está en medio de dividir su tiempo entre sus otras esposas e hijos, dispersos por diferentes ciudades.

Normalmente, un regreso rápido e inesperado significaba que alguien estaba en problemas, *serios* problemas, lo que también significaba a menudo que se derramaría sangre. Es mejor que creas que me hice un rápido examen de conciencia cuando lo vi deslizarse hacia la entrada. Sin embargo, en esta tarde de septiembre, rápidamente me di cuenta de que en él no había nada parecido a la rabia o a la indignación, al contrario, rebosaba de dicha y gritaba alabanzas a los cielos; porque en una tierra lejana, al otro lado del mar, se había derramado la sangre de tres mil infieles en nombre de Alá.

Mientras salía a las calles, gritaba: "¡Allah Akbar! América ha caído!" llenó el aire, jugando junto con el rugido de los AK-47, bañando la atmósfera con las rayas rojo sangre de las balas trazadoras en llamas, en una canción de júbilo caótico; el cielo del mediodía era como un lienzo azul pálido rociado con una espeluznante niebla carmesí. Mi padre, loco de alegría, nos ordenó a mis hermanos y a mí que nos uniéramos al ensordecedor circo con nuestros rifles.

Esta sería una celebración para todos los tiempos, como pocas veces se había visto; algunos incluso veían este día más como una ocasión de celebración que como una boda. Ciertamente, en mis diez cortos años, nunca había visto un alboroto tan jubiloso. Hubo gritos de alegría triunfante y golpes de pecho salvajes; las ovejas y los camellos fueron sacrificados por docenas y arrojados enteros en gigantescas cubas de agua hirviendo, cada una del doble del tamaño de un jacuzzi, antes de que montañas de arroz fueran arrojadas tras ellas. Qué parecido a la imagen del paraíso que realmente creíamos que nuestros héroes terroristas estaban disfrutando era esta visión de un extravagante festín, burbujeante y desbordante en una derrochadora demostración de nuestra riqueza y prosperidad desenfrenada.

—¡Enciende el cielo, muchacho! —gritó mi padre, cuya excitada palmada en la espalda rompió mi hipnotizada mirada a la conmoción, y vació el aire de mis pulmones—. ¡Nuestros héroes nos están mirando desde el cielo, ahora mismo! Allí, a la derecha de Allah, ¡vean cómo sus primos se burlan de ustedes por guardar silencio en su día de victoria! ¡Honra a tus hombres de la tribu arrojando tus balas a sus pies!

Mis oídos zumbaban y el mundo a mi alrededor se convertía en un océano de borrosos rayos de luz. Pero pronto volví al momento en que las vibraciones de mi fusil comenzaron a pulsar en mi dedo; y con cada atadura a través de mi cuerpo, esas vibraciones despertaron y envalentonaron dentro de mí la pasión de ser para mi padre lo que estos héroes fueron para él, para que estuviera tan orgulloso de mí como lo estuvo de ellos. De hecho, nunca le había visto mirarme como miraba al cielo en este día.

Cuando me quedé sin municiones, colgué el rifle al hombro y seguí a la multitud hasta una tienda cercana, donde una bandeja de servir, de tres metros de diámetro, había sido colocada en el suelo. En ella, como un abrevadero, había un mar de arroz; y flotando entre las blancas y humeantes olas estaban los diversos miembros y las tiernas carnes de las ovejas y camellos hervidos.

Los hombres de mi tribu se reunieron alrededor del plato, mientras yo esperaba afuera con el resto de las mujeres y niños, como es costumbre en mi cultura musulmana que los hombres coman primero hasta hartarse y dejen los restos para el resto de nosotros. Los esclavos de mi familia y los de los demás se apresuraron a asegurarse de que los preparativos estaban en orden, teniendo cuidado de no acercarse a las esposas de sus amos, o de lo contrario sufrirían una severa paliza. La mayoría de los esclavos de mi campamento habían sido enviados aquí desde África y castrados para asegurar su obediencia. Pero había unos pocos que habían venido de otras tierras en busca de servicios y trabajos de construcción, solo para ser convertidos en propiedad de su amo.

Una vez que los hombres se calmaron de sus abrazos y risas, mi padre se levantó y se dirigió a nuestra tribu.

—Nuestros héroes yihadistas —gritó con la misma voz autoritaria y dominante que usaba cuando enseñaba en la mezquita—, sangre de mi sangre, mis propios sobrinos, nuestros hijos de esta misma tribu, ¡han izado la bandera negra del islam en los Estados Unidos! ¡Han puesto al Gran Satán de rodillas!

Un rugido de aprobación y aplausos, como se podría esperar, provocado por un juego ganador de la Serie Mundial, estalló en la tienda.

Tomó más que un poco de tiempo para que la atmósfera volviera a una calma adecuada para los discursos.

—¡Qué importante es que todos sigamos su ejemplo! —continuó mi padre, sus palabras se volvieron más fuertes y afiladas como cuchillas de afeitar—. Debemos destruir a *todos* los infieles, a ¡*CADA. UNO*! ¡Debemos derribar a estos despreciables incrédulos, hasta que el nombre de Alá sea exaltado en toda la tierra!

La explosión de vítores, de una horda de hombres salvajes infectados con una fiebre salvaje de euforia y poder, sacudió el suelo en el que estaba parado; y cuando se pusieron en pie para pisar el suelo y bailar, estaba seguro de que los americanos que quedaban vivos en esa maldita tierra de ultramar podían sentir los temblores. Y mientras la oscuridad caía sobre todos nosotros en ese infame día del 11-S, una sonrisa creció en mi cara, mientras en mi corazón se encendía la misma llama que había llenado mis ojos.

Algún día, pensé, cuando la sangre de los infieles americanos corra caliente sobre mis manos, mi padre mirará a los cielos, con su cara llena de amor y admiración, y me susurrará,
—Bien hecho, buen y fiel servidor de Alá.

# 3
## Allahu Akbar

CUANDO los hombres terminaron de comer, muchos se levantaron para tomar a una de sus esclavas por el brazo y sacarla de la reunión. No era un secreto, su intención; ni tampoco era asunto mío, mucho menos de las esposas de los hombres, por las que pasaron rápidamente. Pero como esta noche había estado pensando mucho en mi padre, me vinieron a la mente las palabras de sus enseñanzas en la mezquita, cuando se paraba ante los jóvenes y predicaba desde el Corán 4:3 sobre "lo que poseen tus manos derechas".

—Mahoma nos enseña que puedes casarte con hasta cuatro mujeres —le oí decir una vez—. Mira aquí él instruye, "Cásate con las mujeres que te parezcan buenas, dos y tres y cuatro. En efecto —bromeó con una risa—, he llegado a *mi* límite; y déjame decirte que una mujer que te da muchos hijos verá disminuir rápidamente su poder para complacerte. Mahoma continúa diciendo: "Si temes que no harás justicia entre ellos, entonces cásate con una sola, o con lo que posean tus manos derechas", que son tus esclavas. Así que —declaró—, ¿por qué no te consigues unas cuantas esclavas sexuales y tienes sexo ilimitado?

## 3 | Allahu Akbar

Mientras estas palabras llenaban mi cabeza, mis pensamientos se volvieron hacia nuestros héroes terroristas locales, y me pregunté qué clase de placeres debían estar disfrutando en ese mismo momento. A diferencia de las esposas que dejaron atrás, que solo tenían una reunión con sus maridos para anticiparse en el cielo, estos hombres acababan de recibir el generoso regalo de Alá de muchas *hurí*, vírgenes celestiales. En mi vida diaria, traté de aplicar todas las cosas al Corán, y recitarlo sobre la marcha, para poder aprender y entender mejor; y ahora, todos los versos del Corán me los leía cuando era niño, y los que había estado memorizando recientemente y diligentemente, los que se refieren a estas mismas criaturas, se me pasaron por la mente; palabras como "ojos bonitos", "mirada modesta" y "compañeras de pechos prominentes de la misma edad", promesas del gran profeta Mahoma, bailaban alrededor, formando extrañas y curiosas imágenes de cómo deben ser. La naturaleza misma de todo esto me pareció tan excitante como extraña. Un regalo de lo alto era seguramente algo maravilloso, pero un niño de mi edad apenas podía comprender y tenía poco interés en las cosas sobre las que los hombres a su alrededor parecen tan ardientemente apasionados e insaciablemente hambrientos.

Mis pensamientos se dirigieron entonces al cielo. Las palabras que Alá le dio a Mahoma describen un lugar magnífico, lleno de placeres indecibles, donde se otorgarán coronas de gloria a los fieles, y donde se garantiza un lugar para toda la eternidad a aquellos que dan su vida en la matanza de infieles. Sin esto último, no podría haber ninguna seguridad de entrar por esas puertas doradas de arriba; pero rápidamente me estaba convenciendo de que algún día, y muy pronto, me ganaría mi garantía, y al hacerlo traería honor a mi padre y vería que sería glorificado en la próxima vida. Seguramente, yo estaría allí algún día. La idea de ir al infierno era insoportable, porque en mi corazón estaban las palabras de quien lo había visto de primera mano.

"Me mostraron el Infierno", dijo Mahoma, según consta en el Sahih al-Bukhari, Libro 16, Hadith 12, "y nunca he visto nada más aterrador que eso".

Mirando alrededor de la fiesta, empecé a analizar a todas y cada una de las personas, preguntándome cuál de ellas llegaría al cielo, y cuál pasaría una eternidad en los fuegos de abajo. Algunos de los jóvenes que conocía eran valientes y rectos; seguramente derramarían la sangre de los infieles y estarían para siempre en el paraíso. Podría ser como ellos, ¡de hecho, podría! Yo estaba, al menos, mejor que algunos de mis compañeros, como los que luchan por memorizar el Corán. Más que eso, estaba totalmente adelantado a la realidad, ya que soy hombre; muchas de las mujeres que me rodeaban, sabía que algún día probarían los fuegos del infierno. Como Alá explica, las mujeres son inherentemente aptas para los fuegos, debido a su naturaleza ingrata.

"Y vi que la mayoría de su gente son mujeres," dijo Mahoma. Y el gran Alá respondió a la pregunta del porqué, diciendo: "Por su ingratitud... Son ingratas con sus compañeros e ingratas por el buen trato. Si eres amable con una de ellas durante toda la vida, entonces ella ve una cosa indeseable en ti, dirá: "Nunca he tenido nada bueno de ti"".

Mi corazón se estremeció al pensar en lo que estas mujeres soportarían un día y para toda la eternidad.

Aún así, si eran desagradecidas y ofensivas para Alá, pensé, ¿no se merecían su parte?

## 3 | Allahu Akbar

En ese momento, mis ojos vieron a nuestra criada filipina, parada en silencio en un rincón. El estruendoso rugido de las celebraciones cercanas retumbaba a través de la tienda, y me recordó aquellas noches cuando era muy joven, en las que terribles tormentas rugían fuera de mi ventana o a través de mis sueños. Saltaba de mi cama y corría a su lado como si fuera el rayo del que trataba de escapar, para ser consolado en sus cálidos y preciosos brazos. Mi padre nunca fue de los que alivian los terrores de la noche, si es que estaba en casa para hacerlo; y mi madre nunca había estado dispuesta a ofrecer su apoyo. Pero aquí estaba mi fiel y querida criada, siempre lista y deseosa de leerme cuentos y recitar el Corán hasta que me deslizara en un feliz país de los sueños, en lo profundo de su abrazo.

Mirarla era tranquilizador.

¿Podría tal como ella estar destinada a los fuegos?

En ese momento se escuchó una gran explosión en la distancia, acompañada de un rugido de vítores de celebración que rompió la noche. Mi tren de pensamiento se descarriló de repente, cuando varias explosiones más sonaron en la noche, cada una llevando consigo un verso del himno de mi nación, con cada BANG tembloroso, la siguiente línea se metió en mi cerebro:

*Por la gloria y la supremacía,*
*¡Glorifica al Creador de los cielos!*
*Y levanta la bandera verde*
*Llevando la luz escrita que refleja la guía,*
*Repito: ¡Allahu Akbar!*
*¡Oh, mi país!*
*Mi país,*

*¡Vive como el orgullo de los musulmanes!*
*Larga vida al Rey*
*Por la bandera*
*¡Y la patria!*

*Allahu Akbar...* Alá es el más grande. Sí, pensé yo; sí, lo es, y en ningún momento de la historia se había demostrado tanto como en este día, cuando América fue puesta de rodillas.

# 4
# El Niño Pastor

AL salir de nuestro impecable y brillante todoterreno negro, mis hermanos y yo caminamos lentamente entre los humeantes escombros; una luz incandescente se tornó roja en su interior, y una corriente fluida se agitó a través de su corazón. A medida que avanzaba, el humo comenzó a aclararse, y noté que varios pastores sudaneses nos habían acompañado, como a menudo lo hacían cuando íbamos a inspeccionar los frutos de la casa de mi padre. Sin embargo, lo que me pareció extraño fue el hecho de que yo parecía terriblemente pequeño en comparación con mis hermanos, que se paseaban a mi lado como gigantes, con sus cabezas perdidas en algún lugar de la espesa cúpula de humo y escombros que se cernía sobre nosotros.

Aunque no podía ver sus caras, conocía sus voces, que resonaban en susurros, tan claras como si sus labios estuvieran presionados contra mis oídos.

—Todo gran hombre debe ser un pastor —dijo el gigante a mi izquierda, susurrando como un viento huracanado—. Esas son las palabras de Mahoma.

## 4 | El Niño Pastor

—Padre vería este mandato cumplido en ti —dijo el de mi derecha, con una voz como una distante y furiosa tormenta—. Mira aquí aquello a lo que debes atender.

Mientras hablaba, la neblina se despejaba aún más; y yo tenía ante mí una ciudad extranjera devastada, sus edificios arrasados y en llamas; un coro de lamentos atormentados de sombras distantes, perfilados en penachos de destrucción, llenaba el aire contaminado, y sobre ellos llovía un infernal y furioso aluvión de piedras ardientes, como las que se desprenden de un volcán. El suelo bajo mis pies era como brasas pintadas de blanco, y la noche que envolvía este lugar era una sofocante mortaja de muerte sin fin.

—El trabajo de un pastor —declaró el gigante a mi izquierda; y miré hacia arriba en las nubes ennegrecidas y vi su enorme dedo apuntando hacia mí, directamente a mis manos.

Volviendo los ojos hacia abajo, miré con horror mis pequeñas palmas, de las que parecía brotar toda la ruina que tenía ante mí. Mis pies caminaron entonces sobre un rastro de sangre; temblando, lo seguí. Allí, al final, descubrí un desgarrado y destrozado desorden de algo, cubierto por una pila de escombros hirvientes: era un estandarte otrora glorioso, que había visto colgado junto a las puertas de las casas felices, volando alto en los rascacielos, y cubierto sobre los ataúdes de los honrados difuntos. Estaba muriendo, su esencia vital rezumaba lentamente de sus colores turbios y distorsionados en un aparentemente interminable flujo de sangre y agua con aristas blancas.

Estos colores goteaban de la punta de mis dedos.

La oscuridad llenó mis ojos; como el queroseno, prendió mi excitación y me encendió la vista.

Parado allí en la carnicería, mi corazón comenzó a latir rápidamente; una ráfaga de adrenalina recorrió mi cuerpo; y, apretando mis puños en la escena de la oscuridad, causando que un lodo viscoso se deslizara entre mis dedos, me deleité en el poder de la gran encomienda que se me había dado, y ardí con alegre anticipación de la alabanza que pronto recibiría de mi padre por haber llevado a cabo fielmente este gran trabajo como pastor de Alá.

Pero antes de que mi emoción alcanzara un crescendo, vino un gran rugido desde algún lugar detrás de mí. Girando rápidamente, con los hombros hacia delante, vi el todoterreno en el que había llegado a toda velocidad a la distancia. Ambos gigantes, junto con los pastores sudaneses, se habían desvanecido, se habían amontonado en el coche y me abandonaron en ese frío páramo.

Cada chispa de poder se drenó instantáneamente a través de mis pies, haciéndome como una goma floja y desgastada. Mis diminutas piernas corrían tras ellos, pero yo no iba a ninguna parte. Grité y grité y clamé para que regresaran y me liberaran de la oscuridad, de la que ahora era víctima, ya no era un amo; pero no podían oírme. Y no pasó mucho tiempo antes de que mi lucha por alcanzar la seguridad y la salvación que buscaba en los brazos de mi familia me dejara tan exhausto que me desplomé, cansado y aterrorizado.

Con los pies quemados y doloridos, me escabullí a cuatro patas hasta una cueva entre los escombros, y allí me acurrucé en una bola y sollocé. Un lío de lágrimas llovió sobre mi cara, el moco brotó de mi nariz y la orina empapó mi ropa; por un tiempo permanecí escondido; hasta que, débilmente, en la distancia, oí el gemido de alguien cuya miseria eclipsó la mía.

Arrastrándome hacia adelante, vi a una mujer con ropa andrajosa y harapienta, agarrando a un pequeño bebé envuelto en blanco. Arrodillada entre los escombros, las piedras irregulares y el metal retorcido que le atravesaba las rodillas, protegió y cubrió al niño, y sollozó mientras susurraba palabras que penetraron en mi corazón como una jabalina; porque en ellas había una nota de esperanza, incluso aquí, entre la muerte y la oscuridad, solo hablaba de esperanza.

—Pronto estaremos en casa —prometió.

Y entonces, una sombra de luz llenó la oscuridad, deshaciendo lo que la oscuridad había devorado. Levanté la vista solo por un momento, ya que mis ojos no podían soportar mirar más la abrumadora gloria. El contorno de lo que vi me pareció extrañamente familiar, y podría jurar que a su lado había un bastón como los que llevan los pastores sudaneses.

En ese momento, una voz atronadora, aunque suave, cayó sobre el mundo, diciendo:

—Soy el Buen Pastor. Reúnanse conmigo como estos.

Cayendo de bruces, supliqué:

—*¿Cómo?*

Tan pronto como las palabras salieron de mis labios, una nueva voz, como una sirena de guerra junto a mi oído, gritó:

—¡ORACIÓN!

Un violento espasmo y un posterior *RUIDO* sordo, me encontré tumbado boca abajo en el suelo de mi dormitorio, con la llamada a la oración previa al amanecer sonando a través de mi ventana abierta.

Por casualidad, me di cuenta de que mi cabeza estaba orientada en dirección a la mezquita; así que, sin moverme (como también lo estaba, doblemente por casualidad, en mi alfombra de oración, que siempre dejaba al lado de mi cama para la oración de la mañana), me metí en la primera de mis cinco oraciones del día, exigidas por la religión y por el estado.

Nunca habría dicho, al menos no en voz alta, que había algo de rutina en mi vida diaria de oración. Así como usaba un baño sin pensar en ello, yendo tan pronto como la necesidad lo requería, cuando la orden de orar sonaba por toda la Meca, me agachaba y murmuraba hasta las tablas del suelo.

Sin embargo, mientras recitaba mi habitual guión matutino a Alá, se produjo una punzada de sorpresa y asombro en la parte posterior de mi cabeza: nunca, desde los dos años, había estado levantado y listo mucho antes de la llamada a la oración. Seguramente, el hijo de un muftí no podía olvidar las horas exactas del día -la misma posición en la que caía el sol- en las que se esperaba orar. Sorprendido por la llamada e incluso un momento tarde para poner en marcha mi oración... yo no era así; y de repente un océano de culpa surgió a mi alrededor, arrastrándome rápidamente por la superficie, para hundirme allí a las profundidades y ahogarme.

Mientras repetidamente, fervientemente rogaba a Alá por su misericordia y perdón por haber sido tan descuidado como para olvidar este segundo de los cinco pilares del Islam, las visiones de los infieles llenaron mi cabeza. Una vez, mientras estaba en el corazón de la ciudad al mediodía, comencé a moverme con otros de mis parientes religiosos hacia la mezquita antes de que se anunciara la segunda llamada a la oración. Los comerciantes cerraron sus puertas, todos los negocios de la ciudad se detuvieron, y una gran horda de todos nosotros comenzó el corto viaje a nuestro lugar de oración - excepto un hombre, que se sentó perfectamente quieto a lo largo del camino, encaramado en un bordillo de la esquina, mirando con ojos sin parpadear hacia el cielo.

Por un momento, me pregunté si no podía caminar, o si era sordo; pero su cuerpo estaba lleno y sano, y no llevaba ningún bastón u otra herramienta que sugiriera una discapacidad. Y me di cuenta de que no era sordo, porque cuando la llamada finalmente cortó las calles, pude ver claramente que su cuerpo se movía, reaccionando muy ligeramente a cada sílaba de la sirena que se le encendió.

Luego vinieron los gritos salvajes de la policía religiosa.

Me di cuenta de que él también los había oído; sin embargo, su mirada no se apartaba del cielo despejado.

Sin responder a su orden de alinearse con el resto de nosotros, fue viciosamente arrancado, encadenado de pies y manos, y luego arrastrado por el polvoriento camino.

El destino que sabía que le esperaba se confirmó cuando, más o menos una semana después, lo vi en el mismo lugar; esta vez, su cuerpo, que antes estaba sano, parecía un poco menos sano. Se podían ver marcas de látigo alrededor de la nuca, insinuando lo que había debajo de su camisa.

De nuevo, la llamada del mediodía sonó.

Me quedé para no ver cómo se desarrollaría la historia del hombre.

Una esquina vacía me recibió al día siguiente, y todos los días siguientes.


Una vez que mis peticiones de perdón llegaron a su fin, me tomé un momento para alabar y agradecer a Alá por el regalo que me llevó a quedarme hasta solo tres horas antes de la primera llamada. ¡Qué glorioso, pensé, y qué poético es que Alá levante a hombres tan fieles como para ejecutar la justicia del único y verdadero dios, y hacerlo en perfecta alineación con el sagrado Corán, hasta los números del libro y el verso!

—¡Recité con alegría que tú, oh poderoso y bendito Alá, has comprado a los creyentes sus vidas y sus propiedades a cambio de que tengan el Paraíso! —mis puños se apretaron y golpeé el suelo en triunfo—. Han luchado en la causa de Alá; ¡así que mataron y fueron asesinados! Es una verdadera promesa que se encuentra en la Torá, el Evangelio y el Corán. ¿Y quién es más fiel a su pacto que Alá? Entonces, regocíjate por tu acuerdo —exclamé—, ¡que has contraído! ¡Y es eso lo que es el gran logro!

Corán 9:111 - un verso perfecto para un día glorioso, para siempre y poéticamente cimentado en las páginas de la historia de Alá, ya que su justicia fue llevada a cabo por nuestros héroes en la fecha 9/11 a la 1 PM hora de Arabia: un hermoso y exquisito reflejo del 9:111.

Los propósitos de Alá son perfectos, pensé yo, mientras daba un suspiro que llenaba el espíritu; y el que actúa para que esos propósitos puedan ser ejecutados pinta con la sangre que vierte y deja un glorioso retrato, que permanece para siempre como un testamento de la grandeza del único y verdadero dios.

Finalizadas mis oraciones, me volví a meter en la cama, para reflexionar sobre la celebración del pasado y la gloria del futuro por venir; sin embargo, mis pensamientos volvieron rápidamente al sueño más vívido que había precedido a mi colocación de cara al suelo. Aunque había muchas imágenes que me desconcertaban, sabía exactamente de dónde había venido toda la prueba con mis hermanos y los pastores; y vivirla de nuevo en mi sueño había engendrado un retorcimiento en mi estómago, cuyos retorcimientos se ondulaban en mi mente, para volver a introducirse en la mezcla mental, mientras el sedimento asentado se sacudía desde el fondo de un vaso de agua, en heridas antiguas enterradas hace mucho tiempo.

# 5
## Reflexiones

MI padre fue firme en su creencia de que todo gran hombre debe ser un pastor de ovejas o camellos; esto lo tomó de las palabras de Mahoma en Sahih Bukhari, Libro 55, Hadith 618: que todo profeta era un pastor de alguna manera. Por lo tanto, ordenó a dos de mis hermanos mayores que me llevaran, cuando aún no tenía cuatro años, al desierto cerca de La Meca, al lugar donde se guardaban sus ovejas y camellos. Junto con varios pastores sudaneses, nos metimos todos en un brillante y negro todoterreno y viajamos en una nube de polvo hacia un océano de arena abrasadora: El Caserío Vacío, el vasto desierto saudí de Rub" a Khali.

Las vibraciones que retumbaban en el coche mientras atravesábamos el terreno árido no podían competir con las que bailaban a través de mis huesos, mientras mi corazón salvajemente palpitante se estrellaba contra mi caja torácica. Estaba extremadamente nervioso para mi primer día de entrenamiento como pastor, pero aún más emocionado por el hecho de que mi padre había visto en mí algo que le decía que estaba listo para el trabajo de un hombre. Sabía que lo que me esperaba no sería fácil, pero estaba tan ansioso por la oportunidad; y con mis hermanos y los pastores a mi lado para guiarme y entrenarme, sabía que haría que mi padre se sintiera orgulloso.

Después de conducir durante gran parte de la mañana, el coche se detuvo finalmente. Era casi el mediodía y salí del coche tan rápido como pude, aliviado de haberme librado por fin de los calambres y listo para ir a trabajar. Una vez que me sacudí la rigidez de las piernas y me saqué los calambres de la espalda, busqué las ovejas y los camellos. Solo arena, dunas ondulantes, arena, olas de calor, arena y más arena se encontraron con mis ojos.

Dando la vuelta, vi a mis hermanos y a los pastores salir lentamente del coche.

—¿Dónde están los camellos de papá? —pregunté, sintiéndome un poco decepcionado y confundido—. ¿Dónde están las ovejas de mi padre?

Mi hermano dio un resoplido y sonrió; se elevó sobre mí, me sacudió el polvo, me dio la vuelta y juntos empezamos a caminar por una duna cercana.

—Ven —dijo paliativamente, poniendo su brazo sobre mi hombro. Parecía percibir mi confusión e inquietud, pues añadió—: No te preocupes por nada, padre confía en que lo harás bien. Justo sobre esta duna; ya verás.

Con mi otro hermano caminando por mi otro lado, fui llevado al pico de la duna. Antes de llegar, sin embargo, miré a los pastores; estaban todos junto al coche mirándonos caminar, ni siquiera estaban recogiendo las provisiones que habíamos traído. Y fue entonces cuando me di cuenta: ¡No recordaba haber cargado ningún suministro!

Tan pronto como este pensamiento saltó a mi mente, mi hermano gritó: "¡Aquí estamos!" Y antes de que mis ojos pudieran registrar completamente la visión de un desierto vacío sin camellos ni ovejas, una gran ráfaga de dolor explotó a través de mi espalda y el desierto se puso en marcha en un ataque hacia mi cara y hacia mi boca. Cuando por fin levanté la cabeza y me saqué la arena de la garganta, me di la vuelta y vi aterrorizado cómo mis hermanos bajaban corriendo por la duna, de vuelta hacia el coche, en el que los pastores se amontonaban rápidamente.

La ola de miedo que me cayó encima en ese momento hizo que mi mundo se pareciera a la cubierta de un pequeño barco en un océano turbulento: mis pies no podían encontrar el suelo, y me tambaleé y tropecé, mi cabeza se mareó en un remolino parecido a un ciclón, colapsándose y no acercándose a la seguridad que desaparecía del coche de mi padre. Cabizbajo por la duna, gritando y jadeando por todo el camino, hasta que por fin llegué al fondo; y a través de los ojos llenos de arena sobre las mejillas llenas de lágrimas, vi un par de luces traseras desvanecerse en la nube que se precipitaba para envolverme y amortiguar mis desesperados chillidos que me destrozaban la garganta.

Iba a morir.

La muerte siempre ha sido un hecho incomprensible, una realidad que no he podido comprender y que soy demasiado ignorante para entender. Este día, sin embargo, me atrapó, y lo hizo como una mano poderosa, apretándome por todos lados; y conocí a la Muerte íntimamente por su presencia, su sabor, y su hedor ruidoso.

Qué obstinado era el sol aquel día, reacio a perder su lugar en el cielo por la noche de espera, y sin ofrecer misericordia alguna. Cuanto más tiempo se negaba a caer detrás del horizonte, más calor hacía, como si se agravara por una tarde impaciente que le seguía.

Equipado con nada más que mi ropa hasta los tobillos, un cubrecabeza y mis sandalias, vagué sin rumbo por el abrasador Rub" a Khali, aturdido y traumatizado. No había desarrollado ni un solo instinto de supervivencia en mis cuatro años de vida, y ni una sola reacción mental o corporal me ayudó en lo más mínimo. Los gritos fuertes solo sirvieron para chamuscar mi garganta y matar mi voz, mientras que mis gritos fueron rápidamente absorbidos por la arena circundante, tragados por el vasto y zumbador silencio. Llorar y mojarme solo agotó mis reservas de hidratación y fortaleció el agotamiento acumulativo. Mis recursos corporales disminuían rápidamente, pero la comida y el agua eran las cosas más lejanas de mi mente, que tampoco habría sabido encontrar. Y, así, tropecé con un shock total, perdido y confundido, incapaz de comprender lo que me estaba pasando.

Finalmente, después de caminar todo el día, mi cuerpo exhausto se derrumbó, los músculos temblaban y se estrechaban y se acalambraban. No habría descansado esta noche, ni me habría permitido dormir, aunque mi cuerpo no gritara de dolor; porque ¿quién sabía qué bestias salvajes yacían justo sobre la siguiente duna, esperando devorar a un niño indefenso como yo? Con la naturaleza atrayente de este océano de arena, no se detectaría una amenaza que se acercara hasta después de su golpe mortal; aunque, incluso si los pasos que se acercaban o el raspado de una escamosa barriga que se deslizaba hacia adelante, silbando su silbido revelador, pudieran ser percibidos en esta gigantesca tumba sin sonido, la sinfonía de la locura que inundaba mis oídos y bramaba a través de mi cerebro, era más que suficiente para ahogar incluso las calles metropolitanas más ruidosas.

La oscuridad no se parecía a nada de lo que yo había experimentado; devoraba mi cuerpo, haciéndome como un fantasma sin forma. Así como yo había sido abandonado, también la tierra: completamente despojado de su luz y calor, así como de todos sus rasgos, dejando un vacío que me enseñó el frío de la nada.

Me movía lo menos posible, con miedo de vagar por un pozo sin fondo, un estanque de arenas movedizas, o de encontrarme con algún otro visitante hostil en la oscuridad. A menudo había oído a mis hermanos hablar de matar víboras por deporte; y cuanto más profunda se hacía la oscuridad, más se percibían en mis ojos las ondas en la oscuridad, hasta que me encontré en un pozo de víboras, completamente rodeado por su espantoso coro, con sus colmillos innatos brillando intensamente y goteando veneno como el agua de un grifo que gotea. A veces incluso tuve la sensación de su maldición hirviendo goteando como un ácido en mis tobillos, o una larga y salivante lengua probando el sudor a lo largo de mi mejilla.

Para cuando la luna de medianoche estaba en su apogeo, estaba en el límite de mi ingenio, casi permanentemente fuera de mi mente. No había más lágrimas que llorar, y no quedaba nada en mi vejiga que manchara aún más mi ropa. La atmósfera helada de la noche se había incrustado profundamente en mis huesos, y estaba acurrucado en una bola violentamente temblorosa, con ojos que sobresalían tanto de mi cráneo a riesgo de caerse.

Y así es como me encontraron.

## 5 | Reflexiones

Un par de manos poderosas cayeron bruscamente sobre mis hombros; el impacto fue como ser atropellado a ciegas y a lo ancho por un camión que se desplazaba a una velocidad vertiginosa.

—¡Levántate! —gritó una voz asqueada.

Mi cabeza se movió alrededor.

Ahí estaba mi hermano.

Su rostro estaba lleno de oscuridad y de una oscuridad marcada, encuadrada por el resplandor de los faros, que arrojaban a su alrededor rayos de luz brillante, haciéndolo como un ángel oscuro. Sus manos me sostenían por los brazos; detrás de él había una manada de sombras pintadas contra los faros del todoterreno.

El alivio del corazón inundó mi cuerpo, mientras una furia ardiente ardía en mis venas. Si hubiera tenido la fuerza y la energía para hacerlo, podría haber besado a mi salvador, y luego escupido en su cara; lo habría abrazado con todas mis fuerzas, y luego golpeado su pecho hasta que mis manos se hubieran reducido a pulpas sangrientas.

—¡Mírate! —gruñó mi hermano mayor, que se cernía sobre mí; su única misericordia era que sus palabras ardientes habían calentado tanto su aliento que llovió sobre mi rostro congelado como una nube de calor calmante—. ¡Acurrucado como un bebé, temblando como una *mujer*, y has mojado tu ropa! *¡Patético!*

Nunca en mi vida se me había pasado por la cabeza la idea de replicarle a mi hermano mayor; pero, en ese momento, solo me faltaba una voz y el poder de usarla para romper esa tradición.

Me levantaron del suelo y me arrastraron hasta el todoterreno, que nos llevó a un campamento que habían establecido esa tarde poco después de abandonarme. Allí me colocaron firmemente en una silla frente a mi hermano mayor, quien exigió que lo mirara a los ojos, o que me obligaran a hacerlo.

Él me miró fijamente.

—¡Un verdadero hombre no llora! —me regañó con un dedo en la cara—. ¡No se mea en la ropa interior! ¡Un verdadero hombre NUNCA tiene miedo de nada!

Plenamente petrificado y tan enfurecido que pensé que todo mi cuerpo podría estallar en llamas, miré a mi hermano; y, en mi mente, respondí:

—¡Si esto es lo que es ser un hombre, no quiero formar parte de ello!

—Padre se sentirá muy decepcionado cuando sepa cómo te ha ido —continuó—. Qué esperanzado estaba cuando nos ordenó que hiciéramos esta prueba. Su fe en ti será completamente destruida.

Fue como si el agotamiento, la rabia y la locura que me habían invadido hubieran pasado de repente; incluso la sed y el hambre intensas que había sentido fueron desterradas.

¿Mi *padre* había arreglado esto?

—Lamentable, por cierto. ¡Esta noche se suponía que era tu primer paso para convertirte en un hombre valiente! ¡En cambio, eres una mujer débil y endeble! Tenemos mucho que hacer contigo.

Habiendo derramado todo su disgusto, mi hermano dejó la tienda, y se me presentó con agua y algunos dátiles. Cualquiera podría pensar que habría inhalado ambos en el momento en que estuvieron a su alcance, pero me sacié muy lentamente. La revelación de que mi padre había organizado la traumática prueba fue, tal vez, el elemento más traumático de todo, y el peso de esa realidad me hizo tan pesado que apenas podía moverme, mucho menos masticar y tragar.

Finalmente logré terminar el agua y los dátiles.

Inmediatamente después, me dirigí a la cama, donde me desplomé en un profundo sueño.

\*\*\*

Los siguientes meses serían de entrenamiento en las formas propias de un hombre por parte de mis hermanos, en lo profundo del Rub" a Khali. Aprendí a cazar, hacer fuego, montar una tienda, pastorear un rebaño, e incluso me enseñaron a conducir. Terminaría siendo un tiempo muy valioso, en el que crecí como hombre y adquirí una gran cantidad de habilidades esenciales. Pero, incluso ahora, en el presente, mientras yacía en mi cama y reflexionaba sobre los acontecimientos que se habían filtrado en mi sueño, contemplaba el coste de convertirme en un hombre digno de ser llamado hijo de mi padre. El miedo y el sufrimiento habían sido mi introducción en el camino hacia su corazón, y los terroristas del 11-S me habían mostrado cómo se gana el favor y se obtiene el título de "héroe bendito".

Aunque todavía me desconcertaban algunas de las otras imágenes de mi sueño, parecía, a la luz de todo lo que acababa de recordar, un recordatorio bastante simple: que el camino hacia el favor y la gloria a los ojos de mi padre y en la mano de Alá requeriría un precio.

Ese precio, ahora, más que nunca, estaba dispuesto a pagar.

Con una respiración profunda y llena de alma, salté de la cama y me dispuse a cumplir mi tarea del día: ir al mercado a hacer un recado para mi madre. La casa estaba todavía en lo alto de las alegrías del día pasado, así como las calles estaban siempre tan animadas; la fiesta, pensé, podría no terminar nunca. Pero como mi padre estaba en casa, y un poco más cansado, parecía, después de la noche anterior, que era imperativo que no hubiera ningún indicio de que la vida fuera inconveniente o perturbadora fuera de lo normal; así que fui en silencio y me aseguré de tomarme por lo menos veinte segundos para cerrar la puerta al salir, antes de correr por la calle.

La Meca seguía bulliciosa con gente corriendo de un lado a otro, muchos de ellos alegres, y muchos más salvajes; algunos de los gritos que salían de las esquinas y callejones ciegos aceleraban mis pies en nuevas direcciones. Todavía había muchos extranjeros por aquí, tanto si se habían quedado mucho tiempo después del último peregrinaje, como si habían perdido el camino a casa, no lo sé; no todos los peregrinos regresan a su tierra natal. Aunque no había estado allí, en el hajj de este año en Mina, justo al este de mi ciudad, muchos peregrinos fueron pisoteados hasta la muerte en una estampida durante el ritual de apedreamiento del Diablo. Una recreación simbólica del Hajj de Abraham, durante el cual apedreó tres pilares que representan la tentación de desobedecer a Alá, tiene la reputación de estar fuera de control. La ignorancia de un extranjero siempre los pone en desventaja, sin importar cuán devotos al Islam crean que puedan ser.

Al doblar otra esquina, mi pie acelerador pateó lo que parecía un palo, aunque era mucho más denso que algo simplemente arrancado de un árbol, e hizo un extraño sonido de ruido mientras caía por el callejón.

## 5 | Reflexiones

Me detuve rápidamente y me giré para echar un vistazo a la cosa curiosa.

Largo y de madera, mi idea inicial de que era un palo estaba casi en el blanco; pero estaba tallado por expertos, aparentemente por manos que empuñaban la perfección. Mis ojos buscaron en el polvoriento camino algo con lo que pinchar el extraño objeto; encontré un robusto pedazo de basura, y comencé a burlarme de él de una manera u otra.

La parte superior e inferior estaban recubiertas con un metal decorativo, sus caras tenían diseños intrincados y arremolinados, grabados como líneas muy finas que formaban lo que a mí me parecía una ráfaga de humo. Estas placas habían sido atornilladas a una pieza rectangular de madera, en la cual, en cada borde largo, se había cortado una serie de pequeños agujeros rectangulares. Y a lo largo de uno de los bordes cortos de esta pieza de madera se habían entintado las palabras, "Hecho en China".

Mi mente no podía evocar ningún nombre para este curioso objeto, ni tenía nada con que compararlo. Echando una cuidadosa mirada en cualquier dirección, tiré a un lado el pedazo de basura y alcancé el objeto.

—¡No lo toques! —rugió la voz de mi padre.

Mi cabeza giró bruscamente.

No vi a nadie.

Entonces, volviendo atrás, percibí ante mí un peregrino ruso, extendiendo una baratija de algún tipo, traída de su tierra natal.

Era una mujer regordeta, con la cabeza cubierta y el cuerpo envuelto en un colorido atuendo floral. Llevaba una extraña sonrisa, pero lo que más me intrigaba era el hecho de que llevaba en su interior dos copias idénticas de sí misma, tres en una era ella; cada pieza era totalmente suya, y sin embargo se unían para formar un todo único. Nunca había encontrado nada parecido.

—¡Un ídolo! —gruñó mi padre, lanzando una mirada desagradable al peregrino antes de tomar mi mano y tirar de mí.

La visión fue tan vívida y poderosa que caí de espaldas allí en el callejón.

Después de una serie de parpadeos y un minucioso frotamiento de los ojos, miré y vi que tanto mi padre como el ruso se habían ido, se habían desvanecido en el pasado del que habían venido.

Una vez más, solo quedamos este extraño objeto y yo.

Y la curiosidad no tardó mucho en sacar lo mejor de mí.

Razonando que algo sin rostro no podía ser un ídolo, tomé el trozo de madera con metal y, levantándome, comencé a examinarlo. Mientras lo hacía, esos mismos pies, sin querer, empezaron a caminar hacia el medio de la calle; y mientras sostenía el objeto ante mi cara para mirar por los agujeros, un gran viento se precipitó por las calles y pasó con gran fuerza a través de la cosa en mis manos.

Como si desde las nubes que se separaban arriba, me llegara a la cara un sonido hermoso y glorioso como nunca había oído en todos mis días.

Pero antes de que pudiera saborear la alegría y la experiencia trascendental de escuchar el sonido del viento de un glorioso amanecer, un mar de manos enfurecidas me agarró por todos lados, una de las cuales me arrebató el objeto de mi mano y lo aplastó contra el suelo.

—¡Muchacho estúpido y desobediente! —gritó uno.

—¡Comprador de tonterías! —gritó otro.

## 5 | Reflexiones

—¡Que el tormento humillante sea tuyo en el fuego del infierno!

Petrificado hasta la médula y chillando a todo pulmón, fui arrastrado por miles de rostros asqueados y despiadados hasta la mezquita, donde me tiraron al suelo y me sujetaron, mientras que un hombre me arrebataba las piernas, sosteniéndolas en alto, y otro me arrancaba las sandalias.

No podía ver nada a través de las lágrimas que inundaban mis ojos. Supliqué, supliqué y grité el nombre de mi padre, pero no hubo piedad, solo una lluvia de fuego del infierno sobre las plantas de mis pies.

Un rugido de rabia fue respondido con un chillido desgarrador de atormentada agonía de mis pequeños pulmones; gritos de aprobación llenaron el aire, instando a que la lluvia cayera sin cesar sobre el niño infiel.

Cuando al fin sus fuerzas se agotaron por las gotas de sudor que sangraban de su frente, el hombre echó a un lado la vara y me arrojó las piernas al suelo, dejándome en un frío charco de lágrimas, mientras cada músculo de mi cuerpo temblaba incontrolablemente.

La *falaka* (golpe de pies) era severa, del tipo que un hombre adulto y un criminal atroz podría esperar recibir. Mis ojos no podían más que mirar boquiabiertos la larga vara de madera utilizada para torturar mis pies, que yacía indefensa e inofensiva en el suelo a lo lejos, pintada con la sangre de mis pequeños y terriblemente fríos pies.

La música, como me habían enseñado, estaba prohibida, ya que era un medio por el cual los pecadores y desobedientes desdichados como yo llevaban a la gente por el camino equivocado de Alá. Estaba tan avergonzado, tan temeroso de mi pecado, que, aunque todavía ardiera en un dolor agonizante, rodé sobre mi cara y le rogué a Alá que no me destruyera. Maldije la música y mi locura, y juré que nunca más tocaría lo que rápidamente me di cuenta que era un instrumento musical, ni permitiría que estos oídos escucharan ni una sola nota de música nunca más. Y en mi miedo y rabia, mientras me arrastraba por la polvorienta calle, escupí sobre el objeto maldito que había explotado mi curiosidad; y durante décadas posteriores supe que esa cosa solo con el más vil de los nombres que mi mente infantil podía concebir - el resto del mundo, como he llegado a saber recientemente, lo conoce por el nombre de armónica.

Me arrastré la mayor parte del camino a casa, caminando solo la última etapa del viaje, ya que la hinchazón de mis pies había disminuido lo suficiente para hacerlo.

Mi madre tiñó ferozmente su mano abierta con las lágrimas que corrían por mi cara llorosa cuando volví con las manos vacías. Por mi vida, ni siquiera podía recordar cuál había sido mi encargo.

—Que esto sea una lección —gruñó mi padre, después de que le explicara la causa de mi estado y la razón de mi retraso en volver a casa—. Alá no concede nada más que castigo para aquellos que le desobedezcan.

Después de una buena paliza, me enviaron a pasar el resto del día en mi habitación sin comer. No había comido desde esa mañana, pero estaba tan paralizado por el dolor que se apoderaba de todo mi cuerpo, sin mencionar el terror en mi corazón, que ni el hambre ni la sed me molestaban en absoluto.

## 5 | Reflexiones

***

Ninguna parte de mí tenía ningún deseo de aventurarse de nuevo en la ciudad; solo pensar en la vergüenza de mostrar mi cara después de una desobediencia tan grande era insoportable. Pasó una semana, y mi suerte se mantuvo, hasta que desapareció de manera muy profunda dos días después.

Después de mis oraciones matinales, empecé a prepararme para mi rutina habitual de los viernes; pero antes de que pudiera empezar, mi padre irrumpió en mi habitación.

—¡Ahmed! —gritó; esa voz grande y autoritaria suya llenó la habitación—. Ven —dijo, golpeando el aire con la mano—. Hoy me acompañarás a la ciudad.

Durante mi década de preparación, me puse en acción y salí corriendo a su gigantesco y negro todoterreno, brillando bajo el caluroso sol de la mañana, mientras el frío me cubría con piel de gallina. Siempre me había gustado acompañar a mi padre en cualquier asunto que necesitara atención en la ciudad; fue un honor que me llamaran específicamente para acompañarlo. Pero traer la vergüenza a mi casa era una ofensa seria, y me preguntaba si tal vez las ondas de mi maldad tenían todavía algunos anillos más que pronto se romperían sobre mí.

Estacionando su auto en la mezquita, mi padre me tomó de la mano y me llevó a la plaza del pueblo. Hubo una gran conmoción. No podía saber si los gritos que oía de la masa de cuerpos que había delante eran de celebración o de enojo o miedo; lo más extraño de todo era la forma en que el sol se reflejaba en el polvo de la calle, arrojando rayas de color carmesí entre el familiar ámbar brillante.

Al acercarnos, muchos en la multitud contemplaron a mi padre, y el mar de gente comenzó a separarse. Me sorprendió tanto el poder de su presencia que no fue hasta que se detuvo y dijo con mucha calma: "Adelante", que levanté la vista de mi fascinación por la multitud que se separaba y me di cuenta de dónde estaba.

Ante mí se arrodilló un joven, tal vez diez años mayor que yo; su cara estaba empapada de sudor y manchada de suciedad, y tenía los ojos muy abiertos y retorcidos de una manera muy poco natural. Un par de oficiales le cogieron cada uno de sus brazos, tirando de ellos, mientras que otro golpeaba con violencia su espalda expuesta con un látigo de cuero.

—Blasfemo —murmuró mi padre con frialdad, como si me dijera el nombre del hombre—. Cien latigazos.

Debió recibir diez veces su sentencia; el sonido de crujidos crueles contra la carne cruda y destrozada, salpicado por sus gritos desesperados, parecía continuar durante horas y horas, atravesando mi cráneo con su locura.

Había varios más como él, hombres y mujeres, de todas las edades. No me atreví a dejar que mi padre me viera apartar la mirada de nada de eso, ni a traicionar en mi cara ninguna de las alarmas de mi corazón.

—Alá no está sin misericordia, hijo —dijo mi padre en algún lugar en medio de la serie de azotes; su voz tranquila me golpeó como si se hubiera agachado y gritado en mi oído—. Estos —continuó, señalando a un nuevo grupo de individuos encadenados—, llevarán un recordatorio más apremiante de sus pecados y de la inmerecida misericordia de Alá.

## 5 | Reflexiones

Un hombre gritando fue sacado y sujetado a la fuerza, mientras que otro hombre agarró la mano del prisionero y la extendió sobre un muñón de madera.

—La mano de un ladrón —gruñó mi padre—, es una abominación sin valor.

Y tan pronto como las palabras atravesaron sus labios, la mano derecha del condenado fue cortada de su muñeca.

Todavía puedo oír sus gritos traumatizados.

Los hombres que le habían sujetado en su lugar continuaron haciéndolo; gotas de sudor se derramaban por sus rostros, ya que el hombre desmembrado se había convertido en un animal poseído y trastornado.

Un hombre en particular seguía gritando: —¡Quieto! ¡Manténgalo quieto! —él era el designado para sostener firmemente el brazo ahora perplejo, mientras un médico de un hospital cercano, tan casualmente como cualquier otro día de trabajo, atendía rápidamente la herida. Otra misericordia de Alá, realizada también a los tobillos sin pies de un puñado de otros.

—Mira cómo se practica la misericordia hoy, hijo —susurró mi padre, poniendo sus labios contra mi oído—. Pero el único y verdadero dios no obstaculizará sus instrumentos de justicia por mucho tiempo.

En ese momento, otro grupo de condenados marchó adelante; estos fueron alineados contra una pared cercana, en un momento dado. Entre ellos, como mi padre me informó, estaban los condenados por traición, ateísmo, asesinato y adulterio, este último delito exclusivo de las mujeres del grupo. No podía distinguir qué pecador había cometido qué pecado; todo lo que podía ver era una colección de individuos miserables, golpeados, cansados y asustados, todos con gritos de misericordia o viles maldiciones en sus lenguas, ojos llorando súplicas desesperadas o disparando desafío pétreo, mientras miraban fijamente a la multitud rugiente que comenzaba a rodearlos en un arreglo de media luna. El tumultuoso caos era tan fuerte y el ajetreo de la situación tan abrumador que mi cuerpo se entumeció y la tierra se quedó en silencio.

Justo entonces, mientras mi mirada se movía a través de un mundo atrapado en cámara lenta hacia un rostro condenado que sangraba de rabia, mi realidad se volvió a poner en evidencia, ya que una gran piedra impactó en la frente de la persona, partiéndola de par en par, y causando que la cabeza se golpeara violentamente. Mi último recuerdo de esa persona es el círculo de sangre que su cabeza dejó en la pared de piedra detrás de ellos.

Manos fuertes me agarraron de los hombros y me empujaron contra los muslos de mi padre, mientras la multitud, desbordante de manía salvaje, salía corriendo, lanzando piedras con todas sus fuerzas hasta que todos los que habían sido alineados para morir habían caído. Fue entonces cuando me di cuenta de que mis sentidos habían sido engañados, pues era tan grande este estruendo de mi mundo, tan discordante, inaudito y antinatural, que mi corazón, al parecer, había empezado a proyectar su reacción interna sobre mi realidad externa; mi misma alma parecía estar pintando sobre mi mundo lo que yacía enterrado bajo la presentación física puesta ante mí; pues donde había percibido grandes rugidos de la multitud, en realidad solo había habido un grave silencio; donde había visto la manía, la locura y la locura pintadas en las caras de los que llevaban piedras, no había más que expresiones casuales, frialdad e

## 5 | Reflexiones

indiferencia, muy parecidas a las que se ven en las caras de los supermercados cuando se inspeccionan los productos; y donde había sentido los temblores de la rabia ardiente y el odio que emanaban de la horda, ahora sentía claramente un sentimiento de alivio y orgullo de cuello duro. Aquellos que iban a enfrentarse a la justa ira de Alá suplicaron misericordia o maldijeron a sus acusadores de maneras desprovistas de dignidad, de maneras que los que estaban en el extremo opuesto de la piedra llamarían inhumanas, animalistas. Pero, en ese momento, fue la manada de traficantes de sangre fría y despiadados de la justicia divina, agarrando en sus manos una representación descarnada de lo que estaba encerrado en el hielo bajo su pecho, lo que me pareció como algo distinto de lo humano, algo extraño, algo animal. Sin embargo, no hubiera deseado otro lugar para defenderme que allí mismo, en las fauces de la justicia, reprimiendo el ultraje de Alá.

Mientras los cuerpos destrozados eran arrastrados, algunos sin vida, otros convulsionando, miré a mis pies y vi una piedra. Era más pequeña que las otras que había visto arrojarse, y debió ser pateada por un cuerpo que caía, o rebotó después de completar su trabajo. En ese momento no pensé en nada; me agaché y la recogí. Y después de darle la vuelta con los dedos, me di cuenta de lo que no había visto: una cara de la piedra estaba pintada de rojo, al igual que mis pequeñas manos.

Mis ojos se volvieron hacia mi padre.

Él me miraba, sonriendo.

Cuando comenzó la siguiente ronda de apedreamiento, volví a prestar atención a mis palmas ensangrentadas y a la piedra que había en ellas.

¡Cómo se parecen nuestros héroes, pensé, a ser lavados en la sangre de la justicia de Alá!

Una ola de tremenda excitación comenzó a agitarse en mi alma, y mi puño se cerró alrededor de la piedra; sentí como si pudiera aplastarla hasta convertirla en polvo. Con la gran mano de mi padre masajeando orgullosamente mis hombros, y la presencia de Alá corriendo con el viento, apreté los dientes y levanté mis ojos ardientes.

La lapidación había terminado.

Me sentí como alguien que se había dormido durante una gran reunión de alegre juerga.

Pero el día estaba lejos de terminar, porque otro hombre había nacido.

Aparentando como si hubiera sido azotado por mil oficiales durante mil días, cojeando, como si caminara sobre dos piernas tropezadas, y balanceando su torso retorcido, como si acabara de sobrevivir a un brutal bombardeo de piedras, este hombre tenía todos los síntomas de la condena; sin embargo, sus ojos llorosos miraban a los oficiales y a la muchedumbre con lo que no pude evitar reconocer como una lástima, seguramente, pensé, esto no podía ser. Su mirada reflejaba la luz del sol; no se consumía con la llama; sus labios, en desafío a una mandíbula rota, cantaban una canción alegre que yo no conocía. Cada una de sus notas parecía tocar a la otrora estoica multitud como el extremo vivo de un cable eléctrico, enviando rápidamente a la gente a una furia furiosa; y aunque sus palabras se ahogaban, la melodía y su espíritu no podían ser impedidos. Ni una sola maldición o súplica traspasó sus labios para cuando se le hizo arrodillar; y allí, en la tierra, levantó los ojos al cielo y susurró suavemente mientras sus ojos se sellaban. Se veía tan tranquilo.

## 5 | Reflexiones

Las poderosas manos que habían estado sobre mis hombros me empujaron a un lado, y vi a mi padre marchar furioso hacia los oficiales, gritando violentamente. No pude oír ni una palabra; estaba perdido en una gran perplejidad, mirando al extraño y quebrantado hombre, mientras él, arrodillado con la cabeza erguida de nuevo, continuaba murmurando hacia el cielo.

Después de mucho berrear con saliva, mi padre volvió a mi lado, donde se quedó en silencio, observando intensamente al hombre abatido; su respiración era acelerada y pesada, y producía el sonido de un león hambriento.

La multitud se puso inquieta en ese momento; algunos estallaron y comenzaron a golpear al hombre, gritándole con un odio furioso que goteaba de sus dientes. Entonces, de un rincón de la multitud surgió una jubilosa ovación, y los cuerpos se separaron como grandes tubos de hierro que fueron sacados por el huracán de odio.

—¡Cuélguenlo como al perro que sirve! —gritó alguien de la multitud, mientras el hombre destrozado era arrastrado hacia los tubos, a la vez que hombres con grandes longitudes de alambre se acercaban por ambos lados.

Mi corazón latía más y más rápido con cada segundo, preguntándome qué iba a pasar y sin saber aún qué crimen atroz debía cometer este pecador para merecer tan severo castigo.

Vi su cuerpo deslizarse por la tierra.

—¡Mira cómo sonríe, padre! —lloré. Apenas podía creer que tal expresión se encontrara en alguien tan condenado.

Pero no recibí respuesta.

El cuerpo destrozado del hombre fue obligado a sentarse; y mientras le quitaban sus ropas desgarradas, sus brazos se extendían hacia afuera y sus piernas se extendían a todo lo largo, mientras las cuerdas estaban atadas fuertemente alrededor de sus muñecas y tobillos, despegando la tierna carne sobre ellas, vi sus brillantes ojos sellados; y como una lágrima final cayó sobre su sucio rostro, supe que su alma ya se había marchado.

Esa noche, a través de la ventana de mi dormitorio, miré una luz brillante en la distancia. Sostenida sobre el punto más alto de una grúa gigante, el brillo como una estrella iluminaba un cadáver silencioso, balanceándose en la brisa de medianoche, atado por un alambre a un artilugio de hierro. Estaba a muchas millas de distancia, y sin embargo podía verlo; podía ver su cara sonriente, así como la escritura árabe que colgaba de su cuello: la letra N, un símbolo infame que indica un "Seguidor de Jesús de Nazaret".

Un cristiano.

Había recibido lo que se merecía, pensé, y ahora estaba consiguiendo legítimamente todo lo que se merecía bajo la ira de Alá.

Con ese pensamiento consolador, me volví hacia mi cama; pero no sin antes echar una última mirada por mi ventana, allí para mirar al condenado, balanceándome para que todos lo vieran en el aire de medianoche, perfectamente enmarcado en el reflejo de mi rostro, allí en la ventana.

# 6
## En los Pasos del Profeta

El mismo aire que respiraba en los días de mi juventud era el Islam. Incluso antes de que pudiera caminar allí por mi cuenta, era un asistente dedicado a la mezquita. Desde los dos años, oraba más de cinco veces al día, añadiendo oraciones extras antes y después de cada oración requerida, solo para estar seguro de que Alá podría estar convencido de que yo era su sirviente piadoso. Ayunaba de comida y agua dos días a la semana, y cada año realizaba el peregrinaje de Umrah a la Meca; había completado el más detallado y sagrado peregrinaje del Hajj a la Meca cinco veces. Incluso tenía una intensa lealtad a mi denominación del Islam, Sunni, albergando una creciente e intensa hostilidad hacia los de la denominación chiíta - una tradición perpetuada durante cientos de años por ambos lados, enraizada en la división del pueblo islámico sobre el tema del sucesor adecuado de Mahoma, tras su muerte. Pero por encima de todo esto, no hubo mayor demostración de mi lealtad y mi firme devoción al Islam que el hecho de haber memorizado todo el Corán con la habilidad de recitarlo perfectamente en árabe, sin el más mínimo error o mala pronunciación, todo ello a la edad de 13 años.

Me dieron un mes para estudiar para mis exámenes finales. Me dediqué a los libros casi diecisiete horas al día. Después de un mes de preparación constante y estudio riguroso, me presenté a mis exámenes y canalicé todo lo que había aprendido a través de mi lápiz. Dos semanas después, recibí un correo electrónico informándome que había aprobado. ¡Qué rápido cambian las cosas! Un mes antes, había sido prisionero, encadenado y golpeado. Ahora era médico. Dios es "capaz de hacer infinitamente más de lo que pedimos o pensamos" (Ef 3:20)

Nunca en toda mi vida había visto tanto orgullo en el rostro de mi padre, como se relacionaba conmigo; porque le había ganado una corona de gloria, según Al-Haakim, Libro 1, Hadith 756. Cuán emocionado estaba por mi logro, y más aún por tener un día esa corona de gloria puesta sobre su cabeza en el cielo, para que todos sepan que es el padre de quien ha memorizado el texto sagrado.

Una ocasión como esta no podía quedar sin celebrar; así que mi padre organizó una extravagante ceremonia, en la que se me entregó un codiciado certificado, de alto honor y confirmación, así como reconocimiento nacional, nombrándome como uno de los muchos musulmanes que han memorizado el Corán: una línea que se remonta al propio Mahoma.

En la ceremonia, mi más orgulloso padre me permitió dirigir todo el servicio de culto en la mezquita. Toda mi familia estaba presente, y vi en sus ojos mientras hablaba ese día, aunque estaba petrificado, y haciendo todo lo posible para mantener un discurso claro y conciso y no desmayar, algo así como el agua que llena una taza vacía. Esta era mi familia; su honor y respeto se derramaban sobre mí; y sabía que solo había una manera de que esta agua se llenara y rebosara de mi copa para toda la eternidad. Por otro lado, también había una manera de asegurarme de que la copa permaneciera siempre seca y desierta; pero era una idea tan ridícula que no se me pasó por la cabeza ni una sola vez.

En efecto, era un día glorioso, pero no había llegado fácilmente. Atiborrar mi cerebro adolescente con 114 capítulos (o *Surahs*, como las llamamos), más de 6.000 versos y más de 77.000 palabras requiere más que un esfuerzo, más que una obsesión diaria y horaria con las palabras; más que una meditación incesante, que ocupa cada momento de vigilia, también requiere miedo.

Con solo siete versos en la primera Surah, mis compañeros de clase y yo recitamos sin problemas.

El capítulo dos era una historia diferente.

Mirando fijamente el cilindro de 286 versos, uno de los niños estaba obligado a tropezar en algún lugar del camino. No sería el primero en hacerlo; sin embargo, era un estudio rápido en la lección que siguió rápidamente a la cita errónea de un compañero de clase del Corán 2:10.

—En sus corazones está la enfermedad —cantaba—, así que Alá ha aumentado su enfermedad; y para ellos es un castigo doloroso porque mienten.

Debería haber dicho "solía mentir", y así lo aprendió, cuando nuestro maestro lo arrancó de entre nosotros y lo tiró antes de que todos se reunieran en la mezquita, donde le hicieron quitarse las sandalias y tumbarse de espaldas de la forma más humillante: con las piernas apoyadas en una silla y las plantas desnudas mirando al cielo. Al dar un paso adelante, nuestro maestro nos dio una lección no verbal de *falaka*, cuando empezó a golpear salvajemente las plantas desnudas del niño con un cable eléctrico; las plantas de mis pies me dolían al recordar mis propios encuentros con tal tormento. Los gritos aterrorizados y agonizantes que llenaban el aire hacían que las palabras del Corán 2 quedaran muy claras en nuestras mentes; y por muy fuertes o dolorosos que fueran los gritos del niño a lo largo de su tortura, no había simpatía por quien citara mal el Corán.

Para el resto de nosotros, era solo cuestión de tiempo. Una vez me pidieron que recitara el Corán 8 ante toda la congregación de la mezquita, con todos mis vecinos presentes.

Hasta el versículo 60, había estado impecable, a pesar de las rodillas temblorosas y una voz débil y aterrorizada sorprendentemente bien disimulada.

—Preparad contra ellos todo lo que podáis de poder y de corceles de guerra con los que podáis aterrorizar al enemigo de Alá —dije con 59 versos abajo y solo 16 por delante—, y a vuestro enemigo y a otros además de ellos a los que no conocéis, pero a los que Alá conoce. Y todo lo que gastéis en la causa de Alá os será devuelto por completo, y.... y vosotros...

Mi cara se puso blanca.

Las palabras desaparecieron.

Mi cabeza se quedó en blanco.

¡No pude conjurar ni una sola palabra para completar el verso!

Silenciados, mis labios temblorosos comenzaron a balbucear sonidos incoherentes; entonces, por el rabillo del ojo, pude ver una alta figura de blanco flotar a la vista.

Al dar un paso adelante, con el ceño fruncido y una manguera de goma apretada en el puño, mi maestro me ordenó que me acostara de espaldas y que levantara los pies en el aire.

Mis ojos se dirigieron a la congregación, pero no pude encontrar ni una sola cara amiga.

—¡ABAJO! —gritó mi maestro cuando no pude volver a cumplir su primera orden.

No podía creer que esto estuviera sucediendo, no otra vez, aquí, delante de todos mis vecinos.

Una vez más mi maestro gritó, encendiendo en mí un destello de furia, que vio un grito mío a través de mi garganta y mi pequeño cuerpo lo empujó a un lado y corrió hacia la calle.

Esta, al menos, era la fantasía que se repetía en flashes de luz a través de mi cabeza, mientras yo, obediente a la orden de mi maestro, yacía llorando en agonía mientras el vicioso fuego del infierno caía sobre mis desnudas plantas.

Cuando por fin cesaron las torturas, me levanté con los pies completamente magullados y sangrantes, sintiendo como si estuviera de pie empalado en lanzas al rojo vivo, y, a pesar de las lágrimas silenciosas y las rodillas temblorosas, terminé de recitar.

Me sentí tan humillado que ni siquiera pude mirar a los ojos a mis vecinos. Y cuando todo terminó, me arrodillé y, como un animal, me arrastré de vuelta a casa, mientras mis pies se hinchaban y todos los transeúntes me miraban con asco, negándose incluso a ayudarme a caminar. No habían sido exactamente samaritanos cuando tomé una armónica, y citar mal el Corán es una ofensa mucho más vergonzosa.

En total, mis pies conocerían aproximadamente veinte golpes antes de que mi cerebro conociera el Corán.

Pero aún quedaba la prueba final.

Ahora, a la edad de trece años, con una barba que coincide con la que llevaba Mahoma y con la cabeza alineada de punta a punta con las asustadas palabras que Alá le dio a su último profeta a través del ángel Gabriel, era el momento de que mi dedicado estudio y mi dedicada memorización se certificaran oficialmente. Me esperaba tres días terriblemente largos, en los que recitaría el Corán desde el amanecer hasta el anochecer, parando solo para ir al baño y dormir un mínimo de horas. Pero eso era necesario; y, siendo el devoto y cada vez más firme musulmán que era, respiré profundamente y me puse a leer el primer verso:

—En el nombre de Alá, el Completamente Misericordioso, el Especialmente Misericordioso.

Las horas pasaron.

—En efecto, el castigo para aquellos que hacen la guerra contra Alá y su Mensajero y luchan en la tierra para causar la corrupción no es otro que ser asesinados o crucificados o que sus manos y pies sean cortados de lados opuestos o que sean exiliados de la tierra.

El sol estaba alcanzando su pico, y mi estómago comenzó a refunfuñar.

—Luchad contra aquellos que no creen en Alá o en el Último Día y que no consideran ilegal lo que Alá y su Mensajero han hecho ilegal y que no adoptan la religión de la verdad de aquellos a los que se les dio la Escritura.

Pero no habría alivio.

—Es él quien ha enviado a su Mensajero con la guía y la religión de la verdad para manifestarla sobre todas las religiones, aunque a los que asocian a otros con Alá les disgusta.

Porque mi maestro creía que llenar mi estómago me haría vago.

—Ellos dicen, "Vos, Oh Mahoma, no sos más que un inventor de mentiras". Pero la mayoría de ellos no lo saben. Decid: ¡Oh, Mahoma! "El Espíritu Santo ha bajado de vuestro Señor en verdad para hacer firmes a los que creen y como guía y buena noticia para los musulmanes".

Dijo que necesitaría ser tratado como un caballo árabe: alimentado poco, no sea que me engorde y me falte velocidad para ganar la carrera.

Pero, afortunadamente, llegó un descanso. Me permitieron usar el baño, me alimentaron con un pequeño puñado de dátiles y me dieron un sorbo de agua.

Luego, volví a los asuntos.


El vértigo que me invadió la cabeza cuando por fin los tres días habían concluido con éxito no fue muy diferente de la sensación que me invadió cuando mi padre miró con orgullo al hijo que le había ganado la corona eterna de la gloria e invitó a este honrado vástago a que le prestara su lugar como líder del culto en la mezquita. Y ese sentimiento siguió adelante, y se agravó cuando, recién salido de mi gran logro y rebosante de las palabras del Corán, bajé con orgullo del autobús y entré en el campo de entrenamiento yihadista.

# 7
# Un Hombre del Islam

A pesar de mi sobreabundante ardor por la fe - orando más de cinco veces al día, ayunando, realizando anualmente la Umrah y haciendo varias peregrinaciones del Hajj a mi ciudad natal, sin mencionar todo lo que acabo de relatar acerca de ganar para mi padre y mi madre una corona de gloria, Alá y su profeta no me ofrecieron ninguna seguridad de que viviría para siempre con ellos en el paraíso. Solo había una forma de asegurar una garantía: la yihad.

Si mi padre estaba extasiado por mi memorización del Corán, ¿cuánto más estaría en la luna si yo alcanzara el más alto de todos los honores al morir matando infieles? Me animó firmemente a seguir con la yihad, diciendo:

—No hay mejor momento para aprender a hacer la guerra santa por Alá que *ahora mismo* —refiriéndose a mi reciente certificación.

No necesitaba mucho convencimiento: ¡morir en medio de la matanza de infieles había sido mi deseo más ferviente desde la infancia! Era un sueño muy parecido a un superhéroe para un joven musulmán. Por extraño que parezca, nunca se me había ocurrido preguntarme por qué mi padre, o muchos otros hombres apasionados del Islam, habían sido tan alentadores hacia mí y mis compañeros para adquirir este gran honor y garantía de salvación, y sin embargo aún estaban vivos. A pesar de todo, estaba decidido a ver a mi padre exaltado, a purgarme de los muchos pecados que temía no poder sacar de debajo, y a comprarme una habitación en los salones de Alá - siendo también que ahora era un adolescente, conseguir una horda de *hurí* para empezar sonaba mejor que nunca.

En la línea de varios de mis compañeros, bajé con orgullo del autobús y entré en el reino de los que pronto serán héroes de Alá. Varios habían venido a este campo de entrenamiento de la yihad desde mi ciudad, pero conocí a mucha gente de todo el mundo; y en base a nuestro deseo común de derramar sangre por nuestro dios, nos unimos. Llegué a sentir por estas almas dedicadas un profundo sentido de parentesco; eran, para mí, y en un lapso de tiempo no muy largo, los mejores amigos. ¿Y qué mejor clase de amigo tener, pensé? Aquí, no solo tengo aquellos con quienes comparto una fe y un llamado, también tengo verdaderos y eternos amigos, estos lazos serían eternos, nuestra muerte lo asegura. Y, así, vivimos apasionadamente en cada momento, nuestro celo por Alá creciendo por segundo; despertando y durmiendo, comiendo y respirando, dejamos que surja a través de nosotros esta gran comisión de purgar el mundo de mentiras e incredulidad y deshonor al más alto de los altos. Cada día era el último, y mañana nos regodeábamos en el esplendor y el placer de nuestra recompensa eterna, juntos.

Apenas podía quedarme quieto durante la orientación. Un hombre de muchos años nos habló del camino al favor garantizado y las inigualables glorias por venir.

—¡La yihad es el más alto honor que un musulmán puede alcanzar! —declaró—. ¡Grandiosa es la recompensa de Alá, la riqueza de los soldados, el honor y la fama, el placer más allá de la comprensión!

Mis costillas recibieron un codazo de uno de mis nuevos amigos europeos; siguió un guiño.

Pero presté poca atención, porque con su siguiente aliento el hombre que nos precedió dijo:

—Y cada uno de tus pecados fue borrado: ¡El perfecto favor de Alá!

No lo entendí entonces, pero mientras hablaba, la imagen de mi padre pasó ante mis ojos.

Aunque sabía esta verdad - que todo mi trabajo, mis oraciones y peticiones para cancelar todas mis fechorías, incluso aquellas de las que no tenía conocimiento, serían borradas y quedaría libre de culpa a los ojos de Alá, si lograba matar a un malvado infiel - escuchar esta recompensa actuó como un esteroide para mi determinación. ¡Oh, que pudiera reunir a todos los infieles del mundo en un solo lugar y derramar sus entrañas con mi justa muerte! Aunque siempre había estado dedicado al Islam, incluso bajo la sombra de un muftí y siguiendo los mismos pasos de Mahoma, incluso con la Meca en mi puerta, en el fondo temía alguna maldad enterrada y desconocida de la mina, peor aún, algo que ni siquiera mi padre podría haber sabido que era un pecado: podría salir a la luz en mi último día, y así descalificarme para entrar por las puertas del cielo, y enviarme a caer en el vacío eterno del tormento.

Con esta garantía ante mí, puse empeño en cada faceta de mi entrenamiento, preparándome para ser el mayor portador de la muerte que mi dios había conocido.

***

—¡Chico! —dijo uno de mis amigos extranjeros con un profundo bostezo, mientras se arrastraba a nuestra sala de entrenamiento a la mañana siguiente—. ¿Ya estás aquí? ¿Cuánto tiempo llevas levantado?

—Desde mis oraciones matinales. ¿Te volviste a dormir?

—Nunca me levanté —se rio.

—¿Te perdiste tus oraciones matutinas?

¿Un futuro soldado de Alá que se perdió la primera oración en su primer día de entrenamiento?

Me quedé atónito.

Encogiéndose de hombros con desdén, bostezó de nuevo y dijo en su bastante perezoso y roto árabe,

—Eh, solo un pecado más que debe ser borrado por la sangre de un infiel, ¿verdad?

Antes de que pudiera formar una respuesta, el parloteo ocioso de la clase se evaporó, y al frente de la sala se paró nuestro instructor.

—*Sabahu Al-khair* —dijo.

—*Sabahu An-Nur* —respondimos, un intercambio de saludos de buenos días en árabe.

—La yihad no es una sugerencia —comenzó—. Para cada seguidor de Alá, es una orden estricta. La Sharia exige que seamos *activos* en nuestra búsqueda para destruir a los incrédulos, al menos para orar por tal destrucción. ¡Nosotros! —gritó, golpeando el podio por el que estaba de pie—. Somos esos perseguidores activos, soldados de a pie para Alá; dejamos la oración para las mujeres —añadió con una risa burlona que se extendió por todos nosotros.

Continuó presentando brevemente un vídeo de instrucciones que debíamos ver, luego puso un proyector delante de nosotros y proyectó la película en la pared detrás de él. Gran parte del vídeo estaba dedicado a una cantidad desmesurada de propaganda islámica; era tonto, la mayor parte, pero nos lo comimos con grandes y glotones bocados. Esto debe ser como esas películas de superhéroes de América, pensé mientras me maravillaba de los héroes yihadistas corriendo triunfalmente a través de la pared. Y aquí estoy: un verdadero superhéroe.

A partir de ahí, el vídeo se convirtió en tácticas de campo básicas, nada demasiado emocionante, al principio; no fue hasta que llegamos a la parte de las ejecuciones que mi atención se centró en el láser.

Aunque había visto muchas ejecuciones de viernes en la plaza del pueblo, era la primera vez que veía una decapitación con algo más que una espada larga. En esos casos, como una vez que presencié, la víctima atada es obligada a arrodillarse, con los ojos vendados y la cabeza inclinada hacia adelante para exponer el cuello. Todos los que observan son silenciosos, como la gente que ve patos nadando sin rumbo en un tranquilo estanque. Luego, después de una rápida lectura del crimen, el verdugo levanta en alto su espada y se balancea hacia abajo en un único y rápido movimiento. La cuchilla caliente atraviesa la carne y los huesos como si fuera aire, aparentemente sin resistencia, mientras que la cabeza cae repentinamente con un escalofriante ruido sordo en la arena, y una ráfaga de color carmesí brota del cuello. El cuerpo cae con un *RUIDO SORDO*, como la holgura de una cuerda enseñada cuando es cortada, y la persona que había sido es arrastrada posteriormente fuera de la vista.

Es un proceso rápido, silencioso y extremadamente fácil.

El método del cuchillo, como he observado, no lo es.

Si había algo que no podía hacer, era traicionar en mi cara el sentimiento de mi corazón. Si mis ojos lagrimeaban, los abría más; levantando una mano hacia ellos, incluso para rascar un picor legítimo, enviaría un terrible mensaje. De hecho, no se tocaba la cara en absoluto; y aunque todo mi cuerpo estaba inmerso en la escena que se desarrollaba delante de mí, mi mente trabajaba a doble tiempo para procesar el video y estabilizar mi respiración. Mis dientes actuaron como la última línea de defensa contra el contenido de mi estómago; si fallaba, estaba decidido a que mi boca no goteara ni una sola gota.

Filmado en lo que daba la impresión de una cámara de video casera y barata, un hombre de negro leyó sus poco elaboradas pero ominosas palabras sobre el cuerpo arrodillado de un hombre vestido de naranja. Cuando terminó de hablar, el hombre de negro, de cuya persona solo podía ver un par de ojos sin párpados, desenvainó un gran cuchillo de su cadera, mientras que el camarógrafo se adelantó.

Blandiendo en alto el cuchillo, el hombre de negro tomó el pelo del prisionero con su mano libre y tiró violentamente de la cabeza hacia atrás; en este punto, la cámara se asomó sobre el hombre condenado, manteniendo enfocada solo la zona entre su cabeza y su cintura. Y entonces, mientras mi boca se secaba y mi garganta se apretaba, la hoja cayó sobre su cuello, en el saliente de su garganta, donde comenzó a deslizarse de un lado a otro en un frenético movimiento de aserrado.

En el momento en que el frío acero le rasgó la tierna piel, el hombre se estremeció y lloriqueó por la mordaza de su boca; luego, con el primer corte y el primer estallido de sangre, todo su cuerpo se convulsionó y se estremeció; todo dentro de él gritaba para huir, agarrándose desesperadamente a las ilusorias y fantasmales esperanzas de que podría escapar a su destino.

Apenas atravesada la primera capa de carne, la víctima soltó un gemido retorcido y apagado a través de su boca y fosas nasales cubiertas; el sonido se envolvió en mis entrañas como una cuerda de alambre de púas. Ese grito duró solo un momento antes de que su garganta quedara expuesta. Y a través de esa abertura vino un sonido crudo: era el grito de un humano despojado de toda la humanidad, pues ya no pasaba a través de las cuerdas vocales: la marca única del hombre que pronto dejaría de serlo; más bien, hizo sonar un solo estruendo en el desierto vacío, antes de que el contenido burbujeante de las arterias cortadas llenara la abertura, creando grotescos gorjeos, sonidos asfixiantes mientras la sangre inundaba su garganta.

Neblinas carmesí estallaban cuando el cuchillo se aserraba más y más. Estas nieblas, como los aerosoles de una botella de limpiacristales, se aceleraban con cada corte, reflejando los temblores que se agitaban en el cuerpo de la víctima, hasta que, junto con esos temblores, comenzaban a disminuir; esos temblores se reducían a menos espasmos más violentos, que se producían a intervalos mayores.

Para entonces, tres cuartas partes de la cabeza habían sido removidas. El cuerpo de la víctima cayó repentinamente inerte, robando el cuchillo del último cuarto de su trabajo, pues la carne sin vida restante fue arrancada con un sonido como de uñas raspando a lo largo de la alfombra, dejando al verdugo empapado de sangre de pie con orgullo, agarrando por los pelos su espeluznante premio.

Mi mente estaba lejos de estar en blanco, pero del revoltijo que se arremolinaba a su alrededor como el contenido de una licuadora, había un elemento cristalino que se elevaba en medio del ruido, levantando de dentro de la parte de la mente en la que se encuentran esas funciones básicas, como caminar y respirar; y esto se me presentó como un grabado, tallado ante mis ojos en la pared puesta ante mí: "Matad a los idólatras dondequiera que los encontréis, y tomadlos, y confinadlos, y acechadlos en todo lugar de emboscada" (Corán 9:5).

\*\*\*

Mientras que la puntualidad había sido la presunta clave para pasar este entrenamiento con todo el favor y comprensión, se me hizo evidente que la perseverancia y la adaptación eran necesarias ante todo. Sin embargo, cuanto más decapitaciones observaba, más fácil se hacía, más eficaz era que el condicionamiento a través de la repetición, sin embargo, era una táctica ofrecida por mi instructor.

—¿Qué es lo que ves aquí? —preguntó un día, pegando su dedo con rabia contra la cara decapitada proyectada contra la pared—. ¿Qué es lo que ven? Ahora, pregúntense esto: ¿a través de los ojos de quién están viendo? ¿Los suyos? ¡No dejen que sea así! ¡Es una forma tonta de ver el mundo, ya que al hacerlo se puede ser engañado! Y si *se* engañan, si ven con sus propios ojos y ven al infiel como un ser humano, como ustedes mismos, su única misericordia sería no haber nacido nunca. ¡No! —gritó, golpeando la palma de su mano contra la pared, abofeteando la cabeza incorpórea—, ¡Vean a esta criatura como Alá la ve! ¡Un *perro*! ¡Un *cerdo* asqueroso! ¡Menos que la más baja de las criaturas es el infiel, pues escupe en la cara de Dios! Nunca olvides las palabras de Alá en el Corán 24:2: ¡No os dejéis mover por la compasión!

Estas palabras se convirtieron en mi recitación diaria. Finalmente, no solo pude ver la decapitación de un cuchillo, sino que también pude sentir íntimamente la hoja de sierra proyectada en la pantalla, como si estuviera en mi mano. Me dolían los dedos para agarrar tal cuchillo y sentir la vida del infiel cayendo sobre mis palmas, mientras lo desterraba de su cuerpo y lo arrojaba a las fosas del infierno.

—La única recompensa para los que hacen la guerra a Alá y su mensajero, y luchan contra la corrupción en la tierra —mi instructor recitaba a menudo en el cierre del Corán 5:33, "¡será que sean asesinados o crucificados, o que les corten las manos y los pies en lados alternos, o que sean expulsados de la tierra! ¡Tal será su degradación en el mundo, y en el más allá la suya será una terrible condena!"

En respuesta, cantamos en voz alta la última línea del Corán 47:4: "Y a los que mueran por la causa de Alá, nunca les hará perder el tiempo".

El resto de mi iniciación se completó con combate cuerpo a cuerpo y entrenamiento con armas de fuego, fabricación de bombas y recitación diaria del Corán con mis amigos, con los que también miraba de memoria partes de los Hadith, hasta que finalmente nos convertimos en las armas de destrucción más despiadadas de este mundo. No conocíamos el dolor ni la misericordia; no podíamos ser comprados ni regateados; y con los ojos puestos en el premio de la muerte, salimos de ese campamento con los corazones encendidos por la yihad y las almas encomendadas a la gloriosa tumba.

***

A mi regreso, di un largo paseo por las calles para absorber las vistas y los olores del hogar. Aunque estaba ansioso por mostrarle a mi padre el nuevo hombre en el que me había convertido y ver una mirada de orgullo en sus ojos, solo tenía que asimilar la atmósfera y lavarme con la santidad que era el hogar que había extrañado más de lo que me había dado cuenta.

—¡Nunca ha habido un día más glorioso! —me exclamé a mí mismo; y, incapaz de contenerlo, me detuve abruptamente, sellé mis ojos, lancé mis manos al cielo, y dejé volar un largo y poderoso, *"¡ALLAHU AKBAR!"*

Tan pronto como estas palabras se rompieron mis labios, una gota de lluvia cayó sobre mi mejilla.

Sonreí ampliamente mientras la gota corría lentamente por mi cara.

Alá es bueno, pensé, resplandeciente; ¡su sol y su lluvia son prueba de sus muchas misericordias!

En ese momento, un hombre me tocó en el hombro.

Me sorprendí tanto que me perdí sus palabras apresuradas, recogiendo solo que quería que tomara el trapo que me ofrecía. Después de hacerlo, empezó a señalar frenéticamente mi mejilla sobre la que había caído la lluvia, y luego disparó su dedo al cielo.

Con una mirada curiosa, me roció el trapo en la mejilla y simultáneamente levanté la vista. Allí, en lo alto de los edificios y directamente sobre mí, colgaban tres hombres completamente ensangrentados, crucificados y suspendidos de una grúa gigante.

Era viernes.

Bajando el trapo de mi mejilla, vi sobre él una raya de color carmesí.

El hombre me apartó del lugar y le devolví el trapo con agradecimiento.

Raspando la arena sangrienta de mis sandalias, me aseguré de que no estaba asustado, es todo; sorprendido por lo repentino del momento.

En efecto, solo sorprendido.

Pero mientras me detenía para respirar profundamente, escuché el grito de una mujer que venía de la plaza principal a la vuelta de la esquina. Al oírlo, estaba en las fauces de una bestia salvaje o en las garras de un loco con intenciones libidinosas.

Sin pensarlo dos veces, me apresuré a llegar a la plaza; y allí vi a una mujer, con su cuerpo retorciéndose en la tierra, mientras tres hombres luchaban por agarrarla firmemente.

De repente me detuve.

Mis pies no caminaron más.

Y dentro de la corona que rodeaba la escena me puse en pie.

Sus gritos rascaron violentamente su garganta; eran toscos y agudos, como si el aire con el que fueron levantados estuviera cubierto de metal astillado. Cubierta de pies a cabeza con su burka y niqab negro, era como una nube de humo que corría por el suelo.

Finalmente, el verdugo encontró sus brazos; el chillido de la mujer cortó la plaza y sacudió el polvo a mis pies.

—¡Rahmah! —gritó—. ¡Rahmah! ¡Rahmah!

Cada vez que ella gritaba, su petición de misericordia se hacía más larga, más desesperada. No conocía la tristeza; solo el terror ilimitado de enfrentarse a un dios de juicio sin preparación se podía oír en sus lágrimas.

Con las manos atadas, otro hombre le hizo una soga y la envolvió alrededor de su cabeza, mientras otro mantenía su cuerpo en su lugar.

Aunque sus vías respiratorias estaban ahora parcialmente obstruidas, sus gritos salvajes se proyectaban aún más. Y cuando la soga se había tensado y la longitud de su cuerda se extendía, forzando su cuello en su lugar, el verdugo se levantó y rápidamente arrojó su espada.

No puedo decir si había errado su marca o si su burka había impedido un corte limpio; sin embargo, de esta mujer salió un rugido de agonía sin igual, que alcanzó un pico de revelación eterna que los vivos no conocen. Fue un grito fantasmagórico, muy similar al de alguien que sufre con una conciencia viva e indivisa todo el alcance del golpe mortal contra su vida.

Frenéticamente, el verdugo, a quien había visto alguna vez blandir su espada con elegancia balística y precisión robótica, comenzó a golpear frenéticamente a la mujer; ella gimió todo el tiempo, hasta que el hombre tirando con fuerza de la soga cayó de espaldas a su trasero.

La cabeza finalmente se había liberado.

A juzgar por la reacción de la multitud y la neblinosa evaporación de su partida, no había sido un espectáculo muy animado.

Todo el mundo simplemente se dedicó a sus asuntos.

Para aquellos que se lo perdieron, un resumen completo, junto con las imágenes de la ejecución, saldría en las noticias de la noche, junto con el de tres individuos condenados a ser expulsados de un edificio alto por el crimen de homosexualidad.

Mi caminata comenzó, llevándome a la última etapa de mi viaje a casa. Mientras iba, pasando por las tranquilas calles residenciales, pasé por un oficial de policía que mantenía lo que parecía una conversación casual con el hombre de la casa ante la que estaban. Hubo muy poca conmoción, y, cualquier otro día, uno podría haber descartado esto como una simple charla entre amigos. Sin embargo, ambos estaban en un charco de sangre que goteaba como un río perezoso de la cabeza de un joven a sus pies. Entonces me di cuenta de la pistola en la mano del dueño de la casa, así como de un pequeño libro encuadernado en cuero, partido por la mitad junto al joven muerto, con sus páginas manchadas de rojo.

El oficial estrechó la mano del dueño de la casa, quien se retiró a la casa, mientras el oficial hacía una llamada telefónica.

Otro padre juzgando la apostasía, me imaginé.

Ya era hora.

Al doblar unas cuantas esquinas más, el territorio familiar se encontró con mis ojos, todo ello bajo un atardecer rojo sangre.

Estaba en casa.

# 8
## El Sueño

Mi vida en esta tierra se salvaría por una gran contradicción, cuando, al terminar el instituto, nació en mí un deseo que empezó a empujar rápida y persistentemente mi ardor por la jihad en una proverbial lista de deseos. Algunos podrían decir que me había picado el gusanillo de la erudición, que mis recientes logros académicos me habían inculcado el deseo de escalar las alturas de la expansión mental y recorrer las profundidades de la comprensión. De hecho, la educación se había convertido cada vez más en una pasión para mí; mi sed de conocimiento, mi necesidad de comprender los misterios de este mundo, era realmente grande. Pero no conozco ningún bicho nacido de ninguna persuasión terrenal que pudiera hacer girar a un joven tan lleno de devoción a su dios y de celo por su misión en la yihad, y hacerle perseguir exactamente lo contrario de la destrucción: la curación.

No. Ciertamente no era un bicho.

El campo de la medicina había capturado mi fascinación y había dominado tanto mi pensamiento que todas las promesas ofrecidas a través de la yihad que había guardado en mi corazón - toda la gloria y el honor esperando en el otro extremo de un detonador - fueron, si se puede creer, efectivamente empujadas a un lado y a un rincón oscuro. Sí, mi ansia por la yihad seguía ahí... pero realmente quería probar mi mano en la medicina primero. Y esto, razoné, ¡no parecía algo sin precedentes! Porque había tenido instructores de la yihad, ¿verdad? Los eruditos de la Meca predicaban la fama y el prestigio de tan honorable sacrificio, ¿no es así? ¡Claro que sí! Bueno, me dije a mí mismo, si no *se* apresuraban exactamente a morir, debe haber al menos algún valor en la vida; el suyo, al parecer, era transmitir a otros sus conocimientos y entrenamiento en el arte de la muerte justa; el mío, decidí, era practicar la medicina y preservar la vida. Una gran contradicción, en efecto.

Esto, como había previsto, resultó ser una discusión bastante difícil cuando se lo llevé a mi padre.

—¿QUÉ? —gritó al oír que yo planeaba inscribirme en la escuela de medicina—. ¿Y desperdiciar tu vida? ¿Qué honor hay en tal camino?

—Padre —le respondí, haciendo lo posible por crear un tono de respeto y resolución—, no quiero molestarte con esta decisión. Pero...

—¡Y aún así lo has hecho! —ladró—. ¿Mis palabras no han significado nada para ti? ¿Consideras que mi instrucción es como negarse a ser pisoteado?

—¡Claro que no, padre!

—Entonces, ¿por qué esta tonta charla sobre medicina? Servir a Alá... ¡*Ésta* debería ser tu búsqueda incondicional! ¿No te he deseado algo bueno?

He restringido mi respuesta para dejar pasar una breve pero tensa pausa entre nosotros.

—Padre —dije, mojándome los labios—, desde mi juventud, has sido mi ejemplo, mi patrón para medir mi devoción a Alá y al Islam. Solo quiero traerte honor.

—¡Entonces dedícate al estudio del Corán! —gritó—. ¡No a esos textos médicos, que son escritos por hombres y alterados año tras año! ¿Qué conocimiento puedes obtener de algo tan voluble y fluido? ¿De qué calidad es un entendimiento que cambia con el viento? ¡El Corán *no* cambia, Ahmed! ¡No puedes tener una educación mayor que la que proporciona!

—¿Quieres que sea un crudito? —pregunté, anticipando la conversación tres pasos adelante—. ¿Preferirías que siguiera tus pasos, para ser un juez?

—Sí —dijo con un suspiro—, ¡y que dediques tu vida al estudio y a la aplicación del Corán en la vida diaria!

—Pero padre —respondí, añadiendo un toque de inocencia a mi voz—, ¿no era al-Razi tanto un erudito como un médico?

Mi padre me miró mal.

Yo insistí.

—¿No era al-Tabari el mismo? ¡Incluso Zakir Naik! Padre, esto ya lo sabes, pero ¿no han sido algunos de los más respetados eruditos islámicos los primeros en estudiar medicina?

Esta no sería la última conversación que él y yo compartiríamos sobre el asunto, ni la última de las que se podrían llamar "acaloradas". Al final, sin embargo, mi padre, aunque a regañadientes, se arrepintió e incluso bendijo mi camino elegido; sin embargo, dejó decididamente claro (en más formas que verbalmente) que era muy infeliz.

\*\*\*

Hice lo mejor que pude en los días previos a mi partida para asegurarle que mis estudios de medicina estarían siempre en segundo lugar con mi estudio del Corán y mi devoción a Alá. No habría laxitud en mis deberes: esto lo reiteré enfáticamente.

El hecho de que siguiera los pasos de otros eruditos islámicos no había sido exactamente el punto de inflexión para él. Más bien, lo que más le convenció fue que yo asistiera a un colegio médico especializado con énfasis islámico. Básicamente, mi educación no solo me prepararía para una carrera en medicina, sino que también sentaría las bases para convertirme después en un experto en la ley islámica.

—Ya verás cuando regrese —le dije a mi padre antes de partir—, el mismo hombre del Islam que ves aquí hoy, solo que con una nueva cabeza para la curación y un mayor respeto por su dios!

La universidad a la que asistí es una de las escuelas de medicina de más alto rango en Arabia Saudita, administrada por el gobierno saudí (otro punto a favor de mi padre). Sin embargo, al entrar, me sorprendió descubrir que la medicina se enseña en inglés (un contrapunto para negar el que se ganó el primero). Si mi padre hubiera sabido que yo también ocuparía mi tiempo con el aprendizaje de esta lengua extranjera, que él llamaba "la lengua de los infieles" y que prohibía en nuestra casa, él y yo seguramente habríamos tenido un puñado de animadas discusiones adicionales sobre mis elecciones de vida.

Sin embargo, estaba emocionado por el desafío, ¡y qué desafío resultó ser! Aunque mi primer año consistió en clases preparatorias de física, matemáticas, pre-medicina, etc., para alguien que pudiera obtener tanto significado de las palabras "¡Hola! ¿Cómo estás?" como del rebuzno de un burro, fue suficiente para desencadenar más de unas cuantas noches de insomnio y pérdida de pelo. ¡Ni siquiera podía recitar el alfabeto inglés! Si no hubiera sido por la maravillosa red mundial, a través de la cual decodifiqué todos mis libros de texto mediante sitios de traducción de idiomas gratuitos, me pregunto si mi cordura podría haber soportado el largo camino que tenía por delante.

Para ser totalmente honesto, sin embargo, Internet no era exactamente un compañero de estudio ideal, ya que las traducciones eran a menudo bastante inexactas, incluso risibles. Para alguien que un día podría estar haciendo incisiones en cuerpos humanos por estas direcciones extrañas, se necesitaba algo mucho más comprensivo e inmersivo para asegurar que mi título dijera "Doctor" en vez de "Carnicero". Así que, justo antes de que llegaran las vacaciones de verano, empecé a buscar un curso de inglés como segunda lengua de nivel universitario para tomar durante el descanso; sin embargo, para obtener el mayor valor, sabía que también tendría que estudiar en un país de habla inglesa, donde estaría constantemente rodeado por el idioma y tendría allí la necesidad de adaptación para motivarme y educarme aún más.

Como este era el mundo posterior al 11 de septiembre, y todavía estaba a menos de una década del acontecimiento que cambió el mundo, encontrar un país de habla inglesa que acogiera a un musulmán era un desafío; por lo tanto, mi búsqueda se centró en los países con un bajo nivel de violencia contra los musulmanes. No pasó mucho tiempo antes de que mi búsqueda desenterrara Nueva Zelandia: un lugar bastante abierto a los de mi clase y que ni siquiera requería una solicitud de visado para las personas que llevaban un pasaporte saudí. Y así, habiéndome inscrito en la clase que deseaba en un reputado centro islámico de Auckland, hice las maletas para una larga estancia en lo que rápidamente declaré que el momento en que pisara suelo neozelandés debía ser realmente un planeta alienígena.

La cultura actuó sobre mí menos como el choque que se obtiene de la fricción estática, y más como el extremo vivo de una línea eléctrica cortada. No es sorprendente que fuera la cultura femenina la que me envió primero a buscar mi mandíbula caída en el suelo, ¡sus cuerpos estaban en plena exhibición! Como alguien que acababa de salir de un mundo de coberturas de cara y burkas, mangas cortas, rodillas expuestas y rasgos faciales discernibles eran más que suficientes para enviar mis ojos chillando a las páginas del Corán, donde podrían estar protegidos por las palabras de Alá. La comida también era un desafío. No solo las selecciones, en la mayoría de los casos, eran bastante extrañas, sino que tenía que abordar cada elemento con gran escrutinio, para no violar las leyes de alimentos Halal del Islam. Esta colección de leyes, similares a las leyes kosher judías que se encuentran en el Antiguo Testamento de la Biblia, imponen muchas restricciones a los alimentos e incluso requieren una abstención de por vida del alcohol. Fue por esta razón que elegí vivir mi estadía en un hotel, en lugar de con una familia anfitriona - más costosa, sí; pero me dio la oportunidad de elegir mis comidas a mano, en lugar de arriesgarme a ofender a una familia no musulmana al rechazar la comida que podrían proporcionar. Incluso el entorno del aula en el que participé sacudió mi mundo y sirvió su cuota de primicias. Por ejemplo, ¡los hombres y las mujeres se enseñaban juntos! Las divisiones entre los sexos en tales situaciones debían ser estrictamente observadas en mi cultura; por lo tanto, me propuse no sentarme nunca al lado de una mujer, y trabajé para poner la mayor distancia posible entre yo y cualquier persona del sexo opuesto. Pero, si este escenario mixto no era suficiente, descubrí que mi instructor era una mujer! Ningún hombre en mi cultura había recibido instrucción del sexo opuesto, y el hecho de que me obligaran a hacerlo aquí a cambio de obtener una habilidad necesaria me planteó un dilema silencioso. Por último, como si esta clase hubiera sido diseñada para poner a prueba los límites de mi tolerancia cultural, el instructor a menudo tocaba música durante la clase! Dada mi convincente lección sobre la prohibición de la música y la minuciosa forma en que se había impartido, había decidido cerrar la música completamente a mi vida; incluso había puesto mi móvil para cantar un poema islámico en lugar de sonar. A menudo pedía que se silenciara la música de la clase, y a menudo era simplemente ignorado.

 Mi introducción a la cultura occidental actuó como un propulsor y una intensificación de mi devoción a la cultura islámica; no veía la forma de servir a Alá mientras participaba en una forma de vida tan despreocupada. Afortunadamente, continuaría haciendo muchos amigos musulmanes durante mi estadía, quienes me conectaron a la cultura islámica e hicieron mi estadía en este planeta alicnígena mucho más familiar.

## 8 | El Sueño

Si había algo que mi clase de inglés como segunda lengua tenía en abundancia, aparte del choque cultural, era la diversidad. Incluyéndome a mí, teníamos estudiantes de Arabia Saudita, Francia, Italia, Corea del Sur, China, Japón, Alemania, Holanda, etc. Probablemente teníamos un representante. Y me encontré mucho más cómodo con este nuevo mundo; sin embargo, me mantuve posicionado como un extraño, un observador encantado, que podía apreciar las diferencias culturales y de estilo de vida, incluso encontrarlas encantadoras, pero que nunca adoptaría ninguna de ellas como propia.

El verano progresó de forma bastante fructífera, viendo que mi comprensión del inglés y mi aplicación oral avanzaban de forma muy prometedora. Grandes cosas parecían estar en el horizonte y mi futuro se veía brillante; así que, cuando por fin llegó el sagrado festival del Ramadán, me reuní con mis amigos musulmanes y cumplí con mis deberes con más alegría y agradecimiento que nunca.

A medida que la fiesta se acercaba a su fin, seleccioné mi Noche del Destino (también llamada la Noche del Poder, o Laylat al-Qadr), que puede ser tomada a discreción en cualquier momento durante los días del Ramadán. En esta noche, cualquier petición a Alá, ya sea glorificándole o no, será concedida por él, y las buenas obras serán multiplicadas por mil. Como alguien tan tentado por la promesa de la yihad de borrar todas las malas acciones en un solo acto, esta noche, desde mi infancia, ha sido de suma importancia, ya que con una sola buena acción podría anular mil malas acciones, borradas de mi registro eterno. Por lo tanto, yo había considerado las palabras del Corán 97:3 como unas de las más verdaderas jamás pronunciadas: "La noche del destino es mejor que mil meses".

Dejando mi alfombra de oración, me arrodillé y canté el Corán en 1:6: "Guiadnos por el camino recto".

Desde allí, comencé mi lista de extensos y extenuantes rituales.

Con la cara en el suelo, canté cien veces la oración de perdón, tomada del Corán 112:97-98.

—Busco el perdón de Alá —susurré en el suelo—, y me arrepiento ante él.

Como yo era uno de los que tenía que recorrer los mil kilómetros adicionales para que mi pizarra quedara limpia, al terminar la oración de perdón, realicé varios otros rituales, como el recuerdo arrepentido de diez pecados de mis siete órganos principales (ojos, oídos, lengua, manos, boca, estómago y órganos reproductivos). A continuación, confesé a Alá todos mis pecados repetidos, jurando no volver a cometerlos nunca más, ya que recordé y reconocí activamente los justos castigos que tenía por estos pecados establecidos.

Cuando mis párpados comenzaron a caer pesadamente, saturados de sueño, canté del Corán 4:110, "Y cualquiera que cometa un mal o se equivoque, pero luego pida el perdón de Alá, encontrará a Alá perdonador y misericordioso".

Por lo que parece, mi Noche de Destino había llegado a su fin.

Pero estaba equivocado.

La noche acababa de empezar.

\*\*\*

Comenzó con un *BANG*.

Arrojando mi cuerpo en la cama, puse mis ojos en dirección a mi balcón. Allí vi que las puertas del balcón se habían abierto violentamente, y a través de ellas corrió un viento tempestuoso, llevando consigo el aire fresco de medianoche, como lo haría un veloz carro de tren de carga a lo largo de un desventurado peatón que había pasado por alto a los guardias del cruce mientras navegaba por las vías. La fuerza del viento proyectó mi cuerpo hacia atrás, sujetándome contra la cabecera, mientras que su imponente presencia y su esencia de tierra destrozada llenaban la pequeña habitación. Todo el aire que buscaba como respuesta para lanzarlo en forma de un grito aterrorizado fue empujado de vuelta a mi garganta, tanto por la magnitud del momento como por la curiosa revelación de la esencia de la poderosa fuerza: una voz, majestuosa y encantadora, tan atractiva y hermosa que el poder de los más hábiles poseedores de los mejores instrumentos del arte jamás podría soñar con capturar.

Tan fuerte era esta voz, tan estruendosa y penetrante, que su misma resonancia rompió sobre mi cuerpo como las olas en un océano azotado por una tormenta que se estrelló contra poderosos acantilados. Y aún así, aunque al principio reaccioné con terror, no pude encontrar en mi corazón ningún rastro de miedo por la única y tranquilizadora nota que cantaba a través de la puerta de mi balcón.

Casi en el mismo momento en que se abrieron las puertas y entró la voz estruendosa, siguió después de la tempestad un fuego ardiente de luz pura, que desterró toda mancha de oscuridad y dispersó toda sombra en un lejano olvido, mientras quemaba una llama limpiadora que pintó toda la habitación de un blanco prístino. Y a través de este espectacular despliegue, surgió una gloriosa figura, la fuente misma de esta luz sobrenatural, cuyo resplandor parecía tan grande como diez mil soles que no me atreví a mirarlo.

La voz atronadora que aún llenaba la sala podía percibirse claramente ahora que salía de la figura que estaba ante mí; y mientras la nota que giraba cantaba se condensaba, podía oír y sentir en lo más profundo del reino más sagrado de mi humanidad mi lengua nativa de árabe, que contenía estas palabras: "Ven a mí".

En medio de lo que debería haber sido un resplandor permanentemente cegador, de repente me atreví a mirar hacia arriba; y allí se me concedió verlo, de pie ante mí en la claridad divina, envuelto en un manto de luz solar. Estaba tan cerca, ante mis propios ojos; sin embargo, era tan infinito y glorioso, que se llenaba y se extendía mucho más allá de lo que mis débiles ojos podían ver.

—¿Dónde? —supliqué, mi cuerpo temblando como uno que está en la cabeza de un alfiler, mirando una gota interminable—. ¿Dónde debo ir para encontrarte?

Algo dentro de mí anhelaba llegar a él, pero parecía tan distante.

—Ve a la casa de los pilares blancos —respondió—; allí encontrarás la verdad.

Como obligado por un impulso silencioso, chasqueé la cabeza hacia la izquierda, donde contemplé toda la mitad de la habitación, hasta el borde de mi cama, transformada en la misma casa de la que él había hablado, elevándose imposiblemente pero en perfecta alineación con el pequeño espacio, manteniendo su verdadero tamaño y alcance.

Y entonces, tan repentinamente como este torbellino había comenzado, terminó.

La habitación había sido restaurada, la figura desapareció; la luz celestial había sido reemplazada por la oscuridad, y tanto la voz como el viento se habían disipado instantáneamente. Incluso las puertas de los balcones se habían cerrado limpiamente, como si nada hubiera pasado.

Con el corazón acelerado y la ropa empapada, me encontré despierto, empapado de asombro y terror.

¿Qué había sucedido?

¿Quién era?

Y por qué... oh, no.

Un pensamiento oscuro y terrible entró en mi mente: Estaba tan lejos de casa, literalmente en el otro extremo del mundo; y, por lo tanto, muy lejos del territorio islámico. Era un hecho indiscutible para mí en ese momento que los musulmanes que viven más de tres días en esos lugares son extremadamente vulnerables a los ataques de los demonios y a los asaltos de otras formas de magia negra y maldad. ¿Acababa de contemplar al diablo? ¿Había venido el mismo al-Shaitan a atormentarme?

Inmediatamente, como me habían enseñado a hacer, caí de bruces y comencé a orar frenéticamente, repitiendo una y otra vez los versos del Corán que se cree que alejan el mal. Aunque había sido tan cuidadoso de permanecer fiel al Islam mientras estaba en el vientre de la influencia occidental, de no retrasarme ni un poco en mis deberes como musulmán mientras estaba lejos de la preciosa ciudad santa que era mi hogar, temía ahora que aquel que era conocido en Occidente con el nombre de Satán, hubiera puesto su siniestra mirada en mí.

Completamente petrificado, lloré y oré y supliqué y grité en el suelo de mi pequeña habitación de hotel, hasta que una rancia y vacía oscuridad me alcanzó y me llevó rápidamente a la mañana.

# 9
# La Casa de los Pilares Blancos y el Hombre Alto

OBLIGADO por esta necesidad urgente de volver a la tierra del Islam, allí para encontrar protección del ojo ardiente del maligno, llamé a la agencia de viajes a primera hora de la mañana, en cuanto abrieron su oficina, e intenté reservar el próximo avión de vuelta a casa a Arabia Saudí.

—¡No me importa lo que cueste! —grité, más allá del límite de mi ingenio, y como tal, bastante descuidado en mis modales—. ¡La suma que quieras, es tuya! ¡Pagaré cualquier cosa hasta comprar el avión entero! ¡Debo regresar a Arabia Saudita inmediatamente! ¿No lo entiendes?

—Señor, lo entiendo completamente —dijo la mujer extremadamente paciente del otro lado, lo cual, por cierto, no fue una declaración pequeña para alguien que escuchó gritos de pánico en un teléfono fijo de un hotel en un inglés deplorablemente malo—. Lamentablemente, no tenemos actualmente ningún vuelo disponible para el paso a Arabia Saudita, y probablemente no lo tendremos hasta dentro de una semana, por lo menos.

## 9 | La Casa de los Pilares Blancos y el Hombre Alto

—¡Eso es inaceptable! —lloré—. ¡Debo abandonar este lugar traicionero! ¿Cuánto quieres? ¡Dime tu precio!

—Por mucho que me gustaría sacar un número al azar con un montón de ceros al final, ni un centavo de su dinero llegaría a mi bolsillo, ni nadie aquí podría ser influenciado por ningún precio para ponerlo en un avión que no existe. Lo siento.

Estaba atascado.

Deslizando el auricular por mi mejilla, colgué el viejo teléfono y lo devolví aturdido al agente de registro del hotel que me había conectado con la agencia de viajes, y que en ese momento me miraba con ojos del tamaño de huevos de avestruz, mientras me escabullía, murmurando versos del Corán que esperaba que me dieran algo de consuelo y aliento a mi mente completamente asustada y traumatizada.

Allí me senté, solo en mi habitación, cantando y orando, pero no pude encontrar consuelo en ninguna de las palabras que estaba diciendo. En verdad, pensé, debo estar terriblemente lejos de Alá.

Finalmente, decidí que no era una buena idea quedarme en el hotel solo; el Diablo podría regresar. Así que rápidamente empaqué mis libros y me fui a la escuela. Tal vez allí podría encontrar alguna bendita diversión hasta que pudiera escapar.

No lo hice.

Y rápidamente me encontré, día tras día, volviéndome cada vez más paranoico y desesperadamente temeroso de estar solo. Incluso me sentaba durante la noche en el vestíbulo del hotel, y muchas veces me pedían amablemente que me fuera. El día y la noche comenzaron a confundirse en uno. No presté atención a las horas de mis oraciones diarias, porque me inclinaba cada hora, y un puñado de veces entre ellas, rogándole a Alá que enviara a sus ángeles para protegerme del maligno. Pero el miedo solo se agravó, hasta el punto de que incluso usé extrema precaución al doblar las esquinas.

En medio de esta neblina de horror que se había convertido en mi obsesión, entré en la clase, solo para que me recordaran que ese día haríamos un laboratorio de idiomas, en el que nos pondríamos de pie delante de la clase y, hablando solo en inglés, contaríamos una experiencia reciente. Aunque estaba tan concentrado como un hombre en su decimoquinta taza de café, recuerdo haber escuchado algunos discursos bastante agradables. Algunos hablaron de fiestas en la playa, caminatas en el desierto, ir al cine con amigos... y luego fue mi turno.

—Entonces, Ahmed, ¿qué has estado haciendo recientemente? —me preguntó mi profesor.

Aparte de perder la cabeza, no mucho.

Traté desesperadamente de trabajar en algún tipo de experiencia simple y compuesta, una amalgama de cosas que había hecho desde que llegué, ¡*cualquier cosa*, en realidad! Pero mi mente se negó a soltar sus garras de la garra de la muerte que tenía en mi sueño.

¡No! ¡Cualquier cosa menos eso!

—¿Ahmed?

Mis ojos anchos y rojos se fijaron en mi maestro, que miraba hacia atrás con una mirada que parecía decir, "Cualquier día, ahora".

Tenía que hablar.

Respirando profundamente y tembloroso, me mojé los labios y miré a mis compañeros, antes de precipitarme a tirar los ojos al suelo y escupir cada detalle de mi sueño, tan rápido como mi inglés en desarrollo lo permitía.

## 9 | La Casa de los Pilares Blancos y el Hombre Alto

—Creo —dije, habiendo llegado por fin al final—, creo que fui atacado por Satanás, y por eso me voy a Arabia Saudita lo antes posible.

Como el resto de los estudiantes sentados con las cejas fruncidas y los labios separados en un silencio espeso y pesado, mi profesora se quedó mirándome con asombro. Durante todo mi discurso, en lugar de tomar notas como lo había hecho con los otros estudiantes, se quedó mirando. Ya no era una profesora; era como una niña totalmente atenta y pasmada.

Al final, rompió el silencio palpable y exclamó:

—¡Has visto a Jesús!

Aún no habíamos cubierto esa palabra en esta clase.

—¿Qué es eso?

El asombro en su cara se intensificó.

—¡No *qué*, *quién*!

—¿Quién?

Nunca había oído ese nombre en toda mi vida.

—¡Sí, Jesús! ¡Has visto a Jesús! —dijo otra vez.

—¿Quieres decir... quieres decir Satanás? —le respondí, bastante confundido—. ¿Es Jesús lo que ustedes llaman el Diablo? Pensé que lo llamaban Satanás.

—¡No! —gritó—. ¡Jesús es santo!

—¿Te refieres a Satanás? —realmente no pude entender el concepto que se presenta aquí, ya que apenas entendía el inglés y no tenía ni idea de lo que intentaba decir.

Parecía frustrada pero repetía en voz alta:

—¡No! ¡*Jesús*! ¡Jesús es santo! —sin duda, debido a la mirada aturdida que le estaba dando, suspiró, sonrió y dijo—: Ven a mi escritorio después de la clase.

Una sensación de hundimiento cayó en mi estómago. Pensé que la había ofendido mucho y me pregunté si planeaba llevarme ante el director de la escuela para que me echaran.

Entonces una bombilla se encendió en mi cabeza.

¡Esto es maravilloso, pensé!

¡Esta podría ser una forma aún más rápida de volver a casa en Arabia Saudita!

Mirando hacia atrás, estoy casi seguro de que mi profesora era una cristiana recién convertida, porque cuando hablamos después de la clase ella empleó lo que ahora veo como un conocimiento bastante limitado de la Biblia en un esfuerzo por explicarme quién es Jesús. De cualquier manera, fue un esfuerzo bastante inútil, ya que su limitado conocimiento de la Biblia mezclado con mi limitado inglés hizo que un par de personas hablaran entre sí, intercambiando muchas palabras a cambio de no entender nada.

Cuando empezamos nuestro tercer turno en la ronda de repetición, se sentó en su silla y dijo:

—Quiero presentarte a un hombre que te contará más sobre tu sueño.

Entonces sacó un bolígrafo y escribió en un trozo de papel el nombre de un hombre, junto con una dirección.

Esto podría ser uno de los trucos de Satanás, pensé, una táctica para atraerme a una trampa.

Sintiendo mi incertidumbre, mi profesora me recordó la historia de José el soñador, cuyo relato aparece tanto en la Biblia como en el Corán.

—Eres como José —dijo—. Tenía sueños que Dios le había dado, como tú.

## 9 | La Casa de los Pilares Blancos y el Hombre Alto

Los sueños y sus interpretaciones son muy importantes para los musulmanes, y la historia de José es venerada en parte por esa razón. Pero no confiaba en ella; así que, después de examinar brevemente la dirección que había escrito, la arrugué con rabia y la tiré a un cubo de basura mientras salía de la escuela, murmurando al mismo tiempo: "¡No me parezco en nada a José!"

*\*\*\**

La agencia de viajes se había puesto en contacto conmigo días antes para ofrecerme un puesto en un vuelo a Arabia Saudita, con salida a una semana de hoy. Lo acepté, por supuesto; pero el hecho de tener que esperar, incluso ahora con una fecha de salida definitiva, en lugar de preguntarme interminablemente, no hizo nada para aliviar mi mente torturada. Y, así, perdido en esta aplastante ansiedad, que me hacía caer cada vez más profundamente en el lecho de la desesperanza, agravada ahora por las respuestas inútiles y la confusión que me regaló mi profesor, salí del campus aturdido, desviando las preguntas, los temores y los ecos de la desesperación y el frío aislamiento, hasta que, horas más tarde, me encontré arrastrando los pies por un vecindario extranjero.

La primavera acababa de comenzar en Nueva Zelanda; sin embargo, al mirar a mi alrededor, perdido en las bulliciosas calles mientras vagaba por los más profundos y desconocidos recovecos de mi mente, sentí como si el invierno se hubiera llevado mi cuerpo por su agujero de hibernación, aquí para lin-ger mientras recuperaba su fuerza antes de que volviera a cubrir la tierra. Los rostros brillantes y alegres reflejaban el sol que llovía desde su cima sobre todo el mundo en ciernes y burbujeante, rebosante de color; pero yo me arrastraba bajo las alas curvas de una sombra acechante, mi sol se asfixiaba por las nubes, y todo el mundo se apagaba, gris y amenazante.

En el momento en que me di cuenta de que probablemente estaba muy lejos de mi hotel, así como de cualquiera de las zonas favorables al Islam que mis amigos musulmanes me habían mostrado, mis pies, que aparentemente habían sido forzados por algo más poderoso que su amo habitual, decidieron que era hora de que diera la vuelta en la esquina de la calle que se acercaba; pero, justo antes de llegar allí, desde detrás del edificio por el que pasaba surgió una escena que casi me hizo caer de espaldas.

Allí, ante mí, levantándose del suelo y lanzándose sobre mí desde entre los edificios que lo ocultaban como un gran manto de cemento, había una magnífica estructura que tenía la apariencia de un museo o de un antiguo monumento griego; porque tenía una presencia de fuerza y poder, mezclada con una elegantísima belleza, como lo demuestra el excepcional trabajo artesanal de la piedra, a saber, el que se podía encontrar sobre seis columnas blancas con forma de torre.

—¡Esto es todo! —grité, sin saber que podría haber más gente que yo en el mundo—. ¡De mi sueño! ¡Esto es todo!

Y así fue, para usar mi frase, y en más formas que la propia estructura que había visto en mi sueño, ya que al acercarme, noté la dirección del edificio, tallada en una placa de piedra cerca de la puerta. De hecho, era la misma dirección que mi profesor había escrito en el papel que yo había tirado.

—No puede ser —murmuré a través de una mandíbula caída; pero, como ya había declarado, era... era esto.

Pero, ¿cómo?

Aunque el razonamiento que había estado empleando recientemente debería haberme alejado del lugar donde Satanás

## 9 | La Casa de los Pilares Blancos y el Hombre Alto

me había ordenado que me encontrara, me encontré lentamente acercándome. Esto no fue ciertamente por curiosidad, ni me acerqué por ninguna duda en mi evaluación del sueño. Simplemente fui.

Sobre los pilares había letras gigantes talladas en piedra oscura, que decían: "Tabernáculo Bautista", lo que sea que eso significara.

No había otros signos o símbolos que viera este día para indicarme lo que podría haber dentro de esta increíble casa - si hubiera aparecido una cruz en cualquier parte, habría sabido de inmediato que este no era un lugar para un musulmán, mucho menos uno que en la actualidad está asediado por demonios, y prontamente partiría a un lugar más seguro.

Lentamente, subí las escaleras hasta un conjunto de puertas gigantescas de madera. Empujando con cuidado contra ellas, asomé mi cabeza al extraño lugar, mientras las puertas que se arrastraban anunciaban mi presencia con un largo y agudo chillido. El olor a madera vieja llenó mi nariz, y por todas partes había artefactos de un mundo antiguo y extraño, desde los asientos de madera terriblemente largos apilados uno tras otro a lo largo de un espacio abierto y masivo, hasta la verdaderamente extraña colección de altísimos tubos de plata que cubrían la pared trasera. Nunca había visto un órgano antes, y por lo tanto nunca podría haberlo identificado como un instrumento musical. Gracias a Dios, traté esta pieza con respeto y asombro distantes, y no toqué ninguna de las teclas. Si lo hubiera hecho, no me pregunto si habría entrado en acción y saltado por una ventana.

Después de mucho explorar, un joven entró en la habitación.

—¡Bienvenido al Tabernáculo Bautista, señor! —dijo con una sonrisa brillante y una mano extendida.

Seguramente, viendo la mirada de aturdimiento en mi cara, así como mi reticencia a tomar su mano, me examinó rápidamente y con un certero, ¡Ah! y añadió—: Por favor, espere aquí, tendré a alguien con usted en un momento.

Su definición de "momento" parecía no coincidir con la mía, ya que terminé esperando bastante tiempo en el silencio de la habitación gigante; y ya había tenido suficiente espera, y me di vuelta para salir, cuando una puerta detrás de mí se abrió lentamente y a través de ella estalló un alegre, *"¡As Saalam a'alaikum!"*

Dando la vuelta rápidamente, vi a un hombre muy alto, muy blanco, extendiendo su mano hacia mí.

—¡*Wa alaikum assalam!* —le animé en respuesta, cogiendo su mano y estrechándola vertiginosamente, mientras me invadía una sensación de alivio y seguridad al oír en un lugar tan oscuro y traicionero este querido saludo árabe de "La paz sea contigo". Era un trozo de hogar que necesitaba desesperadamente, e instantáneamente sentí una sensación de unión con el hombre.

Pero antes de que se pudieran intercambiar más cortesías, el hombre alto, con su próximo aliento, dijo,

—Háblame de tu sueño.

Aunque había seguido hablando en árabe, esa maravillosa y cálida sensación de seguridad y familiaridad que me había envuelto como la manta de seguridad de un niño fue instantáneamente arrancada, dejándome una vez más tembloroso y vulnerable en un desierto extranjero. ¿Cómo podría este hombre saber de mi sueño, me pregunté? ¿Le fue dado este conocimiento por el cielo o el infierno? Mi cerebro estaba demostrando ser un poco lento para conectar los puntos.

—¿Quién es usted? —pregunté, mirándolo con temor y asombro.

## 9 | La Casa de los Pilares Blancos y el Hombre Alto

—Perdóname —dijo con una risa que expulsaba aire—. Supongo que me dejé llevar un poco por la emoción.

En el momento en que dijo su nombre, una chispa se encendió en mi cabeza, y vi claramente el trozo de papel que mi profesor me había dado. Sobre la dirección que había escrito este mismo nombre.

—Soy uno de los pastores de aquí. Tu profesora me llamó y me dijo que tal vez podrías pasar por aquí, así que, ¿qué me dices? —continuó con entusiasmo, después de preguntarme mi nombre—. ¿Qué viste?

Aterrado y temeroso, no hablé inmediatamente; más bien, debatí frenéticamente en mi cabeza, debatiendo los motivos de todo, desde derramar mis tripas hasta huir gritando. Mis ojos escudriñaron cada detalle de su rostro, era pálido; demacrado podría ser incluso una buena descripción; sin embargo, había una sonrosidad en su aspecto que, aunque no aparecía en la piel, parecía ser la vida que animaba su desgarbado cuerpo. Escudriñé cada detalle, cada poro y mancha, cada curva y valle, buscando un signo de malicia enterrado bajo lo que bien podría haber sido un velo muy ingenioso, tejido por manos poco amigables de otro mundo.

Permaneció paciente a través de todo ello.

Finalmente, no habiendo encontrado nada particularmente aterrador en mi búsqueda, empecé a contar mi sueño.

Aunque al principio fue lento, pronto me encontré contando cada pequeño detalle, con lo mejor de mi pobre habilidad lingüística. Le hablé de las puertas de mi balcón que se abrían de golpe, del viento impetuoso, de la voz atronadora, de la luz cegadora; le hablé del hombre glorioso: sus magníficas vestiduras, su forma ígnea, su hermosa voz y sus palabras convincentes, que me ordenaban ir a él y encontrar la casa de los pilares blancos.

Todo esto, parecía que lo había expulsado en un solo suspiro, pues al final estaba muy agitado y sudando profusamente.

—¡Y esto no fue una visión de Dios! —le expliqué, una vez que todo se había relacionado—. ¡Esto era Satanás! ¡Todo el infierno se está desatando en mi vida! —jadeando por aire, continué—, Pero me iré al santuario de Arabia Saudita; allí, al fin, estaré a salvo y libre de este tormento demoníaco.

El hombre alto, que no había roto ni una vez el contacto visual en el tiempo que llevaba hablando, me ofreció una cálida sonrisa y, con un movimiento de cabeza, respondió:

—No, Ahmed; ¡has visto a Jesús!

¡Ahí estaba ese nombre otra vez!

—¿Satanás, quieres decir?

—¡No, no! —se rio—. ¡No Satanás, Isa!

Esas palabras me golpearon como un bate de béisbol en las tripas de un bateador de las grandes ligas.

¿Isa?

¿El profeta de Alá?

¿El que Alá llevó al cielo, confundiendo a los que querían crucificarlo?

¿Cómo puede ser eso?

Dado todo lo que sabía del hombre, Isa *nunca* se le aparecería *a nadie* en un sueño, porque su próxima aparición será solo el día de su Segunda Venida, cuando, según los Hadith, destruirá a todos los infieles. Además, ¿por qué me llamaría Isa para que lo siguiera? ¡Ya lo estaba siguiendo! Cualquier musulmán fiel que sigue a Alá sigue a sus fieles profetas.

Estaba completamente confundido.

—¿Eres musulmán? —le pregunté al hombre alto.

—Me someto totalmente y solo al único y verdadero Dios —respondió—. En eso, puedes llamarme musulmán, como lo hace

## 9 | La Casa de los Pilares Blancos y el Hombre Alto

el Corán. Sin embargo —añadió rápidamente—, no sigo ni a Alá ni al Islam; soy cristiano, siervo y seguidor de Isa, a quien llamamos Jesús.

—¿Un *cristiano*?

¿Un enemigo jurado de Alá?

El adoctrinamiento islámico y el entrenamiento yihadista de toda mi vida rugieron en el fondo de mi mente. Pero había algo en este hombre que me hizo reflexionar. Por todas las apariencias, era una perfecta representación de los cristianos que había sido entrenado para decapitar; sin embargo, sus palabras y acciones pintaron un cuadro del infiel condenado que nunca podría haber imaginado. ¡Hablaba árabe y parecía saber algo del Islam! Más que eso, sin embargo, le había dicho al contar mi sueño que yo era un musulmán saudí; sin embargo, su manera de actuar no había cambiado ni un poco. Pensando en ello, me di cuenta de que ni siquiera se había inmutado cuando se lo dije. Más bien, su cuidado y preocupación por mí y mi situación parecía aumentar por momentos; no había ni una gota de miedo, desdén o desagrado -mucho menos de odio- en su conducta hacia mí. Me trató como solo lo había hecho mi criada filipina. Era, aunque no me atrevía a dejar que la idea durara mucho tiempo en mi mente, algo parecido a... algo como... bueno, el amor.

Cualquier imagen mental que me hubiera formado durante los años de los cerdos y perros cristianos, como se suponía que era este hombre, no se parecía en nada a lo que se había sentado paciente y atentamente ante mí.

Algo en lo profundo de mi ser me pidió que satisficiera la curiosidad en vez de la hostilidad.

—Sí —dijo otra vez—. Un seguidor de Isa.

—Pero... ¿cómo es posible? Una persona no puede seguir a Isa y no ser devota del Islam. Era el profeta de Alá, después de todo.

—Y siguiendo sus pasos —comenzó, hablando en árabe desde el Corán 5:46.

—Enviamos a Isa el hijo de María —intervine, completando el verso—, ¡confirmando la Ley que había venido antes de él! ¡Sí! Isa, que la paz sea con él: ¡un profeta de Alá!

—Paz, ciertamente —dijo con una sonrisa—. ¡Y un profeta tan grande era Él!

—¡Muy grande! —estuve de acuerdo, encantado de ver que nos llevábamos bien, pero completamente desconcertado de *por qué* nos llevábamos bien, ya que este hombre ya había declarado su rechazo al islam.

Mientras él y yo tomábamos asiento, me asomé en este mismo punto.

—Dices que sigues a Isa —comencé; él asintió con la cabeza—; sin embargo, también dices que eres cristiano. Pero los cristianos no siguen a Isa; han rechazado las palabras que le fueron transmitidas por Alá, corrompiendo sus enseñanzas, de las cuales Isa era un mensajero. Hablas con conocimiento del Corán: eso es la verdad; así que, ¿por qué te consideras entre los que rechazan la verdad por corrupción?

—Bueno —dijo, arrojando una pierna sobre la otra y relajando sus manos sobre su rodilla—, ¿por qué no investigamos eso? Pero no perdamos de vista este sueño tuyo. Dices que fue Satanás quien te visitó; yo digo que fue Isa, Jesús. Afirmo ser un devoto seguidor de Jesús, un sirviente de Él que lleva la verdadera identidad conocida con ese nombre, por lo tanto, debería conocerlo bastante bien, ¿no?

—No si lo conoces fuera de las palabras de Alá.

## 9 | La Casa de los Pilares Blancos y el Hombre Alto

—Muy bien; veamos qué tiene que decir Alá sobre Isa.

Fue solo ahora que me di cuenta de que tenía un Corán.

—Entonces —dijo, lamiéndose el pulgar y hojeando las páginas—, ¿por dónde deberíamos empezar?

El Corán deja claro la torsión de la verdad que es la creencia cristiana, pero nunca había encontrado a alguien que realmente afirmara aferrarse a esa perversión, especialmente uno que demostrara un conocimiento -aunque, tal vez no una clara comprensión- de las palabras invariables de Alá, como yo las había conocido. Él fue, a mis ojos, la culminación del Corán 5:18, donde judíos y cristianos afirman, "Somos hijos de Alá y su amado". Este versículo continúa con un ejemplo para que los musulmanes actúen como embajadores, para cuestionar a aquellos que afirman ser lo que Alá claramente dice que no son, para probar su fe y así demostrar que el Islam es la verdad. De la misma manera, en el Corán 10:94, leemos que a Mahoma se le dice que si tiene dudas sobre la revelación que Alá le ha dado, debe preguntar a aquellos que han estado leyendo las Escrituras que vinieron antes que él.

Y así lo hice.

—¿Cómo afirman los cristianos que Isa nació? —pregunté.

—De la virgen Maryam —respondió sin dudarlo—. La llamamos María.

—Como lo has dicho.

—Sí, Corán 19; una lectura muy interesante. Puedes ver lo especial que es María para Alá, ya que todo el capítulo lleva su nombre, y es la única mujer mencionada por su nombre en todo el Corán.

—¡Ah! —lloré—. ¡Pero ella no es igual a Alá, como tú dices!

—¡No, en efecto! —respondió con alegre acuerdo; su equilibrio era inquebrantable—. En el Corán 5:116: Alá le pregunta a

Jesús si le dijo a la gente que adoraran a su madre como a un Dios.

—No me correspondía a mí decir eso a lo que no tengo derecho —cité.

—Los verdaderos seguidores de Jesús —continuó—, no toman a María como un dios; no la elevan entre la humanidad, ni la ponen en igualdad de condiciones con Dios; porque ella no es más que un ser humano, muy bendecido por Dios, sí; pero un ser humano, no menos, con tantos pecados como todos los demás, tan necesitada de la misericordia y el perdón de Dios como tú y yo.

Lo miré con atención y me preparé para hacer mi siguiente pregunta; sin embargo, me dio un ligero golpecito cuando de repente me hizo su propia pregunta.

—¿Cómo se compara Jesús con el resto de los profetas en este aspecto?

—¿Qué quieres decir?

—Bueno —dijo—, ¿quién de los veinticinco profetas es el más grande?

¡Nunca había habido una pregunta más infantil sobre Islam!

—Mahoma, ¡por supuesto! —declaré, de la forma en que lo hubiera hecho si me hubiera preguntado el color de la hierba—. ¡La paz sea con él, es el gran mensajero de Alá!

—Es lógico, entonces —continuó diciendo—, que el resto de los profetas, desde Adán a José, pasando por David y Salomón, hasta llegar a Jesús, es lógico que los primeros 24, junto con la posición de Mahoma como el más grande, no puedan compararse con sus acciones y su mensaje. ¿No es así?"

No había necesidad de pensar en la respuesta.

—¡Claro que sí! Es el profeta que recibió la revelación final, enviado para restaurar al pueblo al Islam, a la adoración de Alá

## 9 | La Casa de los Pilares Blancos y el Hombre Alto

y solo a Alá, para apartarlos de sus enseñanzas corruptas antes del día final.

Mis ojos se posaron en él de manera perpleja y extrañada.

—Pero tú demuestras conocimiento de esta revelación final, el noble Corán —murmuré, casi sin aliento por su perspectiva y posición aparentemente al revés—. ¿Cómo, entonces, afirmas servir primero a Isa sobre el que vino después, llevando un mensaje mayor, incorrupto a través de los años?

—¿Crees en la verdad? —preguntó, sus ojos penetrando en mi mismo ser.

El enigma de este hombre era a la vez retorcido y atrayente.

—Yo creo.

—¿Por qué?

—*¿Por qué?*

Ningún hombre había hecho nunca tal pregunta, apenas sabía cómo responder.

Esperó.

Al final, respondí suavemente,

—Debo hacerlo.

—Igual que yo —respondió—, porque incluso para declarar que no hay tal cosa como la verdad, se requiere que la verdad exista para que el estado, que rechaza su existencia, sea válido.

Nada más que el parpadeo de mis ojos podía responder a esta aserción.

—¿Qué es, entonces —continuó—, la verdad?

—El Corán.

Aunque mi respuesta fue confiada, firme en el fundamento que fue mi vida hasta este punto, comenzó a cosquillear una extraña sensación en mi pie.

Y justo cuando empecé a preguntarme cómo se había sentido alguna vez bajo mis pies el suelo en el que había apostado mi vida, el hombre alto se inclinó hacia delante y me echó un ojo agudo a través de la mirada; era una mirada escrutadora; me llamaba con la voz de un hombre para que me pusiera a la altura de la tarea de un hombre.

—¿Estás dispuesto —dijo, hablando despacio, deliberadamente, en voz baja—, a buscar esa verdad para entenderla, a examinar las palabras y los hechos de los últimos profetas, y así conocerlos? ¿Estás dispuesto a conocer la verdad, a saber por qué fuiste llamado a este lugar en un sueño, y quién fue el que te envió?

No tenía aliento para responder; la fuerza pura que era el magnetismo de sus palabras, en su atractivo y gran llamado a examinar la verdad por la verdad, si tuviera el poder de hacer un sonido, no sabría cuál hacer. Y así, en un instante, evalué mi curiosidad sobre este hombre y la situación, y la causa de mi presencia en este lugar. Un sueño tan vívido me había mostrado un lugar que mis ojos nunca habían visto, en una ciudad en la que nunca había estado, y me agarró con un toque que ninguna visión tenía jamás el poder de poseer. No fue un accidente ni una casualidad, había visto y oído cosas de las que no había habido ninguna referencia previa en la que una mente dormida pudiera inspirarse; esto era real, y no pude encontrar nada más que locura en mi seguimiento de la inclinación a abandonar esta búsqueda. Si por ninguna otra razón que el miedo a pasar el resto de mis días preguntándome sobre la causa y el motivo de mi sueño, tenía que permanecer; y con mi firme base en el Corán, su palabra infalible cementada en mi mente, estaba seguro de que ninguna corrupción podría hacer temblar los cimientos que había forjado en la arena saudita que era mi patrimonio y mi destino.

En silencio, llené mis pulmones.

—Sí, lo estoy.

## 9 | La Casa de los Pilares Blancos y el Hombre Alto

Enderezándose en su silla, el hombre alto recorrió las páginas de su Corán, sonriéndome, no como alguien que saliva por el triunfo del cual estaba confiado en descubrir en un desafío que se le presentaba, sino más bien como un amigo paciente y cariñoso.

Era una mirada muy extraña.

—¿Realmente crees que fue Isa quien vino a mí esa noche?

—¿Todavía crees que fue Satanás?

El silencio pasó otra vez entre nosotros.

—No lo sé —respondí largamente; mis palabras nunca antes habían tenido una representación más transparente de mi ser.

—¿Qué crees de este libro? —preguntó, sosteniendo el Corán—. ¿Trae claridad o confusión?

—Claridad.

—¿A qué libro, entonces, buscaría Satanás guiarte y de qué te enseñaría, el libro de la claridad o el libro de la confusión?

—El libro de la confusión.

—¿Cuál elegirías?


Las horas pasaron como minutos, hasta que toda la luz del día había expirado, a diferencia de mis siempre florecientes preguntas. Donde una pregunta era respondida, tres más brotaban en su lugar; y él había tenido respuestas para todas ellas, sin dejar ni una sola inexplicada. Su gran conocimiento y su dulzura de espíritu, así como su voluntad y su bondad para dedicar tanto tiempo a guiarme por el misterio de mi sueño y a satisfacer mi curiosidad, me dieron ganas de seguir conversando con él, día tras día, y de no parar nunca.

No parecía haber ningún tema intacto, desde lo alto y pesado hasta lo pequeño y ligero, pero tan significativo como la vida misma; lo infinito y todo el camino hasta lo finito, en el que eché un segundo vistazo a lo que rápidamente se convirtió en una afirmación muy curiosa. El Corán 51:49 afirma que de todas las cosas que Alá ha creado, dos compañeros o parejas. Ahora, me habían enseñado que el Corán era un vasto almacén de conocimiento científico, cosas que Mahoma en su tiempo no habría podido inventar; solo un dios omnisciente podría haber revelado tales maravillas. Pero si estas palabras eran tan concretas y divinamente otorgadas por la más alta sabiduría, ¿cómo podría haber dentro de las páginas una falacia científica tan descarnada, ya que en mis estudios médicos había llegado a aprender sobre la partenogénesis, en la que la reproducción se produce sin fertilización; no se requiere ninguna pareja para multiplicarse, y no existe ninguna pareja. ¿Había sido la comprensión del hombre de la naturaleza a través de la ciencia un paseo a ciegas, o podría esto ser una pequeña, pero en perspectiva gigantesca, grieta en el fundamento inquebrantable de mi fe?

Mientras que cualquier contradicción curiosa apuntaba a refutar la afirmación de que la revelación del Corán era infalible, haciéndome cuestionar (aunque penitentemente) su fiabilidad, dedicamos relativamente poco tiempo a tales temas; nuestra conversación se centró mayormente en la singularidad de Jesús, tal como fue presentado en el Corán, midiéndolo con todos los profetas, pero principalmente con Mahoma; porque si Mahoma fuera el más grande de los mensajeros de Alá, Jesús seguramente no alcanzaría ni siquiera el nivel de excelencia de Mahoma.

Estaba claro que Jesús había venido a traer la paz, sin luchar ni matar nunca, ni animar a nadie a hacerlo; mientras que Mahoma, aunque habló de paz al principio de su carrera, terminó con una idea muy distinta, convirtiéndose en un señor de la guerra cuando se instaló en Medina, impulsando una doctrina

## 9 | La Casa de los Pilares Blancos y el Hombre Alto

de "luchar contra todos". Los contrastes entre la noche y el día, por supuesto; pero estas diferencias eran mucho más profundas.

—Así que —dijo el hombre alto después de muchas idas y venidas—, podemos ver que Jesús era bastante único, ¿no crees? Siendo uno de los dos únicos profetas sin un padre humano, pero a diferencia de Adán, naciendo de una mujer.

Asentí pensativo, reflexionando sobre el Corán 3:59, que dice que "la semejanza de Jesús ante Alá es como la de Adán".

—A diferencia de cualquier otro profeta —continuó—, Jesús tenía poder sobre la vida y la muerte e incluso sobre la creación misma - Corán 3:49, en el que Jesús afirma, "He venido a vos, con una señal de vuestro Señor, en la que os hago de arcilla, por así decirlo, la figura de un pájaro, y respiro en ella, y se convierte en un pájaro con la autorización de Alá": "Curo a los ciegos de nacimiento y a los leprosos, y curo a los muertos con permiso de Alá". Se muestra mucha más autoridad —dijo—, a Jesús que a cualquier otro profeta. Cura a los enfermos, resucita a los muertos, y ante los ojos de muchos forma la figura de un pájaro y le insufla vida. Incluso posee el habla como un niño, según el Corán 93-Él afirma claramente que es un profeta, dejando claro que nunca fue un profeta. ¿Podría tal persona tener el poder de venir a alguien en un sueño para, como dice en el Corán 43:63, venir en la Sabiduría para aclarar lo que está en disputa?

Pensé largo y tendido, recitando verso tras verso en mi cabeza, buscando incluso un solo milagro que Mahoma hubiera realizado para demostrar su autoridad sobre, bueno, algo; pero no pude encontrar ninguno.

—Pero Alá le envió el Corán a Mahoma —argumenté—. Así como envió a Isa el Injil y a Moisés la Torá; pero solo el Corán permanece incorrupto.

—El Injil —dijo—, el Evangelio, fue, como dices, dado por Alá a Jesús, dos veces leímos esto en el Corán: en 5:46 y 57:27. ¿Y cuál fue la respuesta de Jesús a este Evangelio que le fue dado?

—Vino como testigo de la Torá y para proclamar la revelación que Alá le había dado.

—¿Y qué le ordenó?

—¡La obediencia!

—Sí, el Corán 43:63 dice: "Por tanto, temed a Alá y obedecedme". Parece bastante seguro de Su mensaje, ¿no?

—¿Cómo podría no estarlo? ¡Dado todo lo que era y había recibido!

—¿Estaba Mahoma tan seguro de que su camino era el correcto?

—¡Claro que sí! Él es quien enderezó el camino, él...

Mi boca se detuvo; el Corán 34:50 de repente se me ocurrió.

Y miré y vi que el hombre alto ya había abierto la página.

Probablemente viendo en mis ojos que lo estaba repasando en mi mente, leyó: "Mahoma dijo: "Si me pierdo, me pierdo para mi propia pérdida". ¿Cómo pudo hacerlo, si de hecho poseía la verdad, divinamente otorgada?

Esto empezaba a doler.

Entonces, aún con su voz suave y tierna, el hombre alto preguntó:

—¿Por qué Alá le dio el Corán a Mahoma a través del ángel Gabriel?

Como una agenda automática en la mente, mis dedos mentales se volvieron al Corán 42:51.

## 9 | La Casa de los Pilares Blancos y el Hombre Alto

—Y no le corresponde a ningún ser humano que Alá le hable excepto por revelación o desde detrás de una partición o que envíe un mensajero para revelar, con su permiso, lo que quiera. Ciertamente, él es el más alto y sabio.

—¿Estamos de acuerdo en que Mahoma era humano?

Asentí con la cabeza.

—¿Cómo lo eran los otros profetas? ¿Al igual que Jesús?

Dos asentimientos.

—Esta es probablemente una de mis señales favoritas de la singularidad de Jesús —dijo, hojeando el Corán de nuevo—. ¿Qué vemos a partir del Corán 5:110?

Al volverme hacia él en mi cabeza, mis ojos se abrieron de par en par, y tomé el Corán de sus manos para asegurarme de que no lo recordaba mal.

—Alá está conversando con Isa —mis palabras salieron de mis labios.

—¿Es esta la única vez?

No necesitaba pensar.

—Corán 3:55... Alá dijo: "¡Oh Isa! Os tomaré y os elevaré a mí mismo".

Sacudí mi cabeza, mi estómago se revolvió.

Hablamos una y otra vez, mi corazón me dolía bajo la extraña sensación de que estaba siendo apretado en medio de un agarre cada vez más fuerte.

—¿Por qué ustedes los cristianos quieren creer que Isa murió?

—¿Crees en el pecado? —preguntó.

—¡Claro!

—¿Qué te hace el pecado?

—Bueno —le dije—, si tengo demasiados pecados, no alcanzaré el paraíso en la próxima vida... mis buenas acciones deben superar a las malas para cuando muera.

—Entonces, ¿tu pecado te separa de Dios?

—Sí... ahora, ¿qué hay de *mi* pregunta?

—Estoy respondiendo —dijo con una gran sonrisa—. ¿Es el pecado parte de nuestra naturaleza? ¿Dirías que naciste perfecto?

—¡Claro que no!

—¿El pecado viene fácilmente, entonces?

—¿No lo es para todos nosotros?

Ciertamente, sí. Ahora, si no necesitamos que nos enseñen a mentir o engañar o robar u odiar todas las cosas pecaminosas; si nadie tiene que enseñarnos a hacer cosas pecaminosas, y el pecado nos hace inadecuados para estar ante Dios, nuestra propia naturaleza está en oposición a Dios. Somos impíos ante un Dios santo; somos injustos ante un Dios justo; por lo tanto, no podemos esperar estar ante Él y vivir, a menos que nuestros pecados sean quitados.

—Por nuestras buenas acciones.

—Espera un minuto, sin embargo —intervino—. Acabamos de establecer que Dios es justo. Digamos que tu vecino entró en tu casa y robó tus pertenencias, incluso mató a alguien en el proceso - un miembro de la familia. ¿Esperarías que un juez saudí perdonara su crimen?

—¡Claro que no!

—¿Y si pudiera establecer irrefutablemente una serie de buenas acciones, más buenas acciones hechas que la mayoría de los hombres, mostrando una devoción poco común al islam y a la religión?

## 9 | La Casa de los Pilares Blancos y el Hombre Alto

—Eso es... —empecé con un estallido de vim; pero al oír las palabras que pretendía decir, todo el viento se retiró de mis velas—. Eso es irrelevante —dije en voz baja.

—También hemos establecido que nuestra naturaleza es pecaminosa —continuó—. ¿Cómo llegaste a Nueva Zelanda desde Arabia Saudita? ¿Pagaste con dinero saudí?

—No. Tuve que cambiarlo por dinero neozelandés.

—¿Tu dinero nativo no vale nada aquí?

—No.

—¿Cuánto más inútiles serían las acciones de un pecador por naturaleza como pago por el paraíso con un Dios sin pecado? Piensa en ti como un trapo manchado de suciedad, tu pecado -no importa lo duro que frotes, nada que toques o produzcas estará limpio; todo se manchará, como tú estás manchado".

—¿Qué tiene esto que ver con Isa?

—Jesús vino predicando la Buena Nueva de que Él, aunque estaba sin pecado, se pondría en nuestro lugar ante Dios, llevando nuestras manchas, nuestros pecados, sobre sí mismo; pondría su santidad sobre nosotros, no sería limpio ante Dios; y en Él tendríamos la salvación. Esto haría, e hizo, al morir en la cruz y absorber toda la ira de Dios, derramada contra el pecado, muriendo como la expiación y dándonos la vida eterna, si tan solo creyéramos en Él.

Creía en Isa, pero solo como profeta; no era Dios.

—Bueno, Ahmed —dijo el hombre alto, algún tiempo después de que el personal de limpieza hubiera empacado para la noche, ya que era ya la cuarta hora de la mañana—, ¿qué dices si detenemos nuestra discusión aquí y lo retomamos en mi casa?

El sol pronto saldría, pero el sueño no era el motivo que impulsaba a ser cauteloso con esta invitación, porque aunque yo era profundamente curioso y no estaba dispuesto a interrumpir nuestra conversación, aún más reacio a rechazar su cálida hospitalidad, este era mi primer encuentro con un cristiano; y, si los cristianos fueran como yo, podría estar en graves problemas, pensé. Dado que el Islam solo proporciona una forma de garantizar un viaje al cielo, a saber, matar a un infiel, temí que tal vez un seguidor de Isa pudiera tener una garantía similar por la que luchar.

En verdad, pensé, este hombre podría matarme si voy con él.

La decisión, como puedes esperar, fue fácil.

—No, no —balbuceé—, gracias, pero realmente debería volver a mi hotel.

—Lo entiendo completamente —dijo entre risas, aunque dudo seriamente que su entendimiento fuera tan completo—. Mi esposa quizás ya haya soltado los perros para encontrarme. ¿Qué te parece si hablamos de nuevo mañana, aquí?

Me pareció más prudente tratar con un cristiano potencialmente asesino en lugares públicos, y asegurarme de hacerlo cuando la gente está presente... No iba a volver a probar su sed de sangre perdiendo la noción del tiempo, como en esta ocasión.

Aceptando, acepté su tarjeta y me escabullí a las oscuras calles de vuelta a mi habitación de hotel, donde me quedaría despierto hasta el amanecer, girando esa tarjeta en mi mano, contemplando la relación riesgo/recompensa de descubrir el propósito detrás de mi sueño y rascándome esta profunda picazón que era esta nueva perspectiva en el mismo libro que había memorizado. ¿Había sido todo meramente litúrgico, o había estudiado lo que podía recitar de memoria? ¿Sabía yo lo que sabía? Un sonido como el desmoronamiento de un mundo que se me venía encima; y cuando parecía que me deslizaba hacia el vacío, inclinándome fuera de la llanura que era mi existencia, mis ojos se abrieron de golpe, y me di cuenta, demasiado tarde para evitarlo,

## 9 | La Casa de los Pilares Blancos y el Hombre Alto

que el sonido del desmoronamiento era el chirrido de mis muelles, y que la inclinación era mi caída del colchón.

WHUMP

En el momento en que logré que los pájaros que danzan alrededor de un halo de estrellas volaran a otros lugares aturdidos y confusos, mi mirada se centró en el nombre del hombre alto, mirándome fijamente a los ojos.

Desprendiendo su tarjeta de mi frente, miré mi reloj; eran casi las seis de la tarde.

Mi cabeza aún se tambaleaba por las horas y horas que habíamos pasado machacando el Corán (por no hablar de mi pequeña caída), ¡y aún quedaba mucho terreno por recorrer! Aunque estaba petrificado, y aunque eran ardientes mis súplicas a Alá, pidiendo perdón por haberme perdido algunas de mis oraciones debido a esta inesperada persecución, y rogando a mi dios que enviara la verdad para borrar todas las mentiras, para asegurarme en mis cimientos; aunque temblaba desde la punta de mis cabellos hasta la punta de mis pies, esta orden estruendosa de "Ven" y de "encontrar la verdad" golpeaba sin cesar en mi cabeza y en mi corazón.

No pude encontrar descanso.

*Tenía* que saber cuál era la verdad que se me había ordenado encontrar.

Y así como así, corrí a mi teléfono, llamé al hombre alto, y rompí todo tipo de récords de velocidad terrestre volviendo a la casa de los pilares blancos.

Como en los días anteriores, no encontré ningún consuelo; solo lo que se sentía como una piel escamosa siendo pelada, una escama a la vez.

—¿Por qué dijo eso, sin embargo? —pregunté, tirando ligeramente de mi barba y pasando una mano por mi pelo.

—Muy bien —dijo el hombre alto, reposicionándose en su silla, ya que habíamos estado sentados varias horas y estábamos otra vez arrastrándonos en las primeras horas de la mañana—, ya hemos determinado la primera parte de lo que escuchaste: la figura en tu sueño dijo: "Ven a mí;" después de lo cual rogaste saber a dónde ir.

—Entonces vi este lugar.

—Correcto, y la figura entonces te dijo que vinieras aquí.

—¡Y dijo que se supone que debo encontrar la verdad aquí! ¡Bueno, lo hice! —exclamé, tocando el Corán en las manos del hombre alto—. Está justo aquí, pero ya tengo esa verdad —golpeando mi cabeza, añadí—, aquí arriba.

—¿Crees que la figura no sabía que tienes el Corán? Dado todo lo que fue capaz de hacer -venir en un sueño, llenar la habitación de luz, mostrarte un lugar que nunca habías visto en toda tu vida, y decirte que vayas allí; y ahora estás aquí, en una tierra extranjera con un hombre extranjero que habla tu lengua y conoce el libro de tu fe; dado todo eso, ¿es razonable que Él haya hecho este viaje a ti para nada, porque no sabía algo de ti? ¿Por qué no te preguntó primero si conocías el Corán, en lugar de asumir y enviarte a un recado innecesario?

Me había convencido casi completamente de que Satanás no había sido mi glorioso visitante. La verdad pertenecía a Alá, y cualquiera que me indicara la verdad debía ser enviado desde arriba; pero este era un sentimiento inquietante y aterrador, porque sugería que yo estaba ocultando algo verdadero, ya que la palabra "verdad" era tan firme, concreta y completa que sabía que estaba destinada a tener más referencia y peso que lo que una simple idea errónea podía tener.

## 9 | La Casa de los Pilares Blancos y el Hombre Alto

No, me temía, este encuentro en mi Noche de Destino fue el primer temblor de un gran terremoto, preparándose para sacudir los cimientos de todo lo que había conocido y a los que me había aferrado toda mi vida.

—Si el Corán es verdad —continuó el hombre alto—, no fallará en la prueba de fuego.

Ya habíamos encendido algunos fósforos contra él el otro día; ese libro imperecedero parecía curiosamente inflamable.

¡Pero tenía que haber algún tipo de verdad concreta ahí! ¡Seguramente! ¡Solo tenía que haberla!

Después de algunas discusiones, llegamos a la creación del hombre.

—¿Cómo se creó? —preguntó.

—Refiriéndose a Isa, el Corán 3:59 dice que Alá lo creó del polvo, comparando su creación con la de Adán.

—¿Y si leemos más?

—¿Dónde?

—Corán 15:26.

"Y ciertamente creamos al hombre de arcilla a partir de un barro negro alterado".

Mi cabeza temblaba de frustración mientras hablaba, entonces empecé a buscar en mi cerebro cada referencia que pude encontrar sobre cómo Alá crea al hombre: Corán 16:4 - Alá creó al hombre de una gota de esperma; Corán 19:67 y 52:35 - creado de la nada, creado por la nada; Corán 96:2 - de un coágulo de sangre, una sustancia pegajosa.

Para cuando los revisé todos, había un mechón de pelo de barba en mi puño.

—Ven, Ahmed —dijo el hombre alto, poniendo tiernamente una mano sobre mis hombros—. Tomemos un descanso... ¿por qué no volver a mi casa, donde podemos hablar un poco más en sillas de comedor, con té y algunos bocadillos?

El ratón es atraído a la trampa con el olor acre de un sabroso bocado.

Una vez más, me negué, y continuamos.

—Alá ordenó a Mahoma ser el primero de los que se sometan a él a través del Islam, ¿es eso cierto?

—Sí —respondí con un suspiro; era un suspiro muy obligatorio—. Corán 39:12.

—¿Y qué hay de Isa? ¿Dice el Corán que no era un devoto seguidor de Alá, un musulmán que predicaba el Islam?

Mi cabeza cayó en mi mano.

—Luego está Moisés —continuó—. En el Corán 7:143 da gloria a Alá y declara que es el primero en creer.

Los ojos se alzaron sobre mis dedos, mis manos presionaron suavemente contra mis labios fruncidos.

—Y no olvidemos a Abraham, ¡incluso antes que a Moisés! El Corán 2:132 nos dice que Abraham dejó el legado de la fe del Islam a sus hijos. Si se lo hubiera dado a ellos, seguramente lo habría tenido primero.

Los patrones estaban emergiendo a izquierda y derecha, y el hombre alto estaba mojando sus labios para hacer su pregunta favorita.

—No nos detengamos —dijo—; esta ha sido una experiencia fascinante. Podrías venir a quedarte en mi casa por la noche o por la mañana —se rió—. Después de una buena mañana de sueño, podríamos empezar de nuevo de inmediato. ¿Qué me dices?

¡Debe estar realmente desesperado por matarme y llegar al paraíso, pensé!

## 9 | La Casa de los Pilares Blancos y el Hombre Alto

O, me pregunté, mientras miraba su agradable sonrisa, si quizás es mayor de lo que parece, o tiene una enfermedad terminal, y quiere estar seguro de que la termine bien y me lleve con él.

Amablemente, insistió.

—Tenemos un cuarto de huéspedes —dijo—, y mi esposa está allí, le encantaría conocerte.

Sacando su cartera, me enseñó una foto de una mujer encantadora y muchos niños.

—Estos son mis nietos —sonrió, sus ojos se enrojecieron un poco al mirar los rayos de luz brillante sobre las fotos.

Era una visión tan conmovedora, y había sido tan amable hasta ese momento, renunciando a días enteros para sentarse y hablar conmigo, que empecé a sentirme mal del estómago; porque tenía algo más que su generosidad que me obligaba en ese momento. Hay una regla de tres, de algún modo, en mi cultura, que exige la aceptación del receptor de una invitación, si esa invitación se ofrece tres veces.

Así que, atrapado por la calidad del hombre que estaba ante mí, y el dominio de la cultura, acepté su oferta; y juntos caminamos hasta su coche y condujimos por las oscuras y vacías calles hasta su casa. Me aseguré de anotar todos mis medios y rutas de escape, trazando después de cada giro una nueva zona por la que correría en caso de que se moviera para matarme de inmediato.

Al llegar, escaneé el vecindario e identifiqué rápidamente una ruta con el menor número de obstáculos para correr.

Abrió la puerta de su casa y entré de puntillas, mirando a ambos lados, a la izquierda, luego a la derecha, luego a la izquierda otra vez, y luego una rápida derecha-izquierda-derecha y probando cada tabla del suelo en busca de trampas. Le permití que nunca me viera la espalda; caminé presionado contra las paredes, mirando los pasillos y el sistema de escaleras, trazando y volviendo a trazar la mejor manera de huir en caso de que llegara el gran momento.

—¿Qué te gustaría como desayuno de medianoche? —preguntó mientras se dirigía a la nevera.

—¡AGUA! —yo dije, sin darme cuenta de nada más que de mi inminente perdición, mucho menos del volumen de mi voz.

Mis nervios se tambaleaban al borde de un acantilado, tanto que cuando regresó con un vaso de agua, poniéndolo delante de mí con esa misma sonrisa genuinamente agradable, me negué a beberla, ¡por lo que yo sabía, estaba envenenada!

—¡Así que! —llegó una voz angelical desde la otra habitación—. ¡Éste debe ser tu amigo el búho nocturno!

—Ahmed —dijo el hombre alto, de pie y llevando a la habitación a una mujer de aspecto muy amistoso—, esta es mi esposa.

Ella tomó mi frío y húmedo peso muerto de la mano sin el más mínimo parpadeo.

—¡Es tan maravilloso conocerte! —gritó—. He oído que ustedes dos han estado estudiando seriamente uno de sus temas favoritos, ¿verdad?

No puedo decir si me gustaba mucho la conversación, pero puedo suponer, y supongo que era una compañía bastante aburrida e incómoda, con mis rodillas que rebotan, mis dientes que castañetean y mis miradas agudas por todas partes, lanzando el sudor de mi frente como un perro que se sacude en el agua.

Al poco tiempo, el hombre alto dijo:

—Bueno, ¿qué te parece si nos retiramos para mañana, eh? Vamos a descansar para que podamos tener una nueva oportunidad mañana.

## 9 | La Casa de los Pilares Blancos y el Hombre Alto

—¡Sí! —declaró su esposa—. ¡Y me aseguraré de tener un desayuno caliente de mediodía listo cuando te despiertes! ¡Buenas noches!

Después de ser escoltado a la habitación de invitados, todo bien preparado para mí, presioné mi oído contra la puerta cerrada hasta que pude oír que se habían ido; entonces, tan rápido como un flash, empecé a correr por la habitación, recogiendo cualquier cosa que pudiera encontrar lo suficientemente pesada para bloquear la puerta. Cogiendo el calentador, lo golpeé contra la base, antes de quitarme el cinturón y envolverlo alrededor del pomo de la puerta, anclándolo a un armario clavado en la pared. Me escabullí entonces a las ventanas, las cerré y las bloqueé todas, y luego até las cortinas en un nudo imposible. Habiendo quemado ya unas tres mil calorías, puse en marcha la defensa final: un señuelo. Tomé todas las almohadas y las dispuse bajo las calas para que parecieran un cuerpo humano, y luego me acuclillé en un rincón junto a la cama, preguntándome si había hecho lo suficiente.

—¡Qué tonto! —lloró este yihadista entrenado—. Seguramente bajará en una hora, tal vez dos; encontrará una forma de entrar aquí, algún pasaje que sabe que yo no conozco, ¡seguro que me matará!

Tan grande era mi locura que ni siquiera me di cuenta de las fauces del sueño que se me acercaban.

Fui devorada en un estado de coma hasta mucho después del mediodía.

—¡Buenas tardes!

Una voz familiar y angelical se abrió paso a través de la luz cegadora que fluía por el pasillo por el que me escabullía.

—¿Dormiste bien?

Yo también conocía esa voz.

Mis ojos se enfocaron y vi al hombre alto sentado en la mesa de la cocina, mientras su esposa preparaba una comida y yo me quedé atónito, boquiabierto ante los dos... ¡Estaba vivo! Parece que los cristianos son muy pacientes con los asesinatos de los no cristianos, o el asesinato no es su estilo.

Una gran pared interna fue repentinamente arrasada, desmoronándose en una niebla silenciosa, y me sentí extrañamente a gusto.

—¡Come! —dijo el hombre alto mientras yo me sentaba frente a él, y un plato con los más finos aromas que una nariz puede oler fue colocado ante mí—. ¡Necesitaremos toda la fuerza que podamos conseguir!

Una taza de café humeante se deslizó ante mí.

Mis párpados se cerraron lentamente mientras la gloriosa fragancia se deslizaba por mis fosas nasales, y cuando se abrieron de nuevo, la habitación parecía haber cambiado de color - era un fantástico conjunto de brillantes y atrevidos tonos, descarnados y poderosos como un tazón de deliciosos caramelos.

El hombre alto asintió con una sonrisa, y luego atendió su periódico y su vaso de agua mientras yo comía.

Después de una fantástica comida, el hombre alto y yo nos retiramos a su oficina, donde reanudamos nuestra charla; esta vez, cada uno de nosotros tenía un ejemplar del Corán; él tenía tres en su biblioteca.

Tan pronto como había respondido a una pregunta, yo le daba otra; lentamente, aunque no sabía lo que era, me invadió la sensación de que un río poderoso se abría paso a través de las puertas de mi alma, que empezaban a abrirse.

## 9 | La Casa de los Pilares Blancos y el Hombre Alto

—¡Pero ustedes los cristianos afirman que Isa fue crucificado! —yo declaré—. Mira aquí, Corán 4:157 —dije, pasando las páginas y señalando el verso—: dice que los judíos se jactaron de haber matado a Isa, ¡pero el verso sigue diciendo que seguramente no lo mataron!

—¡Es cierto!

Su respuesta fue como el lado contundente de un martillo.

—*¿Qué?* ¿Estás de acuerdo?

—¡Claro que sí! Mira lo que dice el verso... ¿Cuáles son las palabras? Dice que *ellos*, los líderes judíos, no lo mataron; sin embargo, se aliviaron de haberlo hecho. La ley judía no tenía ninguna disposición para la ejecución; por lo tanto, necesitaban que los romanos sentenciaran y mataran a Jesús a su instancia. Así que, podemos ver que fueron los romanos los que realmente mataron a Jesús, mientras que los líderes judíos se jactaban de que había sido por su poder que lo mataron.

Casi me caigo de mi silla.

Recitando el verso en mi cabeza, cantando la revelación árabe pura que había memorizado, no pude encontrar ninguna causa para refutar esta interpretación; sin embargo, esta no era la única manera de verlo.

—No, no —dije después de un momento de recuperar el suelo bajo mis pies—, el verso no dice que Isa fue asesinado por *nadie*; fue hecho para que pareciera así a los que miraban la crucifixión - estas palabras se refieren a otro que tenía su semejanza. Ya sea que se hubieran llevado a Simón de Cirene por error, o que Alá hubiera puesto el parecido de Isa en otro, como Judas Iscariote, Isa no murió - el Corán es muy explícito en este punto.

—Estamos de acuerdo en que Jesús fue juzgado ante los romanos, ¿correcto?

—¡Condenado por el testimonio de falsos testigos, mentirosos en oposición a Alá!

—La historia está de acuerdo. La documentación conservada hasta hoy hace un consenso unánime en que Jesús se enfrentó a la crucifixión; y, como tal, habría enfrentado todo lo que la crucifixión implicaba, lo más significativo, los azotes, que precedían a ser clavado en una cruz. ¿Estás familiarizado con los azotes romanos?

Sacudí la cabeza.

Tomando un texto grande de su estantería, comenzó a hojear las páginas.

Un vistazo al lomo reveló que el texto era un libro de historia de la universidad.

Después de unos momentos, dio la vuelta al libro, me miró de frente y puso su dedo sobre una imagen.

—Se llama flagrum —dijo, mientras yo miraba hechizado al instrumento de aspecto cruel.

A primera vista parecía un látigo de varias cuerdas, pero las multitudes de cuero que lo rodeaban llevaban dentro algo mucho más siniestro.

—Bolas de plomo adheridas a las puntas —dijo el hombre alto—: Estas golpearían y magullarían la piel, causando vasodilatación; la sangre brotaría en la espalda, mientras que los fragmentos de hueso tejidos bajo ellas —señaló en el diagrama—, desmenuzarían la carne, arrancando enormes trozos y causando una grave hemorragia.

—Shock hipovolémico —murmuré, agarrando el libro.

—Exactamente, la rápida disminución del volumen de la sangre dejaba a la víctima exhausta, por decir lo menos; ya no sería capaz de oponer resistencia o de resistirse a ser clavado en una cruz; como tal, moriría antes en esa cruz, sin tener fuerzas para

## 9 | La Casa de los Pilares Blancos y el Hombre Alto

levantar su cuerpo para sacar aire mientras sus pulmones se colapsaban. Muchos condenados a la crucifixión murieron mucho antes de encontrarse con su cruz.

—Tanto dolor...

—Excruciante —su tono era oscuro y bajo—. Esa palabra fue inventada debido a la crucifixión-*ex crux*: En latín significa "fuera de la cruz"; *excruciante*: atormentado.

Las manos que habían dolido para sostener el cuchillo de la decapitación temblaban cuando le entregaron al hombre alto su libro.

—¿Te parece lógico —procedió, deslizando el texto de nuevo en su estantería—, que un hombre que ha sido azotado en un lío sangriento por el salvaje cordón romano, a pocos pasos de la muerte, pueda ser confundido con Simón de Cirene, un saludable espectador obligado a llevar la cruz de Jesús? ¿No habría sido la sangre, como mínimo, un signo de muerte?

Como alguien que estudia para ser médico, habría sido poco sincero argumentar a favor de la confusión.

—Bueno, entonces —insistí, habiéndome reunido—, vemos que fue la intervención de Alá, que puso la imagen de Isa sobre otra.

—Bien —dijo, asintiendo con la cabeza—; tomemos ese punto como un hecho seguro: Alá puso el rostro de Jesús sobre otro; así, engañó a los que buscaban matar a Jesús para que pensaran que lo habían hecho. Alá es incluso llamado el mejor de los planificadores en el Corán 3:54, donde, en el siguiente verso, Alá predice la partida de Jesús de este mundo, diciendo: "Haré que muráis y os resucitaré para mí".

—Bien —intervine—. Como dices, el Corán 3:54 cuenta cómo los incrédulos conspiraron contra Isa, pero Alá estaba un paso adelante, había planeado esto, planeaba resucitar a Isa para sí mismo. Verso 55...

Me detuve.

Corán 3:55 y 4:157 estaban juntos en mi mente; uno no encajaba con el otro, y el otro no encajaba con el otro.

—Es metafórico —murmuré largamente, apenas capaz de levantar las palabras.

—¿Fue también metafórico cuando el propio Jesús declaró que moriría y resucitaría?

—¿Qué?

Había memorizado el Corán, ¿no es así? ¿Por qué sus palabras y lo que yo sabía que era verdad parecían extranjeros entre sí?

—Corán 19:33 —comenzó, volviendo al versículo—: Jesús dijo: "La paz está conmigo el día que nací, el día que muero y el día que seré resucitado a la vida de nuevo". ¿Utiliza la palabra "morir" en este caso para referirse metafóricamente a su ser llevado al cielo?

No podía hablar, si hubiera sido como el hombre alto había sugerido, no hubiera sido necesario mencionar la resurrección a la vida por segunda vez.

—Después de que Jesús partió —continuó—, ya sea por la muerte o por ser arrebatado al cielo por la mano de Alá, ¿qué fue de los discípulos?

Parpadeando en el espacio, murmuré de memoria parte del Corán 3:55: "Haré que los que os siguen sean superiores a los que rechazan la fe".

—Los apóstoles de Jesús, según la historia, murieron proclamando a Jesús como el Cristo resucitado, el Hijo de Dios y Dios mismo, ¿por qué?

## 9 | La Casa de los Pilares Blancos y el Hombre Alto

Mis ojos se abrieron de par en par, y luego, lentamente, se volvieron hacia el hombre alto.

—Porque incluso ellos vieron morir en la cruz a quien creían que era Jesús.

—Si lo que habían visto era el producto de los planes o engaños de Alá para confundir a los incrédulos, también los confundió, dando vida a lo que estos seguidores "superiores" o "más elevados" morirían: el imperdonable pecado del cristianismo.

Las palabras nunca habrían penetrado en mis labios, pero mi mente veía ahora a Alá como el fundador de la fe prohibida.

¿Podría Alá ser un engañador, incluso un mentiroso?

¿Engañaría a los que había declarado superiores, para que mintieran y dijeran que serían superiores, solo para empujarlos al imperdonable pecado?

—Estos hombres superiores —continuó—, no llegaron a la conclusión de que alguien había robado el cuerpo de Jesús, o que de alguna manera había sobrevivido a la crucifixión y se había marchado a algún lugar, lo cual es una conclusión demasiado estúpida para los que son nombrados "superiores" por un dios". Tampoco estos seguidores superiores robaron el cuerpo y luego se fueron a mentir y a predicar el politeísmo en contraste con la fe que se decía que sostenían. Más bien, lo vieron morir y más tarde encontraron la tumba vacía y, como tú, fueron visitados por el propio Jesús resucitado.

Habíamos estado mirando muchos textos históricos, la mayoría de los cuales no tenían ningún sesgo islámico o cristiano, y parecía que todos los relatos de los apóstoles los hacían morir por la fe cristiana.

—El cristianismo sostiene que Jesús es Dios, como su texto demuestra su afirmación de serlo. En la muerte, tomó el castigo por nuestros pecados, satisfaciendo la ira que merecemos, y al resucitar de la muerte - como los textos cristianos lo demuestran afirmando que lo haría - cumple con su reclamo, derrota a la muerte para siempre, y nos ofrece la salvación. La historia nos muestra a estos hombres que murieron creyendo y defendiendo esto: la muerte, la deidad y la resurrección de Jesús. Ahora —dijo—, si estaban dispuestos a morir predicando y creyendo esto, ¿fue porque fueron engañados por Alá, o fue Jesús un profeta tan incompetente que no pudo convencer a sus seguidores de que Él, aunque milagroso, no era Dios, y así sabotear toda su misión y mensaje?

El Corán eleva a Isa y no afirma que él haya fallado de ninguna manera. Por lo tanto, el hecho de que los discípulos predicaran y murieran por un pecado imperdonable, aunque Alá mismo los había llamado benditos... esto era alucinante.

—Pero —murmuré, leyendo el Corán 4:48 y 4:116 en mi cabeza—, Alá no perdona a los que toman otros dioses antes o después de él.

—Excepto en el Corán 4:153 —añadió, como si estuviera leyendo el mismo texto mental que yo.

—¿Qué?

Aún no había llegado a ese verso en mi cabeza.

—Alá dice que perdonó a los que adoraban al becerro de oro: el dios que los israelitas tomaron en tiempos de Moisés.

Agarrándome la cabeza, solté un gemido: ¡las contradicciones se acumulaban! Y mientras las horas continuaban aumentando, también lo hacían mis frustraciones. Habíamos estado exclusivamente escudriñando el Corán; sin embargo, por cada desafío que planteaba a la fe cristiana del hombre, ¡me respondía usando el libro de *mi* fe! ¡Y ese mismo libro, que una vez había sido llamado noble y claro, se parecía cada vez más a un innoble libro de confusión!

## 9 | La Casa de los Pilares Blancos y el Hombre Alto

Las horas seguían pasando, llevándonos más allá de la medianoche, en cuyo momento el hombre alto planteó una simple pregunta.

—¿Qué se entiende por "la Palabra de Dios", como se dice en el Corán?

—Isa —respondí.

Hojeando el Corán, leímos juntos el Corán 3:45.

—Oh María, Alá os da la buena nueva de una Palabra de Él, cuyo nombre será el Mesías, Jesús, el hijo de María.

—Luego otra vez en el Corán 4:171 —dijo, pasando a esa página—: El Mesías, Jesús, el hijo de María, no era más que un mensajero de Alá y su Palabra. El Corán 3:39 habla de Juan el Bautista, que viene como confirmador de "una Palabra de Dios", y el Corán 19:34 llama a Jesús un "Dirigente de la Verdad". Vemos que el Corán claramente expone este punto de que Jesús es llamado la Palabra. ¿Estás de acuerdo?

—Sí —respondí, nunca hubo ninguna disputa sobre esto; como él había declarado, el Corán era claro en este punto.

—Ahora —continuó—, si hablo, mis palabras representan lo que soy; son una manifestación de mi ser. ¿Estás de acuerdo?

—Estoy de acuerdo.

—Si hablas, entonces, tus palabras son una representación de lo que eres, ¿correcto?

—Sí.

—Si, entonces, Dios habla, su palabra es una representación de quién es... y la palabra de Dios es perfecta; es santa. ¿Está de acuerdo?

Asentí con la cabeza.

—Entonces —dijo—, La Palabra de Dios es perfecta; es una representación de quién es; y la Palabra de Dios, según el Corán, es Isa, haciéndolo una representación directa de la imagen de Dios y perfecta.

Podía sentir una fuerte lluvia cayendo sobre mí; pero se acumulaba en la superficie, creciendo en anchura y peso sobre un campo de piedra.

—Dios es completo; su palabra debe apoyar esa verdad. Dios es sin pecado, perfecto, así que también debe ser su palabra.

Nos miramos fijamente por un momento; luego, se puso a su lado, abrió un cajón y sacó un libro: una Biblia.

También podría haber sacado una pistola.

—¡NO! ¡NO! —grité, saltando de mi silla y señalando como si fuera una serpiente viciosa y venenosa—. ¡Ese libro te volverá *loco*! ¡Está corrompido! ¡No puede salir nada bueno de él! ¡Guárdalo, *ahora*!

—Por favor —dijo, con mucha calma; ni siquiera se había inmutado ante mi arrebato—, siéntate; este libro es muy importante para nuestra discusión.

—¿Cómo? —grité, retrocediendo un poco más—. ¡Ustedes los cristianos son *engañados* por estas *mentiras* corruptas! Todo en ese libro ha sido ennegrecido, ¿qué verdad podemos encontrar ahí?

—En este libro están las revelaciones que el Corán dice que fueron dadas a Moisés, David e Isa: la Torá, los Salmos y el Injil. Nos ayudarán a entender mejor a Jesús.

—¡NO! —mis gritos se volvían más violentos; mi miedo se disparaba, y mi corazón estaba tan frenético y fuera de sí que parecía ir corriendo de un lado a otro, golpeando todo mi cuerpo—. ¡Eso *NO* es el Injil, solo hay *un* Injil, y ustedes los cristianos tienen *cuatro*!

—Los cuatro Evangelios —dijo, su tono y comportamiento tan tranquilo como siempre—, pueden ser comparados con las

## 9 | La Casa de los Pilares Blancos y el Hombre Alto

biografías de Jesús, cada una compuesta por un biógrafo diferente, de primera mano, que grabó el mensaje de Jesús. Si, según el Corán, Jesús habló el Injil que le fue dado, estos relatos demostrarán lo que había en esa revelación de Alá.

—Ese libro —gruñí—, no es más que una novela, una obra de ficción. ¡Y es *peligroso*! ¡La corrupción que contiene envía a la gente al infierno!

—Te han dicho que este libro está corrupto.

—¡LO ESTÁ!

—¿Cómo llegó a ser así?

—¡Alterados por los desleales, los que se oponen a Alá, los que desean seguir su propio camino, toman sus propios dioses sobre el único dios verdadero! ¡Se inclinaron por las palabras del Altísimo para ser lo que querían que fueran!

—¿Qué pasa con el Corán? ¿Ha sido también corrompido por mentirosos y hombres sin fe?

—¡NO EN ABSOLUTO! —el fuego de mi enfurecido rugido podría haber incendiado un bosque verde en medio de un monzón—. ¡Alá defiende sus palabras! ¡Él ha guardado esta revelación! ¡Está hoy como estaba cuando Mahoma la recibió! ¡Perfectamente preservada!

—Alá defiende sus palabras, dices; y Alá le dio a Moisés la Tora, a David los Salmos y a Jesús el Evangelio. Y él defiende sus palabras, ¿no es así?

—¡Si!

—Mira aquí —se volvió hacia el Corán 6:34—. No hay nadie que pueda alterar las palabras y los decretos de Alá. Ahora, más adelante en el verso 116: "Nadie puede cambiar sus palabras". Volvemos a ver lo mismo en el Corán 18:27. Y en el Corán 10:64, leemos: "No puede haber cambio en las palabras de Alá".

Cerrando las tapas del libro, me miró a los ojos.

—El Corán 2:87 y 3:3 nos dicen cómo Alá envió la ley, la Tora, a Moisés; el Corán 4:163, David recibe los Salmos; luego, el Corán 57:27: "Alá envió después de ellos a Jesús, el hijo de María, y le entregó el Evangelio".

—¿Y *qué*? —ladré.

—Corán 5:48: "Alá envió a la gente del Evangelio la Escritura de la verdad, confirmando la Escritura que le precedió y guardándola en seguridad". Si Alá dijo que guardaba la Escritura, el Evangelio que le había dado a Jesús, que confirmaba todo lo que había venido antes en la Torá y los Salmos, ¿cómo podría alguien corromperla?

Mi sangre se enfrió.

—¿Puede Alá proteger sus palabras o no?

Su discurso era agudo y severo, y muy parecido a la cuidadosa eliminación de una astilla profundamente incrustada.

—Y —continuó—, si no puede, ¿cómo sabemos que no puede también evitar que el Corán sea corrompido?

Todo el aire de la habitación parecía haberse disipado en la nada; mi cuerpo se deslizó lentamente hacia el suelo, petrificado, enfurecido, perplejo y desconcertado, agarrando algo, cualquier cosa que la vida me dejara, parecía; estaba expuesto, desnudo, atrapado en la oscuridad, frío y solo, la balsa de mi vida perforada y hundiéndose bajo las olas.

En ese momento, una mano tierna se enrolló alrededor de mi brazo, apretándolo con mucho cuidado; y, lentamente, empecé a levantarme del mar de la desesperación y fui guiado de vuelta a mi asiento.

El hombre alto dejó de lado el Corán.

Colocando la palma de la mano sobre la Biblia, dijo: "Lo que tenemos aquí son las palabras confirmadas por documentos aún en nuestra posesión que son anteriores a Mahoma, el profeta en

## 9 | La Casa de los Pilares Blancos y el Hombre Alto

cuya revelación se encuentra la afirmación de que la palabra que vino antes de él *no* podía ser corrompida". Inclinándose hacia adelante, captó suavemente mi mirada en la suya y dijo:

—Hemos estado hablando de Isa, Jesús, la Palabra de Dios; probemos lo que se dice de Él.

Hace apenas unos momentos, como había sido toda mi vida, incluso tocar este libro había sido visto como una cierta imposibilidad; pero este anhelo de verdad, esta necesidad de razón y entendimiento, me prohibió cubrir mis ojos al vasto y retorcido campo de contradicción y vacío que el Corán se estaba revelando.

Mis ojos se abrieron de par en par y mi corazón se aceleró cuando él abrió la tapa de su Biblia y me la entregó, diciendo mientras ponía su dedo en la parte superior de la página,

—Lee el primer verso, aquí.

Respirando profundamente, lenta y cuidadosamente leí mis primeras palabras de la Biblia, en un libro llamado "Evangelio según Juan".

—En el principio era el Verbo, y el Verbo estaba con Dios, y el Verbo era Dios.

Mi mirada se elevó lentamente de la página y se fijó en el hombre alto de debajo de una ceja profundamente arrugada.

—¿Este libro habla de la Palabra de Dios?

¡Qué asombroso! ¡La Biblia contenía una verdad del Corán que yo conocía desde mi juventud! Tal vez tenía algo que enseñarme, después de todo.

—Si Dios habla —dijo el hombre alto—, su palabra representa quién es, y quién es...

—¿Isa?

Tiene un sentido perfecto: la corrupción puede ser engañosa, pero en el fondo no tiene sentido.

—Hemos visto que el Corán habla muy bien de Jesús; esto —dijo, tocando la Biblia—, es un libro *sobre* Jesús. Cuenta toda su historia, desde las primeras páginas hasta las últimas.

—¡Pero dice que la Palabra es Dios! ¿Cómo puede Isa ser tanto Isa como Dios?

—Así como los ojos son dos órganos, pero una visión —explicó—, así también el Padre y el Hijo pueden ser vistos como dos hijos en un solo ser. Y, a través de Jesús, la Palabra de Dios, que vino a nosotros con la Buena Nueva, podemos llegar a conocer a Dios y tener una relación personal con Él!

—¿Una relación *personal*?

Qué extraño concepto, ya que Alá estaba muy por encima de tales cosas.

—¡Sí! ¡Él es nuestro Padre celestial! Y a aquellos que reciben a Jesús y creen en su nombre, este amado Padre celestial nos da el derecho de ser llamados sus hijos!

—¿Un padre?

El Corán era claro que Alá no era un padre y no tiene hijos.

—¡Sí! Y a través de Jesús, llegamos a conocer su gran amor, misericordia y gracia, enviando a su Hijo a morir por los pecadores!

—¿Podemos *conocer* a Dios?

—Hay dos maneras de llegar a conocerte —dijo—: por tus palabras y por tus actos. Sigue leyendo hasta el versículo 18.

Y así llegué al versículo 14: "Y el Verbo se hizo carne y habitó entre nosotros, y hemos visto su gloria, gloria como la del Hijo único del Padre, lleno de gracia y de verdad".

—¡Wow! —exclamé, asumiendo todo lo que había leído—. ¡Ahí está!

De repente, esa pesada lluvia que se había acumulado sobre la roca comenzó a hundirse, filtrándose en las grietas de la piedra

## 9 | La Casa de los Pilares Blancos y el Hombre Alto

que había crecido a lo largo y ancho con cada comprensión de que el Corán podría no haber sido un texto tan fiable, después de todo. Y leímos más y más profundamente, suplicando revelación tras revelación, mientras que llegué a ver la realidad de Jesús y su poderoso trabajo para salvarnos de nuestros pecados.

—Porque de tal manera amó Dios al mundo —leí con ojos de niño—, que dio a su único Hijo, para que todo aquel que crea en él no perezca, sino que tenga vida eterna.

Había visto alguna vez que la historia cristiana de Jesús, siendo Dios y viniendo a la tierra, era una cosa tan humillante para decir sobre la propia divinidad, y resultó que tenía razón. Dios, sí, Dios mismo, en un contraste tan grande con el dios al que yo había servido, se humilló, dejó su trono de gloria, tomó carne sucia... ¡todo esto por amor! No era un juez lejano para ser apaciguado, que podía arrojarme al infierno sin importar que mis buenas acciones superaran a las malas: ¡éste es un Padre amoroso! ¡Un bendito amigo enviado a morir en mi lugar!

Cada vez más profundo nos sumergimos, mi corazón se volvió más y más hambriento; porque aquí había palabras de poder, pasajes que tocaban el alma que fueron pronunciados, parecía, para mí, y solo para mí, estas palabras me atravesaban como una espada de doble filo; nada podía oponerse a su poder.

Entonces, llegamos a Juan 14:6.

—Jesús le dijo a Tomás: "Yo soy el camino, la verdad y la vida. Nadie viene al Padre excepto a través de mí.

En ese momento, el hombre alto me miró y dijo,

—Jesus vino a ti en un sueño. Te ama, más de lo que la mente podría comprender. Qué raro es que se aparezca así a alguien; pero sus palabras son claras: Ven a mí y encuentra la verdad. *Él* es la verdad, y te está pidiendo que vengas a Él, ahora mismo. ¿Te arrepentirás y vendrás a Jesús?

Y así, todo lo que habíamos estado estudiando llegó a un crescendo: el Corán se había desmoronado en polvo bajo el peso de su propia y débil estructura y cimientos, pulverizado por más contradicciones e incoherencias de las que esta narración puede contener, arrasado por la verdad que ahora me cautivaba.

Reflexionando sobre la semana pasada, pude sentir el poder del amor de Dios surgiendo a través de mí, algo que Alá nunca había concedido, y mucho menos otorgado. Sus palabras, que me invitaban a unirme a Él, eran tan claras como una piscina de cristal, y aún más puras.

¿Cómo podría resistirme a Él por más tiempo?

Jesús había caminado conmigo en amor y gracia, desde Arabia Saudita hasta Nueva Zelanda, ¡aquí, hasta los confines de la tierra! Me había llevado hasta este pastor, que me había explicado pacientemente la Buena Nueva, pasando días y horas sobre hora compuesta, construyendo diligentemente y con cuidado un fundamento de confianza, sin el cual nada de lo que nuestro tiempo había producido hubiera podido soportar.

Esto no fue un accidente.

Cuando un ciego recibe la vista, ve por fin el color de la oscuridad, y sabe, más seguro que el corazón que late en su interior, que en esa oscuridad ya no habita.

No había nada más que hacer, no había otro camino que seguir.

Aquí estaba la verdad.

No podía rechazarla.

Ni un segundo más.

Cayendo de rodillas, llamé a los cielos,

—¡Oh, Padre! Tú eres mi Padre, ¡mi Dios! En el nombre de tu Hijo, Jesús el Cristo, ¡te llamo! Él es mi mediador, mi intercesor, te ruego que me perdones mi miserable pecado. ¡Jesús, Tú

## 9 | La Casa de los Pilares Blancos y el Hombre Alto

eres el Señor! ¡Creo que eres Dios, mi Salvador! ¡Tómame como tu siervo para siempre! ¡Bendito sea tu santo nombre!

Nunca había visto tal regocijo, ni siquiera en el gran banquete de bodas saudí, al que asistieron cientos y cientos de juerguistas, ni siquiera en el trágico día del 11-S, cantado por miles y miles de balas disparadas al cielo; ni siquiera éstas podían compararse en júbilo o volumen con el "¡ALELUYA!" que resonaba en las almas de tres personas en una pequeña casa de Nueva Zelanda. No había ni una fibra en mi cuerpo que quisiera que la celebración cesara; deseaba seguir gritando alabanzas a Dios, mi nuevo Padre, hasta que saliera el sol, luego animar y bailar mientras subía a su cima, luego pararme en los tejados y gritar la gloriosa obra que Cristo había hecho en mí, hasta que el sol cayera detrás del horizonte, ¡y luego volver a hacerlo todo de nuevo! Pero al final dormí, y allí, acostado en la cama, cómodamente debajo de las sábanas, con las cortinas cerradas, las ventanas abiertas y las puertas abiertas y sin cerrar, suspiré un suspiro de paz, mientras las lágrimas corrían por mi rostro y mi alma abrazaba a mi Jesús, embelesado, en el amor y en la desesperada y ferviente gratitud.

Aunque el viaje me había estirado intelectualmente, había probado los vastos recesos de mi conocimiento del Islam, tal como lo habían grabado en mí mi cultura, mi ambiente, mi estudio y mi religión, mi mente no había sido cambiada o renovada por un proceso intelectual; más bien, Dios había usado este tiempo para mostrarme su gran amor a través de un humilde y paciente pastor, que había alimentado a este infante con nada más que leche: las simples, pero poderosamente nutritivas, verdades del Evangelio. Y usando esto, Dios bajó y levantó el velo de la oscuridad de mis ojos -una experiencia sobrenatural y reveladora, de la cual no podía ni puedo ofrecer otra explicación que ésta: que estaba perdido, pero que ahora fui encontrado; que estaba ciego, y ahora veo; que andaba a tientas en la oscuridad, mirando las sombras que creía conocer bien, hasta que una luz se encendió de repente, y vi claramente todo lo que estaba delante de mí. Todas las cosas se habían hecho nuevas, y mi vida comenzó de nuevo. Verdaderamente he nacido de nuevo, y digo simplemente que ahora veo como absolutamente cierto lo que una vez supe más allá de toda sombra de duda que era falso. En el suave toque de Jesús, no puede haber incertidumbre. Soy suyo, como él es mío, ahora y para siempre.

Mi último pensamiento de la noche fue una maravilla de lo duro y ciego que debo haber sido para que una verdad tan simple como el Evangelio de Jesucristo sea tan difícil de ver y aceptar. Estaba muerto, y como tal no era consciente de mi necesidad de vida. Ahora, rebosante de vida abundante, no era consciente del coste que mi fe en Jesús supondría.

*\*\*\**

La mañana llegó demasiado pronto, trayendo consigo un avión que se preparaba para partir hacia Arabia Saudita, pero yo ya estaba volando alto sobre las alas de la salvación de Cristo, siendo llevado a un nuevo destino, dejando atrás el viejo mundo, mientras me elevaba a salvo en los brazos de mi amado Dios, en lo alto del desierto de mi pasado. No había una molécula en mi cuerpo que no se sintiera nueva, ni un color pintado en el tejido de este mundo que no estallara de vida, haciendo que todos mis recuerdos parecieran estar rodeados de matices apagados y silenciados. El sonido de los pájaros era un coro angelical; la suave

## 9 | La Casa de los Pilares Blancos y el Hombre Alto

brisa era un abrazo divino. Puse mi cara ante los rayos de la mañana que se asomaban por las lejanas colinas y sentí un beso celestial en mi mejilla, y cuando salí al mundo revelado, para hundir mis pies en la hierba salpicada de rocío, cayó del cielo sin nubes sobre una lluvia limpiadora, lavándome como una poderosa cascada, arrancándome las últimas escamas de las tinieblas de mis ojos y echando al polvo cada cadena que me ataba a este reino temporal. Vi con todo detalle las obras de las manos del Altísimo, su preciosa creación; y por todo ello floreció en mí un amor que sabía entonces como sé ahora que tardará una eternidad en satisfacer plenamente y apagar mi sobreabundante deseo por él. Cuán diferentes eran las vistas, los olores y los sonidos de mi mundo: cada roca llevaba la firma de Jesús, cada brizna de hierba, cada brizna de viento, cada ráfaga de calor, cada montaña poderosa y pequeño hormiguero; y en cada transeúnte contemplaba la misma semejanza de Dios, en la que también descansaba un chaparrón de su interminable e incondicional amor. Pensé que era extraño, mientras veía a esta gente pasar, una tras otra, yendo aquí y allá, impulsados por cualquier cuidado que el día hubiera puesto en ellos; extraño, pensé, cómo incluso a estos extraños, cuyos nombres puede que nunca conozca, cuyas voces puede que nunca oiga, cuyos corazones puede que nunca se abran para mí, extraño cómo siento un amor tan desesperado por ellos, por estas criaturas artesanales como yo, que, como yo, son tan amadas por tener al único y verdadero Dios de toda la tierra, el cosmos, y más allá de la gloria, bajando de la gloria a la carne inmunda que hemos hecho nuestra, y aquí, en nuestro lugar, ¡sufrir todo lo que era nuestro para soportar, y morir para poder vivir! Y qué extraño, pensé todavía, que alguien pudiera haber vivido como yo lo hice bajo ese aguacero de amor desde arriba: como uno que se esconde bajo un paraguas.

Fue entonces, en medio de mi maravilla de ojos abiertos, que una mano cayó sobre mi hombro.

—¿Estás listo, Ahmed?

Mis ojos llorosos se volvieron para ver al hombre alto que estaba a mi lado. Un solo asentimiento respondió a su pregunta sobre ir al aeropuerto, un resonante y triunfante "¡Sí!" bramó dentro de mi nuevo corazón de carne respondió a su pregunta sobre todo lo demás.

Él y yo condujimos hasta el aeropuerto, alimentándonos de la alegría que se irradiaba entre los dos; y cuando por fin llegamos, cerramos mis maletas, e intercambiamos despedidas llorosas, el hombre alto metió la mano en su bolsillo y sacó un regalo de despedida. No más grande que el tamaño de mi mano, era un pequeño libro con una hermosa chaqueta de cuero verde, sobre el que se había escrito en oro en árabe, "El Libro de la Vida".

—Es un Nuevo Testamento de bolsillo —dijo, mientras daba vuelta el precioso regalo en mis manos. Luego, agarrándome firmemente del brazo, me miró a los ojos y me dijo—: Oraré por ti, hermano; pero este libro —añadió, tocando el regalo—, este libro te guiará.

—¡Oh, sí! —lloré en voz alta, rodeándolo con mis brazos—. ¡Esta es la Palabra de Dios! ¡Seguramente me guiará! ¡Gracias! ¡Alabado sea Dios! ¡Gracias!

Prácticamente salté a través del aeropuerto hasta mi puerta; una revisión de la grabación de seguridad podría incluso contener un clic de tacón o dos mientras bailaba entre la multitud. ¡Al fin había en mi vida! Lo que había sido un montón de huesos muertos había sido rehecho, dándole nueva carne... ¡renací! Y en mis manos estaba la Palabra de Dios, las letras rojas de mi Jesús, un libro vivo y activo, tal como me había convertido ahora.

Presentando mi billete, el asistente pronunció un robótico,

## 9 | La Casa de los Pilares Blancos y el Hombre Alto

—Disfruta tu vuelo —a lo que yo respondí con entusiasmo en mi aún defectuoso inglés, —¡Dios está conmigo, y Jesús nos ama a ambos!

Parecía que mis palabras la habían asustado de un sueño profundo, el asistente, así como los que estaban detrás de mí, me echaron una mirada muy perpleja.

La mía no era una vela sobre una repisa, sino un lanzallamas sobre un rascacielos.

Y, con las maletas en la mano, brinqué a lo largo del puente hacia el avión.

El vuelo de Nueva Zelanda a Arabia Saudita, desde el despegue hasta el aterrizaje, duró unos diez segundos; me han dicho que duró casi un día entero para todos los demás. Y en ese viaje relativamente breve, todo lo que pude hacer fue pensar en lo maravilloso que iba a ser verter cada palabra de mi Nuevo Testamento. Pero no me atreví a sacarlo todavía, ya que muchos ciudadanos saudíes también estaban en el vuelo, y estaba seguro de que estarían, como mínimo, desilusionados al ver un libro así. Así que me contenté con la anticipación de leer y releer y memorizar las magníficas palabras de la vida, y con recitar una y otra vez las palabras que ya había aprendido con el hombre alto.

Sin embargo, aunque Dios había rescatado mi alma del fuego, y había estallado en mí una vida y una esperanza y una alegría indescriptibles, no tenía absolutamente ningún concepto de lo poderosa que es realmente esta Palabra, ni de lo costosa que resultaría ser.

# 10
## Una Tormenta Antes de la Calma

CUANDO por fin mi pie tocó de nuevo el suelo de Arabia Saudita, había un fuego tan intenso y brillante en mí, una luz tan brillante, pura, y brillante que es una maravilla que el sol mismo no se haya tomado un día libre. No obstante, al mirar por el largo pasillo de la aduana, mis ojos percibieron una gran oscuridad. El hogar ya no se veía igual. La luz estaba en mí, y sabía que brillaría en esta oscuridad y que no sería superada, pero esta oscuridad no se iría sin luchar.

Antes de dejar Nueva Zelanda, el hombre alto me había señalado las palabras de Jesús, tal y como se relatan en el Evangelio según Mateo.

—Ahmed —dijo con gravedad—. No necesito contarte la posición que tu gobierno nativo toma sobre el cristianismo. Al aceptar el yugo de Jesús, ahora tienes un blanco en tu espalda. Tu propia gente te odiará por esto.

—Sí —respondí, deteniéndome a considerar -por primera vez, sorprendentemente- el gran sacrificio que se requeriría para la verdad.

—Mira lo que dice Jesús; Mateo 10:37: "El que ama a padre o madre más que a mí, no es digno de mí; el que ama a hijo o hija más que a mí, no es digno de mí". Estoy seguro de que sabes lo que esto significará para tu familia, especialmente para alguien tan venerado y elevado como tu padre.

No dije nada mientras las palabras de Cristo se hundían lentamente bajo la superficie.

—Tu hogar ya no es un lugar seguro, Ahmed —continuó—. Mateo 10:16: "Mirad, yo os envío como ovejas en medio de lobos; por tanto, sed astutos como las serpientes e inocentes como las palomas".

Cada uno de mis pasos resonaba: "Sean sabios".

Casi había llegado a la aduana.

Mientras la advertencia del hombre alto bailaba en mi mente, haciendo con el conocimiento de que el descubrimiento de una Biblia podría llevar a un arresto y a severos castigos, incluso a la muerte, cuidadosa y discretamente introduje el Nuevo Testamento de bolsillo en las gruesas páginas de uno de mis libros de inglés, y luego apilé mis libros de texto de tal manera que estuvieran bien condensados, eliminando virtualmente la evidencia del libro dentro de un libro.

El agente de aduanas y yo intercambiamos saludos.

Luego me ordenó que entregara mis maletas.

Cada gramo de mi fuerza y habilidad mental se dedicó a hacerme parecer tan modesto lo más posible: mantén el contacto visual, pero ni mucho ni poco; relaja los hombros; no respires más de cinco segundos por cada respiración; mantén las manos firmes y seca sutilmente las palmas de tus manos sobre tu ropa; trata de distribuir el enfoque de manera uniforme entre tus bolsas y tus alrededores; ten cuidado de no dejar que te vean verlos trabajar, ¡y no dejes que tu ojo traicione al libro de inglés!

A medida que los segundos se convirtieron en minutos, pude sentir gotas de sudor formándose a lo largo de mi espalda, y cuidadosamente intenté levantar mi pecho y arquear mi columna vertebral, con tanto tacto como pude, esperando que el aire que pasaba los secara antes de que se congregaran para formar una manifestación física de nerviosismo a lo largo de mi prenda.

Uno por uno, inspeccionó cuidadosa e intensamente cada artículo, girando esto y aquello una y otra vez a través de sus manos enguantadas, revisando todos los lados, sosteniendo las cosas a la luz, temblando por los sonidos, sintiendo las texturas, pulgando, rascando, recogiendo, tirando, retorciendo, arrastrando, olfateando - ¡el agente de aduanas que me habían asignado debe haber sido parte humano, parte sabueso!

Luego llegó a los libros.

De repente, mis ojos se fijaron en mi bolsa, mis hombros se tensaron, mi respiración se aceleró, mis manos temblaron y llovieron con sudor; y por mucho que tratara de evitarlo, no podía apartar la vista del libro de inglés.

Sus dedos rastrearon la línea de espinas compactas.

Mis ojos, queriendo cerrarse, se abrieron aún más.

Alejó el primer libro de los otros y encendió una pequeña linterna en el hueco.

Mis mejillas se sentían como la superficie del sol, y no podía recordar cuando había tomado mi último aliento.

Despegó otro libro y encendió la linterna.

Mis dientes casi me atravesaron el labio inferior.

En ese momento, sus manos agarraron el libro de inglés.

Mi corazón se detuvo, e inmediatamente cerré los ojos y oré.

«¡Dios mío!» lloré en mi corazón. «¡Dios de toda la verdad! ¡Ven rápido a ayudarme! ¡Aleja los ojos hostiles de mi oculta condena!»

Cuando abrí los ojos de nuevo, vi al agente mirándome fijamente.

Mis ojos se abrieron profundamente en los suyos.

—Entonces —dijo, su voz como el bostezo de un león.

Es todo... aquí viene.

—¿Eres estudiante de medicina?

Miré mi bolso; su mano estaba ahora en uno de mis libros de medicina.

—¡Sí! —le respondí, exhalando una bocanada que seguramente salió de mis labios a treinta millas por hora—. ¡Estoy en mi primer año!

—¡Muy interesante! ¿Qué clase de cosas has estado aprendiendo?

—Bueno —dije, jadeando como si acabara de nadar a lo largo del Pacífico —¡Acabo de recibir una completa lección sobre infartos de miocardio!

—¿Sobre *qué*?

—Infartos de corazón.

Intercambiamos bromas de despedida, y recogí mis maletas y seguí mi camino, alabando a Dios por mantener mi secreto oculto, y pidiéndole que derramara una bendición sobre el agente y lo salvara.

\*\*\*

Jesús era ahora mi vida, y la única vida que quería, y quería más que nada. No es sorprendente, por lo tanto, que lo que una vez fue mi rutina se haya alterado drásticamente. Día a día, nada de mi vida en la Meca era igual. La versión invertida, sombría y oscura de Jesús que me habían dado de comer cuando se llamaba Isa había sido reemplazada por alguien que podía conocer y amar, ¡alguien que me había conocido y amado por primera vez! Las palabras del Corán habían sido reveladas como lo que son: una mentira retorcida, en marcado contraste con la verdad que me había sido revelada en la Biblia. El libro que una vez llamé noble y sagrado nunca sería el mismo a mis ojos, ni se hundiría a través de mis oídos y se encontraría con nada más que un intenso escrutinio, una ardiente prueba por las palabras de la Biblia, de la que nunca surgió como nada más que un montón de cenizas.

Para mantener un perfil bajo entre los lobos, participé en la vida diaria de un musulmán: Me inclinaba ante cada llamada a la oración, pero mis palabras de alabanza y adoración subían ahora a mi Padre celestial; asistía a la mezquita, pero probaba contra la Palabra de Dios todas las enseñanzas del Imán (una especie de pastor islámico). Incluso mis estudios se vieron afectados, ya que el estudio de la Biblia tenía prioridad sobre todo lo demás. Ahora estaba de vuelta en la escuela de medicina, trabajando para memorizar todos los términos y procedimientos necesarios, haciéndolo en inglés; ¡pero había palabras más dulces que la miel que ansiaba memorizar diariamente! Cuando se suponía que meditaba en cosas de medicina, meditaba en las cosas de Cristo. Sus palabras me atraían y en ellas encontraba alegría, pues era como un moribundo en el desierto, desesperadamente sediento, que acababa de descubrir un pozo rebosante de la más deliciosa y refrescante agua.

Con la ayuda de Dios, me las arreglé para dedicarle la suficiente atención y energía para seguir con mi educación, incluso cuando el trabajo aumentaba y los días se volvían más ocupados. Cada mañana me levantaba temprano para estudiar el Nuevo Testamento, después de lo cual escondía cuidadosamente el pequeño libro en el cajón de mi escritorio, o bajo mi almohada. Después de la escuela, lo sacaba de su escondite y lo introducía en mi memoria, grabando versículo tras versículo, porque quería estar en la Palabra de Dios incluso cuando no tenía un libro físico para leer. Y así fue mi rutina diaria durante mucho tiempo, dando abundante fruto y renovándome cada día.

Una tarde, al volver a casa de un examen importante, subí las escaleras de mi habitación para cambiarme de ropa. Cerrando la puerta detrás de mí, dejé mi bolsa sobre la cama, contento de que el día hubiera terminado y más que listo para mi siguiente servicio de la Palabra. Acababa de empezar a quitarme la bata de laboratorio cuando la puerta se voló de repente de sus bisagras, y en la habitación cargaron varios de mis hermanos. Antes de que pudiera voltear a ver lo que había pasado, algo como un tren de carga se había estrellado contra mi columna vertebral, y fui arrojado violentamente al suelo, como si fuera un intruso en mi propia habitación. Todo el aire había sido expulsado de mis pulmones, y cada vez que jadeaba para recuperar la respiración, un puño o un pie entraba volando en mi cuerpo para expulsarlo de nuevo. Llovía sobre mí por todos lados, golpeándome las costillas, golpeándome la cara y pisoteándome hasta que mi carne se sentía como un gigantesco moretón.

Mis hermanos no decían nada mientras me golpeaban, negándose a responder a mis súplicas de misericordia, o a decirme lo que había hecho para ofenderlos.

Cuando al fin sus puños dejaron de volar, me arrastraron de mi habitación en el segundo piso de nuestra hermosa casa a una tienda segura justo afuera; se aseguraron de no lastimarse las espaldas arrastrando mi cuerpo golpeado por las escaleras.

La tienda que serviría como mi prisión era una moderna tienda árabe, muy distinta a las que se usan para acampar. Era como una casa de huéspedes, con control climático, un baño, paredes de hormigón y una chimenea, no exactamente la más dura de las prisiones, pero era una estructura independiente, y como tal, el mejor tanque de almacenamiento disponible en el momento.

Sin decir una palabra, mis hermanos me arrojaron dentro y cerraron la puerta desde fuera con un candado que habían instalado antes de mi regreso.

Mientras el dolor palpitaba por todo mi cuerpo, me sumergí lentamente en mis pensamientos, donde me instalé en un profundo charco de ansiedad y preocupación. Aún no había llegado a Filipenses 4 del Nuevo Testamento, en el que Pablo nos instruye a no preocuparnos.

Me senté allí durante el resto del día, y hasta bien entrado el siguiente, completamente inconsciente de lo que podría haber llevado a todo esto.

Alrededor del mediodía, nuestra criada filipina entró para darme una comida caliente.

—Por favor —supliqué, cojeando mi cuerpo dolorido cerca de ella—, ¿qué he hecho? ¿Por qué ha sucedido esto?

Pero ella no dijo nada.

Con los ojos en el suelo, me preparó la comida, se dio la vuelta y se fue, cerrando la puerta antes de volver a la casa.

Una vez al día venía a darme de comer, y cada vez le rogaba que me dijera lo que había hecho.

Finalmente, cuando el dolor de su silencio ya no podía nacer, le toqué suavemente el brazo mientras se daba la vuelta para irse; y con el corazón sangrando, le dije:

—¿Ya no me conoces? ¿No fuiste tú quien me sacó de aquí, antes de que pudiera hablar, incluso antes de que pudiera arrastrarme?

Ella permaneció de espaldas, con los ojos en el suelo.

—Solías acunarme en tus brazos cuando tenía miedo; cuando estaba herido, me consolabas y atendías mis heridas. ¿No era tu nombre el que había aprendido antes que el de los demás? —los temblores se extendieron por su brazo, contra la punta de mis dedos—. ¿Soy ahora un extraño para ti? ¿Por qué no me respondes?

Poco a poco, empezó a girar hacia mí, pero no quería mirar hacia arriba.

Después de una silenciosa y profunda respiración, separó sus labios y habló muy cautelosamente con la voz de un ratón.

—La sirvienta de tu madre había sido enviada a limpiar tu habitación, encontró un libro extraño dentro.

Mi corazón cayó al suelo a través de mi pecho.

—Pensando que parecía interesante, lo recogió... pero cuando se dio cuenta de lo que había encontrado, se apresuró a dárselo a tu madre.

Estaba en shock. Los días previos a mi examen habían sido bastante estresantes y agitados, y ese día había tenido tanta prisa por salir por la puerta que debí haber olvidado esconder mi Nuevo Testamento después de mi estudio matutino.

—Tu madre estaba alborotada —continuó, con un tono muy grave—. Llenó toda la casa con sus gritos.

En medio de mi mente arremolinada, no podía hacer otra cosa que orar, repitiendo una y otra vez, «Dios, ayúdame. Dios, ayúdame».

—Convocó una reunión de emergencia con los sirvientes, y nos interrogaron sobre el libro. Pero todos lo desconocíamos; sabemos que esos libros están prohibidos.

«Dios, por favor», le rogué, «¡que esto no suceda!»

—Cuando se dio cuenta de que el libro te pertenecía, convocó a tus hermanos y les ordenó que te golpearan y te pusieran bajo arresto domiciliario.

Aclarando silenciosamente su garganta, mi amada criada levantó sus enormes y asustados ojos en los míos.

—Tu padre está en camino —susurró, entonces, mirando como si pudiera estallar en lágrimas, se dio la vuelta y desapareció por la puerta.

Dados los detalles de su historia, pude imaginarme completamente la escena que había descrito, y lo aterrorizada y caótica que debía ser la familia. Pero el verdadero problema era mi padre. Había estado fuera de la ciudad, su viaje implicaba obligaciones religiosas bastante serias. Nada más que la peor circunstancia imaginable podría haberlo alejado de tal tarea. Me pregunto si incluso mi muerte lo habría obligado a hacer el largo viaje de regreso a casa. Encontrar una Biblia en la casa de un conocido e inmensamente respetado erudito islámico es una situación muy seria, una que ninguna colección de las palabras más duras e intensas puede exagerar.

Mi padre llegará pronto.

El miedo enroscó su mano destrozada alrededor de mi cuerpo, mientras yo estaba sentado mirando la puerta, los días pasaban como segundos.

Entonces, el oligarca empezó a girar.

\*\*\*

Pocas cosas en la vida se pueden comparar con la sensación de tener el cañón de un rifle AK-47 completamente cargado presionado violentamente contra la frente. Durante días, mi cuerpo había bramado a gritos atormentados por las espantosas magulladuras que cubrían mi golpeado cuerpo; el duro suelo en el que me arrodillé roía sin piedad los huesos de mis rodillas; y el miedo, como un coro espectral chillón, hizo eco de su veneno que todo lo consume a través de mis venas y de mi violento y tembloroso cuerpo. Sin embargo, aun con la caótica cacofonía de un cuerpo magullado, rodillas roídas, terror tumultuoso, y una fría barra de acero que me perforaba la piel con rabia, me pasaba entre los ojos con una persecución tan feroz que parecía estar a punto de perforarme el cráneo, aun con todos estos choques en lo que debería haber sido un golpe mortal sordo, Solo podía oír el roce de un dedo lleno de rabia contra un prístino y pulido gatillo, y los pesados gruñidos que retumbaban de la cara detrás de ese dedo: el de mi padre.

Muchas veces había temblado ante este poderoso Muftí de la Meca, pero la mirada en su rostro este día era como nunca había visto en toda mi vida. Ni siquiera en aquellos tiempos de mi infancia, cuando le había ofendido mucho, había visto esa mirada salvaje y maníaca de odio, esos momentos en los que se cernía sobre mí, su voz retumbando como un trueno y golpeando repetidamente la palma de mi mano con una vara redonda de madera, derramando en mi alma más terror de lo que el arduo dolor podía abrumar hasta el día siguiente. Yo estaba, ahora mismo, en su ojo, como un cerdo que ha rastreado la suciedad a través de su casa y se ha tragado sus tesoros sagrados. Cualquier vínculo más allá de la sangre que me había atado a este hombre había sido permanentemente cortado. Ya no era más su hijo; era su despreciado y mortal enemigo.

Ya no había vuelta atrás. Incluso si sobrevivía a este momento, sabía que mi vida se volvería instantáneamente más incierta de lo que ya había previsto. Llámenme loco, pero aunque sabía muy bien el costo, la realidad de ser abandonado por mi propio padre y separado de mi propia familia -mi madre, mis hermanos y todos aquellos a quienes amo- parecía demasiado extrema para hacerse realidad, para sucederme a mí.

Me habían llamado para que abandonara a mi padre y a mi madre y a esta familia temporal mía, y tomara una cruz en un nuevo camino; solo que me habían golpeado a fondo, arrojándome de su pecho y lanzándome a un camino desconocido con una carga que no sabía si podría soportar.

De hoy en adelante, sería un extraño en una tierra extraña si este hijo musulmán, ahora declarado muerto por sus parientes, fuera encontrado vivo mañana.

Con sus ojos abiertos mirando ansiosamente el cuerpo del rifle, mi padre separó sus labios gruñones.

## 10 | Una Tormenta Antes de la Calma

—¿Crees que puedes avergonzarme delante de nuestra familia? —gruñó con una voz temblorosa—. ¿Crees que puedes avergonzarme delante de nuestra tribu? —su discurso retumbante estaba ganando impulso, preparándose para una erupción—. ¿Me avergonzarías delante de toda la nación musulmana? —luego, después de varios resonidos, respiraciones aceleradas, aspirado y vomitado a través de sus mandíbulas apretadas y crujientes, rugió—, ¡NO LO PERMITIRÉ!

Mientras sus palabras resonaban en el espacio, sacó mi Nuevo Testamento y lo arrojó al suelo delante de mí. Todavía puedo oír el ruido de ese precioso Libro de la Vida golpeando el suelo y ver el polvo de la arena elevándose sobre él como una explosión en miniatura.

La furia que había expulsado sobre mí comenzó a llegar a la sala, donde se agitó y se preparó para un segundo estallido.

—Si no te retractas —gruñó en un agudo susurro, como la resonancia distante de una tormenta violenta que se aproxima—, y *QUEMAR* este libro maligno —su pesada respiración se detuvo de repente, sus ojos salvajes brillaron con la rabia de un oscuro odio, y me clavó el cañón de la pistola con más violencia aún en la frente—, ¡Descargaré todo este cargador en tu CRÁNEO MALTRECHO!

Mientras sus palabras aún sonaban en mis oídos, oí su dedo frotarse contra el tembloroso gatillo; luego vino el tan familiar *chasquido* de la seguridad del arma al ser liberada.

La muerte acechaba a un momento de distancia; el sudor me llovía en grandes charcos mezclado con la sangre de mi frente.

—¿TE ACUERDAS? —gritó con una voz que sonaba como si los cimientos de la tierra se hubieran partido en dos.

Temblando como una hoja en un torbellino, supe que me mataría en el instante siguiente; ¡pero no podía traicionar a mi Dios!

Más rápido de lo que podría haber volado la bala que esperaba a mi cerebro, Mateo 10:16 apareció a la vista; y de repente dije:

—¡SOY UN MUSULMÁN!

No podría haber habido una declaración más verdadera. La palabra musulmana significa "sometido a Dios", y de todos los presentes, solo yo sabía que estaba sometido al único Dios verdadero.

Era una frase tan sabia de la verdad como podría haber sido dicha, pero no de mis conjuros.

Después de una breve duda, mi padre bajó su rifle. Luego, volviendo una mirada de asco hacia el libro, escupió sobre él y ladró:

—¡*Quema* esta abominación!

Jesús dijo en Lucas 21:33 que "El cielo y la tierra pasarán, pero mis palabras no pasarán". Este libro, aunque lo amaba mucho, era de la tierra, solo papel y tinta. Las palabras contenidas en él, pertenecían a Jesús; y ningún fuego de la tierra podía tocarlas.

Sin dudarlo, me puse en pie y tiré el libro a la chimenea y vi cómo las llamas lo desvanecían lentamente.

Una vez que mi padre quedó satisfecho de que se había consumido completamente, él y mis hermanos se fueron rápidamente, cerrando la puerta al salir.

\*\*\*

Los días pasaban arrastrando con ellos el Eid al-Adha, el Festival del Sacrificio. Desde mi confinamiento, podía oír los gritos de celebración y jolgorio deslizándose por las paredes de la tienda. Mientras todos alababan a Alá por su provisión a Abraham, yo estaba agazapado en un rincón viendo la historia del festival de una manera diferente.

Eid al-Adha celebra el resultado misericordioso de un cuento contado en el Corán 37, en el que Alá ordena a Abraham que ofrezca su hijo como sacrificio a Dios; esta historia también se cuenta en la Biblia en el Génesis 22, con, sin embargo, algunas diferencias clave, a saber, el hijo exigido. En el Corán, Alá exige a Ismael; en la Biblia, Dios exige a Isaac, una divergencia muy importante que separa a los musulmanes de los judíos, ya que pertenece al linaje del pueblo elegido por Dios.

La fe de Abraham es probada en gran medida por el mandato de Dios. En última instancia, pone su confianza en el Señor y lleva a su hijo al altar; pero justo cuando está a punto de matarlo, Dios llama desde el cielo, ordenándole que se detenga, en cuyo momento Dios proporciona un carnero para ser sacrificado en lugar del niño. Abraham demostró que estaba dispuesto incluso a dar a su propio hijo para morir, y Dios mostró su misericordia proporcionando el sacrificio de expiación que él mismo había exigido.

Esta había sido una historia inspiradora, una que pedía reverencia, devoción y obediencia a Alá. Y aunque todavía tenía que recorrer la versión del Antiguo Testamento, la semilla de la revelación de Cristo ya había sido implantada en mí, y por las palabras de Juan 3:16 fue regada: "Porque de tal manera amó Dios al mundo, que ha dado a su Hijo unigénito".

Este festival ya no era un día para celebrar la provisión de un carnero, para sacrificar un animal y dividirlo en tres partes entre nosotros, nuestra familia y los pobres; sino que se había convertido en un día para reconocer cómo Dios había perdonado al hijo de Abraham, pero no a los suyos. Dios había dado a su propio hijo, Jesucristo, como el sacrificio que su santidad exige de nosotros, debido a nuestro pecado impío. Y cuando su mano se levantó para dar el golpe mortal, no se detuvo ni proporcionó un sustituto; y Jesús tomó ese golpe voluntariamente. Y esto no es un sacrificio solo para nosotros, nuestra familia y los necesitados, como dijo Jesús en Lucas 22:19, "Esto es mi cuerpo, que por vosotros es dado", y en el siguiente versículo, "Esta copa es el nuevo pacto en mi sangre, que por vosotros se derrama".

Cristo es el cordero que Dios proveyó, y su sacrificio es para todos, dado libremente para el perdón de los pecados como un regalo de misericordia y gracia para aquellos que creen.

¿Qué amor más grande que este puede ser encontrado? ¿Que Dios ofrezca a su Hijo por un pueblo miserable, y que su Hijo dé su vida voluntariamente y reciba el golpe que debería ser nuestro? Allí, en esa tienda, lloré por la gratitud de un amor tan abrumador; pero también derramé lágrimas amargas por el hombre al que llamé padre aquí en la tierra. Donde mi Padre celestial había dado a su Hijo para que muriera para salvarme, mi padre terrenal estaba contemplando la posibilidad de darme a morir para salvarse, porque tener un hijo cristiano significaría para él perder todo lo que le era querido.

Qué favor había buscado ganar a los ojos de mi padre a través de mi devoción al Islam, memorizando el Corán y el corazón para la jihad, todas estas cosas habían quedado en nada; ganar su favor era ahora imposible para siempre. Pero había ganado un Padre eterno, uno cuyo favor no había hecho nada para ganar, pero que ahora había sido concedido por la sangre de Cristo, en el que ahora estaba vivo.

Pero el desenredar a uno de este mundo es un proceso doloroso; me había atado con pesadas cadenas saturadas de súper pegamento, que Jesús ahora estaba lentamente despegando de mí. Aunque todo era para mi bien, el miedo al que me aferraba me cegaba aún más a medida que los días se convertían en semanas, y me quedé mortalmente hambriento de la Palabra de Dios, hasta que estuve al borde de la desesperanza. Y cuanto más abajo me hundía, más permitía que el miedo y la ansiedad envenenaran mi alma, y más oscuros se volvían mis días.

—¡Padre! —lloré, mientras el vacío se cerraba a mi alrededor—. ¡Interviene! ¡Sálvame! ¡Oh, Padre, escúchame! ¡Te lo ruego, quítame el miedo! ¡Rescátame!

# 11
## Marginado

En algún lugar sobre mi cabeza, podía oír a dos hombres discutiendo. Sus voces no se calentaban, ni donde se ensombrecían; pero el peso contenido en ellos no podía ser negado, ni podía ignorarse el frío que llovía sobre mí, como el aguanieve que se derramaba sobre sus labios. Mi cuerpo palpitaba, pero no se movía; y solo después de mucha lucha pude abrir los ojos. Al hacerlo, miré la figura de mi padre, que se cernía sobre mí, con sus pies justo al lado de mi cabeza. Tenía su rifle AK-47 en una mano y hablaba con alguien de mi otro lado. Volviendo los ojos hacia allí, vi a un oficial de policía, un hombre que me resultaba bastante familiar, pero que no podía ubicar exactamente dónde lo había visto. Hablaban con gravedad pero de manera casual, y a menudo una de sus manos se extendía hacia abajo, hacia mí.

No podía sentarme en posición vertical; un gran pincho parecía empalarme al suelo. Y mientras luchaba, las palabras de la conversación se hicieron más claras, y reconocí la historia del hijo de Noé, como se cuenta en el Corán 11:41-47.

A diferencia de la versión de la Biblia, el Corán cuenta la historia de un hijo sin nombre que elige no entrar en el arca cuando las aguas se elevan a su alrededor.

—Oh hijo mío —mi padre citó a Noé—, subid a bordo con nosotros y no estéis con los incrédulos.

El oficial de policía asintió con la cabeza y murmuró a sabiendas.

—Hoy no hay ningún protector del decreto de Alá! —tronó, sus palabras cayendo sobre mí como límites que caen de una montaña ardiente.

Bajando los ojos, descubrí una masa destrozada de algo pegado a mi cuello que no reconocí. Grandes estanques, como manantiales naturales, vomitaban géiseres de color carmesí; vomitaban con cada uno de mis pulsos, saturando la horrorosa escena que tenía ante mí, mientras una neblina roja salpicaba sobre mí como la nube en la base de una cascada. Y allí junto a mi cabeza, justo al lado de los pies de mi padre, estaba mi pequeño libro verde de la vida. Estaba partido en dos, con sus páginas enterradas en el espantoso estanque que crecía a mi alrededor.

—Pero aquí yace mi hijo —continuó mi padre, moviéndome con su mano libre—, que dijo: "Me refugiaré en una montaña para protegerme del agua". Así como el insensato hijo de Noé habló, mostrando su rechazo a Alá, ¡así mi hijo ha rechazado al único dios verdadero y todo lo que le he enseñado desde su juventud!

El oficial apretó los labios y sacudió la cabeza.

—Y así, como ese niño abandonado, este infiel ha sido tragado por las olas, para flotar entre los ahogados.

La charla sobre mí se detuvo de repente, y miré hacia arriba para ver el frígido resplandor de mi padre lloviendo sobre mí. Luego, colocando lentamente el cañón de su rifle en mi frente, vi con terror cómo su dedo se deslizaba sobre el gatillo y empezaba a apretar.

*BANG*

Disparando pernos desde el suelo, vi como mi padre y los hombres de la tribu de nuestra familia entraron en la tienda.

Hoy, mi destino se decidiría.

Mientras se extendían ante mí, con mi padre en medio, me invadió la certeza de que éste sería mi último día en la tierra. Dado lo que había visto en mi educación, me arrastrarían a la calle y me fusilarían, o me entregarían para ser decapitado.

Se me ordenó que me pusiera de pie.

—No eres de esta familia —gruñó mi padre, diciendo una versión parafraseada de las palabras de Alá sobre el hijo ahogado de Noé—. Tus obras no son justas, y no seré contado entre los ignorantes que ruegan a Alá que te perdone la vida.

Estas palabras, que una vez me llenaron de determinación contra los infieles, ahora me han dejado carámbanos en la columna vertebral.

Llevando la cara de uno con respecto a un montón de reutilización humana, mi padre se adelantó y me miró mortalmente a los ojos.

Su labio superior se rizó y tembló.

Sus dientes rechinaron y se rasparon unos a otros.

Un infierno ardiente se desató detrás de sus ojos.

Y con tal determinación que no había duda de la sinceridad de su corazón, respiró este fuego helado:

—No eres mi hijo. Eres un acto sucio, una vergüenza para mí y para toda la tribu de Joktan; y así será hasta el Día del Juicio.

—No, padre —supliqué.

Las llamas bailaron alrededor de sus fosas nasales; se retiró ligeramente con un respiro.

Luego, me escupió en la cara.

Antes de que pudiera pensar, mis hermanos se precipitaron hacia delante, me cogieron por los brazos; y mientras mi corazón roto sangraba, derramando tal dolor en el suelo que toda la tierra se enrojeció, fui levantado en el aire.

—¡Padre, por favor!

Sus ojos atravesaron la pared opuesta, mientras yo marchaba por la puerta.

—¡PADRE!

Con el grito aún en la garganta, fui arrojado violentamente a la calle.

—¡Vete! —gritó uno de mis hermanos—. ¡Toma tu lugar entre los perros!

Cuando me arrastré hacia ellos, un puño me golpeó en la mejilla.

—¡Estás muerto! —gritó otro—. ¡Vete rápido a la tumba!

Mientras mi cuerpo tembloroso se levantaba del suelo, vi a mi madre de pie cerca.

Su mirada pasó a través de mí.

—¿No me quieres, madre? —llamé desde el fondo de mis lágrimas—. ¿Ha sido destruido para siempre el lugar que era mío en tu corazón?

Su cara era como una piedra, sus ojos fijos; no habría llorado, aunque hubiera querido, porque toda emoción, especialmente la pena, está prohibida hacia el apóstata, aunque sea su propio hijo.

Desgarrando mi corazón, me arranqué hacia el camino que tenía por delante, para luego vagar, abandonado y deshonrado, como un muerto. La sangre de mi muerte caería sobre la tierra por hambre o enfermedad, o sobre mis propias manos por una desesperación aplastante. Así que fui, incapaz de mirar atrás, llevando al ancho desierto desconocido solo la ropa que había estado usando durante semanas y la nada en mis bolsillos, totalmente rechazado y expulsado por mi familia.

Nunca los volví a ver.

Echado en un instante de una vida de riqueza desmesurada y en una pobreza abyecta, vagué día tras día entre esta choza abandonada y aquella otra, fijando mi residencia para la noche en rincones oscuros entre las serpientes y los escorpiones, compartiendo los pliegues de mi piel y las ondas sudorosas de mis ropas sucias y ruidosas con las cucarachas que se arrastraban sobre mí. El sueño estaba prohibido por el mordisco de una cucaracha sobre mi vientre, o el silbido de una serpiente que se deslizaba cerca, o el cosquilleo de un escorpión que se escurría bajo mis piernas.

No me importaba.

Solo quería morir.

De un joven de gran honor, con una familia islámica muy impresionante y un currículum de logros, hasta dónde había caído.

Puede parecer fácil para mí haber temido que mi sufrimiento estaba directamente relacionado con la desaprobación de Alá con mi decisión de seguir a Cristo; por lo tanto, me hizo creer que me había equivocado sobre la deidad de Jesús. Pero Alá, según la ficción en la que existe, no sirve al hombre; no se rebajaría a actuar en mi nombre. Si Alá hubiera querido, por así decirlo, darme lo que merezco, eso no vendría hasta el Día del Juicio, y no esperaría una señal de advertencia para volver a la verdad, después de haber tomado un ídolo para adorar en su lugar. Eso es imperdonable.

No, nunca cuestioné mi decisión, ¿cómo podría haberlo hecho, cuando las palabras de Jesús, tal como se relatan en Mateo 10, acababan de ser probadas como verdaderas? "No penséis que he venido a traer paz a la tierra", dijo. "No he venido a traer paz, sino una espada. Porque he venido a poner al hombre contra su padre, y a la hija contra su madre… Y los enemigos de una persona serán los de su propia casa".

La elección de poner mi fe y seguir a Jesús había sido la espada que había dividido a mi familia; aquellos a los que amo, mi propia tribu y casa, me repudiaron como su enemigo. ¿Y por qué? "Si el mundo te odia", dijo Jesús en Juan 15:18, "sabed que me ha odiado a mí antes que a vosotros".

Estas cosas que yo sabía que eran verdaderas, se hicieron realidad en mi propia vida. Sin embargo, me estremeció hasta la médula, enfrentándome a algo que sabía muy bien que podía pasar, pero que nunca hubiera imaginado que me pasaría a mí. Como un muerto, mi familia me había enterrado para siempre en la ignorancia; sin embargo, lloré por aquellos que me habían rechazado, como si estuviera ahora en sus tumbas.

A medida que pasaban los días, mezclando la noche y el día, el estupor de mi conmoción y depresión no hacía más que crecer; pensamientos enmarañados se retorcían en mi cabeza; la adrenalina golpeaba dolorosamente mi corazón, causando ataques de hiperventilación, la mayoría de los cuales me dejaban jadeando en el suelo, sin poder respirar, mientras las sombras de los ataúdes podridos que eran mis refugios se ondulaban y corrían, siseaban y se deslizaban: una danza de la muerte, conmigo en su centro. De diez estos combates me dejaban tan entumecido y exhausto que me preguntaba si había muerto.

Pero mi carne persistía, luchando constantemente con mi voluntad de ser tragado en la tierra por la que me arrastraba. Me alimenté de basura y locura, bebí agua turbia y delirio, preguntándome si había alguna esperanza de encontrar ayuda en mi tierra natal.

Entonces, con mi desesperación física casi al máximo, una luz apareció repentinamente, brillando a través de la puerta al otro lado de mi ataúd. En contra de mi ahora vehemente voluntad de esperar un poco más para que la Muerte llegara, mi espíritu gritó a mi carne en descomposición para llegar a esa luz, y comencé a arrastrar mi cuerpo en descomposición por el suelo infestado de cucarachas, arrastrando las piernas sin vida a mi paso. Sintiendo como si estuviera remolcando un avión jumbo, hundí mis garras en la tierra podrida, aplastando cucarachas mientras lo hacía y raspando sus cadáveres a lo largo de mi vientre. Puede que me haya llevado horas, puede que días; no lo sé, lo único que sé es que al final salí a la luz del sol, cubierto de mi propia suciedad, tierra y tripas de insectos, donde me desplomé hasta hervir bajo el sol de mediodía.

En ese mismo momento, un coche se salió de la carretera.

—¿Está usted bien? —gritó un hombre, rodeando rápidamente la parte delantera de su coche.

Una mirada a mí pareció responder a su pregunta. Incluso en medio de esta horrible situación, puedo estar agradecido por mi aspecto y condición decadente, ya que decía las palabras que no tenía la fuerza para levantar.

Volviendo a su coche, el hombre pronto volvió con una bolsa de la compra y una botella de agua. Desenroscando rápidamente la tapa, con mucho cuidado me echó agua en la boca, antes de poner la botella al lado de mi cabeza, quitándome la ropa sucia del cuerpo y vistiéndome con la misma ropa que él llevaba. Luego extrajo de la bolsa un poco de comida enlatada y me dio algunos bocados.

—Quédate con el resto —dijo, señalando una bolsa entera de comida de lata, así como la botella de agua—. Ven —continuó—, déjame llevarte a casa. ¿Dónde vives?

De repente me eché a llorar.

—¡No tengo casa! —lloré.

Y allí lloré durante bastante tiempo, mientras el hombre se quedaba a mi lado para consolarme.

Cuando por fin me tranquilicé, el hombre, envolviéndome en una mirada de lástima, sacó su cartera y me dio el dinero que tenía.

No dijo nada más.

Simplemente se subió a su coche y se marchó.

Cuando mis fuerzas volvieron lentamente, me puse de rodillas y vi como su coche desaparecía en el polvo. Incluso ahora no me sorprende lo que uno ve cuando se encuentra con un angel.

Finalmente me puse de pie, y la prenda que el hombre me había dado se mostró bastante grande; era un hombre alto y colgaba libremente, haciéndome aparecer como un niño con la ropa de su padre. ¡Pero no podía importarme menos! Dios había rechazado mis silenciosas súplicas por la muerte y había enviado un ángel de corazón tierno y bendito para ayudarme a reponerme. Y de repente me recordó el amor de Dios, y en mi corazón se pusieron palabras del Antiguo Testamento, de

Deuteronomio 31:6, que aún no había leído: "porque Jehová tu Dios es el que va contigo; no te dejará, ni te desamparará".

Tan humilde fui que instantáneamente caí de bruces y adoré a Jesús por haberme liberado de la desesperación y haberme dado esperanza, una vez más.

El pensamiento, sin embargo, de lo que iba a hacer ahora de repente entró en mi mente.

—Jesús —oré—, Tú has tenido la gracia de perdonarme la vida, me has sacado de la oscuridad y me has alimentado con esperanza. Guíame ahora, te lo ruego. Si voy a vivir en la pobreza, sin hogar por el resto de mis días, que te glorifique en mi pobreza. Dices en Lucas que Las zorras tienen madrigueras y los pájaros nidos, pero el Hijo del Hombre no tiene donde reclinar la cabeza. Solo pido el pan de cada día y que tu mano me guíe.

Cuando terminé de orar, me puse de pie, tomando el agua y la bolsa de comida enlatada, así como el dinero que me habían dado, que me detuve a contar para planear mejor su uso. Mientras lo hacía, uno de los billetes de 10 riyals se me escapó de las manos; y cuando lo recuperé, mis ojos se posaron en la imagen impresa en el reverso del Centro Histórico del Rey Abdul Aziz en Riad. De repente, la palabra "educación" apareció en mi cerebro; y con una bofetada en la frente, recordé de repente que vivía en el Reino del Petróleo, abundante en riquezas, que ofrecía a sus ciudadanos alojamiento y comida gratis en las universidades públicas de los Estados del Golfo, ¡así como un estipendio mensual! Habiendo venido de la riqueza, nunca había habido necesidad de tener este hecho en mente, el mismo lugar en el que ahora se jugaba su destierro a la luz de un glorioso amanecer.

Sin pensarlo dos veces, salí a la carretera principal, cojeando como un pingüino con mi ropa de gran tamaño; allí llamé un taxi que me llevó a la universidad y a mi nueva casa en una residencia universitaria.

## 12
## Un Nuevo Comienzo

¡UNAS pocas firmas más tarde y ya no era un sin techo! Por la abundante gracia de Dios, pude mudarme directamente a un dormitorio; la administración incluso me permitió posponer un semestre de la escuela de medicina, sin hacer preguntas - otra bendición, ya que no quería explicar la razón de mi necesidad de curación física y emocional.

Mi nueva realidad fue difícil, por decir lo menos; pero Dios implacablemente recogió los pedazos de mi vida destrozada, comenzando por guiarme a un lugar en el que podía leer toda la Biblia! ¡Eso es! Aunque los sitios web cristianos y bíblicos están bloqueados en Arabia Saudita, con un poco de investigación descubrí la VPN (Virtual Private Network), que me permitió crear un túnel bajo el radar del gobierno, ocultando tanto mi identidad como mi ubicación; y a través de esta maravillosa puerta y conexión segura, ¡pude descubrir los 66 libros de la gloriosa Palabra de Dios y leerlos sin temor a ser descubierto por la policía religiosa! ¡El cosmos entero se había abierto para mí! Leí el principio en el Génesis; bebí en toda la historia del pueblo elegido que había sido entrenado para odiar por encima de todos los demás; cené en las historias y palabras del gran rey David, su fe, sus fracasos y su fantástica poesía; me sumergí de cabeza en la sabiduría de los Proverbios, Eclesiastés y Job, ¡Oh, Dios mío, Job! ¡Aquí, en un incomparable e inmenso sufrimiento, aprendemos de la fugaz perspectiva de nuestro mundo y la infinita perspectiva y propósitos de Dios! ¡Qué historia! ¡Cuán vasta es la maravilla de Dios, pensé yo, mientras devoraba como rica miel cada una de las letras de ese libro! Casi cada momento de mi descanso semestral lo pasé estudiando la Biblia de principio a fin, y de nuevo, tratando de memorizarla, como si tuviera el Corán. Y para cuando las clases se reanudaron, ese lanzallamas en lo alto de un rascacielos se había convertido en un volcán rugiente.

Entre las revelaciones verdaderamente asombrosas que llenaron mi corazón y los hermosos pasajes que fui bendecido con el premio de la memoria, hay una que se convirtió (y aún lo es) en mi propia línea de emergencia personal, un 9-1-1 cristiano, si se quiere: Salmo 91:1, que dice, "El que habita al abrigo del Altísimo permanecerá a la sombra del Todopoderoso".

Dios me estaba entrenando en su Palabra… ¡y es una Palabra viva! ¡Tan diferente a las palabras muertas y vacías del Corán! Reflexionando sobre los versos del Islam, no encontré ninguno aplicable a mi vida; sin embargo, aquí en la Biblia, las palabras escritas hace miles de años se mostraron presentes, relevantes para mi vida y experiencias, ¡es la pura verdad! Y a medida que los días avanzaban, mi mundo entero se enfocó a través de la lente de la Palabra de Dios. De todos los frutos de este semestre, considero que este es uno de los más grandes: que Cristo me dio su corazón por los perdidos y me enseñó a perdonar. Con nuevos ojos, vi a mi padre como el hombre que realmente es: una persona espiritualmente ciega, muerta en sus pecados, y con una necesidad desesperada de la salvación de Jesús, la vida que solo se encuentra en Él! No ha pasado ni un solo día en el que no me haya echado en cara y orado a Dios por la salvación de mi amado padre, madre y hermanos; por toda mi familia, mi querida criada filipina, mi tribu y los musulmanes de todas partes, mientras tenga vida en mis venas, nunca dejaré de orar por ellos.

Parte de mi inmersión en la Biblia y mi nueva vida cristiana consistió en buscar seguidores de Cristo para la comunión, el discipulado y el apoyo. A través de Internet, Dios me conectó con un grupo de misioneros americanos que trabajaban en Bahrein, un estado soberano del Golfo Pérsico, justo en la costa este de Arabia Saudita.

—¡Quiero ser bautizado! —un día les dije—. ¡Jesús dijo en Mateo 28 que sus seguidores debían ser bautizados! ¿Estarían dispuestos a bautizarme?

—¡Por supuesto! —animó mi amigo misionero—. Pero no podemos hacerlo en Arabia. ¿Puedes venir a Bahréin? Es un largo viaje de diez horas.

Si no recuerdo mal, aún no había terminado de hablar cuando llegué a su puerta, rebosante de alegría y listo para dar mi zambullida de limpieza.

—¡Qué bueno verte, hermano! —dijo, estrechando mi mano con una sonrisa.

Dios es tan bueno; aquí me ha dado un nuevo hermano, ¡diez, de hecho!

Después de ser presentado a los otros nueve misioneros que nos acompañarían y serían testigos de mi bautismo, mi amigo dijo:

—Está bien; vamos al Golfo al amparo de la oscuridad. Repasemos el simulacro una vez más.

Diciendo esto, expuso todas las precauciones que debíamos tomar para evitar la detección del gobierno; luego, todos nos reunimos en oración y esperamos que el sol desaparezca detrás del horizonte.

Una vez que el mundo se oscureció, todos nos amontonamos en nuestros coches y nos dirigimos al Golfo, donde caminamos en silencio a través de la arena caliente. Mientras ocho vigilaban la orilla, dos de mis nuevos hermanos americanos vadeaban conmigo en el agua caliente.

—¿Estás listo, Ahmed?

Todo mi cuerpo temblaba de excitación explosiva.

Asentí con la cabeza para evitar gritar un eufórico ¡SÍ! entrada la noche.

—Bien —dijo, y luego respiró profundamente—. Ahmed —comenzó, muy severamente, pero con amor—, ¿crees que Jesús es el Cristo, el Hijo del Dios vivo?

—Sí, lo creo.

—¿Has puesto tu fe en Él, y solo en Él, para el perdón de tus pecados, para ser cubierto por su sangre, dada por ti como una propiciación, haciéndote intachable ante el Padre?

A través de los ojos enrojecidos, respondí:

—Sí.

—Ahmed —susurró, sonriendo mientras las lágrimas corrían libremente por mi cara—, Ahora te bautizo en el nombre del Padre, del Hijo y del Espíritu Santo.

Con eso, fui bajado suavemente bajo la superficie; y mientras el fuego limpiador del Espíritu Santo descendía sobre mí, una gota de agua pasó por mis labios, extendiendo su salinidad sobre mi lengua, recordando para mí las palabras de Jesús de Mateo 5:13, cuando habló de sus seguidores, diciendo: "Vosotros sois la sal de la tierra".

Al igual que el agua de la Palabra de Jesús, me vi envuelto en un torrente que lo consumía todo, lavando sobre mí un chorro de la emoción contenida en el renacimiento espiritual que fue el mismo día en que este momento fue representado y proclamado simbólica y públicamente. Mi sucio y antiguo yo, pesado en la inundación, se hundió muerto en las más oscuras profundidades; y yo, resucitado en la novedad de la vida, fui levantado del agua una nueva y limpia criatura.

Cayendo en los brazos de mis amigos, compartimos un eterno abrazo de hermandad.

***

"De gracia recibisteis, dad de gracia".

Estas palabras de los labios de Jesús, como están registradas en Mateo 10:8, ¡cuán profundamente Dios comenzó a grabarlas en mi corazón!

Cené día y noche en la Palabra de Vida, tomando el sol y festejando en el tiempo fuera del tiempo. Yo era un sucio mendigo, miserable y pobre, levantado por la mano del Rey de los barrios bajos que mi pecado había construido como mi lúgubre morada, llamado por su nombre para cenar en su mesa, para ser llamado su hijo y como tal ser revestido en la gloria de su Hijo. Allí, en su mesa, probé los frutos celestiales, preparados para mí, incluso antes de que se formara mi cuerpo. Vino tan dulce y carne tan satisfactoria... ¡Esta es la Palabra de Dios! Sin embargo, a través de todo esto -aunque tantos sabores deliciosos llenaron mi corazón con tal deleite y sofocaron lo que había conocido como un anhelo tan insatisfactorio- estas palabras de Mateo 10:8 se grabaron cada día más y más profundamente en mi alma.

Aquí estaba yo, caminando libremente en la luz de Cristo, mientras mis conciudadanos saudíes se arrastraban ciegamente en la oscuridad, atados a las cadenas del pecado y la muerte. Sabía que la Palabra de Dios no solo debía ser leída y disfrutada, sino también obedecida.

No podía quedarme quieto. La luz de Jesús había sido encendida en mí, no podía enterrarla bajo el miedo del hombre. Se me había dado libremente la verdad de que ningún océano de buenas acciones podía lavar la mancha de un solo pecado. La religión musulmana obliga a sus seguidores a comprar la redención de su dios, a trabajar en la búsqueda de hacerse merecedor de la reconciliación. Pero, como toda la humanidad, un musulmán es incapaz de hacerlo, porque solo hay una manera de reconciliarse con Dios. "Yo soy el camino, la verdad y la vida", dijo Jesús, en Juan 14:6; "nadie puede ir al Padre excepto a través de mí".

Este es el regalo que me han dado; esta es la verdad que tenía que compartir.

Y así nació "Jesús para Arabia Saudita", una sala de chat de vídeo que creé para difundir el Evangelio en la plataforma Paltalk. Fue el primero de su clase; nunca antes en la historia de Arabia Saudita había habido un refugio local para escuchar de la Biblia. La gente estaba segura de que yo debía ser de Irak, Irán, Jordania o Egipto, porque ¿quién había oído hablar de un cristiano saudí? Esta duda, desafortunadamente, llevó a cierta desconfianza y preocupación de que yo pudiera ser un espía, trabajando para identificar y atrapar a los musulmanes que consideraban convertirse al cristianismo. Hice lo que pude para demostrar mi sinceridad, pero el miedo inculcado por el gobierno saudí es un olor asqueroso a muerte, que domina los sentidos.

A pesar de esto, seguí adelante, sabiendo que es Dios el que cambia los corazones y las mentes, y revela los ojos. Le dejé a Él la tarea de pelear esta batalla. Y todo fue bastante bien por un tiempo.

Un día, mientras ministraba a un grupo encantadoramente diverso, una joven se unió a la sala de chat. Al principio escuchaba en silencio, pero pronto se volvió hostil.

—¡Esto es *shirk*! —gritó, más bien de la nada - *shirk* significa el imperdonable pecado de la idolatría o politeísmo, del cual los cristianos son acusados de cometer tanto en tomar un dios que no sea Alá como en creer que Dios es Padre, Hijo y Espíritu Santo. Los eruditos musulmanes consideran que la doctrina cristiana de la trinidad es politeísta: un culto a múltiples dioses; cuando, en realidad, la doctrina habla de un Dios único y unificado, compuesto por tres personas distintas.

—El mismo Isa —argumentaba—, negó ser una deidad o igual a Alá.

—Sí —respondí—; en el Corán 5:116, Isa responde a la pregunta de Alá sobre si había dicho a la gente que se adorara a sí mismo y a su madre María, que le dio a luz como virgen, diciendo, "No me correspondía a mí decir eso a lo que no tengo derecho. Si lo hubiera dicho, lo habrías sabido".

—¡Exactamente! —declaró—. Entonces, ¿cómo puedes tomar las palabras de Isa como se cuentan en tu corrupta Biblia y usarlas para negar las palabras del noble Corán?

—¿Qué le pasó a Isa? —pregunté.

Curioso si su conocimiento coránico era litúrgico o académico, me esforcé por sacar lo que entendía y dejarla que encajara las piezas por sí misma.

—Alá lo elevó a sí mismo —respondió ella astutamente.

—Exactamente, el Corán 4:158. En un verso anterior, aprendemos un poco más sobre ese día. ¿Recuerdas lo que dice?

—¡Claro! La gente intentó matarlo, pero Alá hizo que pareciera que había muerto.

—El Corán 4:157 nos dice que los que buscaban matar a Isa, cito, "no lo mataron, ni lo crucificaron; pero alguien más fue hecho para parecerse a ellos". ¿Correcto?

—¡Como dije! —respondió ella, enfáticamente—. ¡Ustedes me están dando la razón! El Corán muestra claramente la corrupción de su Biblia, que afirma que *fue* crucificado! ¡Corrupción confirmada!

—Tal vez —dije—, pero demos un paso más, o, en realidad, un paso atrás, hasta el Corán 3:55. Aquí, Alá le dice a Isa que lo levantará y lo purificará. Sin embargo... ¿Qué dijo Alá de los discípulos?

Mirándome cuidadosamente, murmuró,

—Que serían superiores a los incrédulos hasta el Día de la Resurrección.

—¡Eso es lo que hizo! —yo vitoreé—. Comparemos ahora esta promesa de Alá con lo que sabemos históricamente. ¿Cómo murieron los apóstoles? Más bien, ¿*por qué* murieron?

Su boca se abrió, pareciendo estar lista para hablar; entonces, de repente, se calló.

—¿Fue por una profesión que Alá es el único Dios verdadero?

Con los ojos abiertos y los labios fruncidos, se quedó en silencio, mientras su cara se enrojecía.

—De acuerdo con la documentación histórica, tanto en la Biblia como independientemente de ella, sabemos que predicaron a Isa, Jesús, como Dios; y por esto estaban dispuestos y fueron a la muerte, tal como Jesús, según la Biblia, dijo que lo harían. Ahora —concluí—, si Alá hubiera declarado que estos hombres estarían en lo más alto, ¿cómo, entonces, podrían haber predicado a alguien que no fuera Alá como el único Dios verdadero?

Lo que había sido un enrojecimiento ardió al instante, y hubo una gran y terrible explosión, seguida de una salida bastante abrupta.

Aunque había intentado predicar la verdad con amor y no herirla, me entristecía pensar que podría no volver. Y, antes de continuar con mi evangelización, susurré una oración por ella.

En el transcurso de las siguientes semanas, ella entraba y salía periódicamente de la charla, solo para maldecirnos y avergonzar al resto de nosotros; luego, después de un tiempo, desapareció completamente. Todos los días oraba por ella y esperaba que volviera, para que pudiera, aunque solo fuera por el minuto que probablemente pasara maldiciéndonos, conocer el amor de Cristo que todos sentíamos realmente por ella.

El tiempo pasó, pero ella no pasó de nuestras mentes. Y entonces, un día, de la nada, se unió a la charla una vez más. Esta vez, sin embargo, la animación en su cuerpo no nació del odio y la maldición; las palabras que salían de su boca no estaban inflamadas de malicia o maldiciones. En el momento en que vi su cara, esa fracción de segundo antes de que empezara a cantarnos su nueva canción, supe que esta joven era una nueva criatura.

—¡He nacido de nuevo! —gritó, rompiendo cada poro con la gloriosa luz del sol—. ¡Juan 3:3 me pasó a mí! ¡Jesús es el Señor!

—¡Despacio! —dije, riendo mientras las lágrimas de alegría corrían por mi cara—. ¡Dinos qué pasó!

—¡Acabo de hacerlo! —ella lloró de nuevo—. ¡Jesús me salvó! ¡Oh, siento mucho todas las cosas horribles que he dicho y hecho a todos ustedes!

Antes de que sus labios pudieran soltar una súplica por nuestro perdón, toda la sala de chat se lo había dado con gusto.

—Nuestra charla sobre el Corán a las 3:55 se me quedó grabada —continuó—, habiendo embotellado su desbordante alegría lo suficiente como para hablar sin gritar —¡No podía quitármelo de la cabeza! No dejaba de inquietarme. ¡Y por eso me enfadé tanto! ¡Intentaba culparte del tormento que ese verso y todo lo que habíamos hablado estaba causando!

—¿Qué fue lo que causó este tormento en el verso? —pregunté.

—¡Los que cometen *shirk* no son los más importantes! —respondió ella—. Empecé a preguntarme, ¿estaba Alá de alguna manera equivocado sobre ellos? ¿Estaba mintiendo? Porque, según él, su camino desde ese día estaba arraigado en la idolatría y el politeísmo! Predicaron a Isa como el Señor resucitado, como Dios, porque le vieron morir y resucitar de entre los muertos, como se indica en su credo, ¡Y ESA ES LA OTRA COSA! —dijo ella de forma brusca, como si una revelación pasada le hubiera golpeado de nuevo como una re-revelación—. Si Alá les había engañado para que pensaran que habían visto morir a Isa, solo para que reapareciera vivo porque Alá le había perdonado, y luego le vio ascender al cielo, ¡el mismo Alá, a través de su engaño, es responsable del cristianismo! ¡El mismo pecado que dice que no perdonará!

Mientras me sentaba y escuchaba, me maravillé ante la obra de Jesús, cómo levantaba el velo de los ojos de esta joven y, con su abundante gracia, le mostraba la verdad.

—Empecé a tener la sensación de que el Corán podría estar corrompido, ¡porque es una contradicción bastante extraña! Así que —dijo ella, respirando profundamente y negándose a esconder la gigantesca sonrisa que crecía en su rostro—, empecé a leer la Biblia; y, poco a poco, todo empezó a aclararse. Pude ver a Jesús —gritó como un niño en la mañana de Navidad—. ¡Estaba saltando de la página! Sus palabras eran para mí! ¡Cortaron hasta mi alma y me llamaron! ¡Me han salvado!

Todos tuvimos una maravillosa discusión sobre su conversión y las verdades iluminadoras de la Biblia, así como las evidencias de esas verdades, tanto en la historia como en nuestras vidas hoy en día. Y, antes de despedirnos, nos pidió que oráramos por ella, ya que deseaba profundamente compartir su fe con su amado tío, un hombre profundamente instruido en el Corán y devoto del Islam. Toda la sala de chat se turnó para orar por ella, y se fue ese día con un aspecto mil veces más soleado que cuando entró.

Al día siguiente, sin embargo, ese sol estaba oculto por una gran nube de lluvia.

—Nunca he oído tales cosas salir de su boca —lloró—. Siempre ha sido tan amable y cariñoso conmigo; pero, en cuanto le mostré la Biblia, empezó a burlarse de mí sin piedad.

No sé si alguna vez podré olvidar esa horrible mirada de odio que me echó, esa mirada de desprecio, completamente desprovista del amor que siempre había conocido.

Pasamos el día en las Escrituras y en fervientes oraciones.

—Marcos 9:23 —alguien leyó—: Si puedes creer, al que cree todo le es posible.

—Salmo 43:5 —leyó otro—: ¿Por qué te abates, oh alma mía, y por qué te turbas dentro de mí? Espera en Dios; porque aún he de alabarle, Salvación mía y Dios mío.

—Miqueas 7:7: Mas yo a Jehová miraré, esperaré al Dios de mi salvación; el Dios mío me oirá.

La animé a seguir orando por su tío, a orar por él toda la noche, como yo lo haría.

Agradeciéndonos, se fue.

Y esa sería la última vez que la veríamos durante una semana, cuando, para mi gran alegría, volvió a la sala de chat.

—¿Quién es este? —pregunté, señalando al hombre sentado a su lado.

—¡MI TÍO! —estalló con un grito de alegría, haciendo sonar los altavoces de mi ordenador—. ¡Tiene algo que decirle a todo el mundo!

Se presentó, y todos nos apiñamos para escuchar.

—Durante toda la noche, estuve dando vueltas y vueltas —nos dijo, contando su viaje hasta el día de hoy—. ¿Y si tiene razón? Me decía a mí mismo; ¡no podía sacarme el pensamiento de la cabeza!

Todos, incluido este hombre, tenían claro por qué su noche había sido una noche de insomnio, ya que había sido la misma noche en que su sobrina, después de orar con nosotros, había pasado toda la noche suplicando a Dios que le abriera los ojos.

Y Dios había respondido a su plegaria.

—Esto no era mera curiosidad —continuó, hablando de su súbita compulsión de renunciar a todos los intentos de dormir y examinar la Biblia—. Sentí como si algo me sacara de mi cama, exigiéndome que viera por mí mismo qué era lo que había cambiado tanto a mi sobrina.

Explicó que había rastreado la Biblia en línea a través de un VPN y comenzó a leer el Nuevo Testamento.

—¡Las palabras de Jesús! —explicó—. ¡En verdad, nadie había hablado nunca como este hombre! ¡Estas eran palabras de poder, amor y verdad que simplemente no podía negar! Pero mi terquedad no estaba dispuesta a afrontar esa verdad y concederla todavía. Así que saqué mi Corán.

Hasta bien entrada la mañana, el hombre estudió ambos libros, comparándolos uno al lado del otro, probándolos uno a otro, analizando cada palabra y frase y significado; y mientras lo hacía, las palabras de Jesús, y todo lo que se había dicho sobre Él, se hundieron más y más en su alma, tocando su corazón de maneras que el Corán nunca había podido hacer.

—¡Probó ser una colección de palabras muertas! —gritó, hablando del Corán—. Se derrumbó sobre sí mismo, aplastado por el peso de sus propias afirmaciones, incapaz de sostenerse por sus propios méritos... y no importaba cómo tratara de hacer pedazos la Biblia, resistió cada llama y soportó cada espada, mostrándose más fuerte con cada golpe cada vez más cruel que le di. Y, concluyó, mientras las lágrimas llenaban sus ojos, después de un rico estudio y un examen minucioso de estos textos, realizado en el curso de la semana pasada, no me quedaba ni una pizca de obstinación, ni una pierna sobre la que apoyarme para negar el consuelo, el amor y la salvación que se encuentran solo en Cristo.

## 12 | Un Nuevo Comienzo

Toda la sala de chat estalló en un ruidoso, largo y glorioso *Aleluya*. Porque aquí ante nosotros había un bloque de piedra inamovible hecho de arcilla moldeable por el amor de Jesús!

—¡YO CREO! —gritó—. ¡Creo y quiero ser bautizado!

No necesitaba decirlo dos veces; yo estaba en su puerta en cuestión de segundos, unos 900.000, pero ¿quién los cuenta?

Fue un viaje muy largo, pero no por ello menos pesado, ya que me pareció que me elevaba por los polvorientos caminos, llevado rápidamente en las alas de la alegría del cielo.

Llegué a su puerta y, saludándome con gran emoción, me llevó a su casa.

Al entrar en la sala, vi cerca de la puerta trasera una pila de objetos personales, muchos de los cuales parecían ser adornos, baratijas y recuerdos islámicos.

—Ya no hay lugar para esas cosas —dijo con un suspiro, como el que se da cuando se le cae una piedra de la espalda.

Justo cuando me giré para seguirle hasta la cocina, donde había preparado té, un destello de verde bosque y un destello de oro, atrapado por la luz del sol que entraba por la ventana abierta, me llamó la atención. Volviendo atrás, descubrí, enmarcada en madera, una pieza de arte islámico. El lienzo era como una rica hierba, en la que se había espolvoreado un polvo dorado; y en ese polvo, escrito en árabe, estaba el nombre de Ali, en referencia a Ali ibn Abi Talib, el sucesor de Mahoma reclamado por los chiítas.

Mis ojos se abrieron de par en par, sus bordes se enrojecieron; y me volví para ver al hombre que estaba a mi lado, con una taza de té en cada mano.

—Lo tomo —dijo, hablando en un tono bajo, con una mirada de grave comprensión pintada en su cara—, ¿eres un suní?

Catorce siglos de guerra y de doctrina dividida, de odio amargo y de destrucción devastadora, colgaban pesadamente en el aire entre nosotros; justo aquí, en medio de nosotros, se encontraba la gran y enorme división en la que nuestros antepasados habían estado vertiendo su corrosivo desprecio y hostilidad durante generaciones y generaciones, incapaces voluntariamente y sin ninguna voluntad de salvar esa brecha, y sin haber aceptado nunca el poder de hacerlo, incluso si solo había habido una pizca de deseo de comprenderlo.

El hombre dejó el té.

Yo puse el marco.

Y entonces, como el imponente muro fortificado que se estableció entre nosotros, construido continuamente, implacablemente, durante más de un milenio, con ladrillos colocados incluso por nuestras propias manos; como ese muro sufrió una ruptura de base a cumbre, nos tendimos la mano de la hermandad; entonces, al lanzar nuestros brazos firmemente uno alrededor del otro, nos unimos totalmente, eternamente en hermandad, allí en medio del polvo que una vez había sido nuestra división irreconciliable.

—Porque Él mismo es nuestra paz —dice Efesios 2:14 de Jesús—, que nos ha hecho a ambos uno y ha derribado en su carne el muro de separación de la hostilidad.

***

—Inmediatamente después —dije, secándome una lágrima del ojo—, fue bautizado - Dios me dio el honor de bautizar a este bendito hermano, allí mismo en su bañera!

—¡Alabado sea Dios! —gritó el hombre alto, que había estado escuchando con tanto entusiasmo mientras yo hablaba.

Había pasado un año desde que me había ido de Nueva Zelanda, y había regresado durante un breve descanso de la escuela para pasar tiempo con el hombre que me había señalado a Jesús, para estudiar la Palabra y contar todas las maravillosas noticias sobre la obra de Dios en mi vida. Aunque nos mantuvimos bastante ocupados con este doble programa, mi estancia de diez días incluiría algunas bendiciones adicionales, a saber, que me invitaran a hablar públicamente en las iglesias de toda Nueva Zelanda, para dar mi testimonio sobre la salvación de Cristo y mi entrega a Su señorío. En todos los lugares a los que fuimos, el hombre alto y yo, la gente estaba asombrada por la obra milagrosa de Jesús en uno de los lugares más oscuros del mundo; y, juntos, ¡le alabamos por su gran misericordia!

Acabábamos de regresar de Marsden Cross, el mismo lugar de Nueva Zelanda donde se dice que se predicó el Evangelio por primera vez cuando por fin llegó.

—Jesús ordenó que se predicara el Evangelio hasta los confines de la tierra —dijo el hombre alto, mirando con una mirada distante de reverencia al lugar donde iba a hablar—. Y aquí estamos.

La hora ya era tarde, y estaba programado para salir hacia Arabia Saudita por la mañana; y aún así, ¡incluso diez días habían demostrado ser un tiempo demasiado corto para atiborrar todas las historias asombrosas del trabajo de Jesús en mi vida durante el último año! Como dice Juan en la última frase de su Evangelio, que si todos los milagros que Jesús realizó en su corta vida se escribieran, no habría suficientes libros para registrarlos; así también encontré la gran cantidad de trabajo que había hecho en mi vida durante el año pasado: No tuve suficiente tiempo para contar, ni suficiente aliento para hablar, ni tampoco tengo suficiente papel para escribir cada glorioso milagro.

—¡Qué asombroso! —aplaudí—. ¡Dios nos tomó a este hombre y a mí de lados opuestos de los cimientos destrozados del Islam y nos puso sobre la roca de Cristo! ¿Quién creería que un sunita y un chiíta podrían ser hermanos?

—¡Todas las cosas son posibles con Dios! —gritó en respuesta—. ¡El mismo Dios que nos amó, sus traidores y asesinatos, tanto que murió por nosotros voluntariamente! Dime —continuó—, ¿ha habido alguna resolución con Paltalk?

—Creo que es oficialmente permanente —dije, sacudiendo la cabeza—. Incluso con el apoyo que he recibido, no parece haber ninguna posibilidad de que mi cuenta sea restablecida. Y —añadí encogiéndome de hombros—, no puedo culparles por estar preocupados por mis antecedentes. El gobierno saudí tiene muchas formas nefastas de acorralar a los desertores del Islam.

—¡Tú, un espía saudí! —se rio—. Lo siento, pero no lo entiendo. ¡Supongo que tu naturaleza modesta es lo que te hace un activo tan efectivo del gobierno!

—Si tuviera una cara más malvada —me reí entre dientes—, ¡podría seguir teniendo mi sala de chat!

—Mejor me quedo con la cara amable, estoy seguro de que ni siquiera el mejor trato con los pacientes podría eclipsar un semblante que haga temblar los huesos.

—Me uniré a esa risa cuando mis lecciones de inglés lleguen a la palabra "semblante".

—¡Solo una palabra elegante para "cara"! —y así compartimos esa risa—. Pero, dime —continuó—, ¿cómo va la escuela de medicina? ¿Lo estás disfrutando?

## 12 | Un Nuevo Comienzo

—¡Increíblemente! Incluso con todo el trabajo y las constantes traducciones, ¡es simplemente fascinante! ¡El estudio de la medicina muestra verdaderamente la intrincada majestad de Dios!

—¡En efecto, lo hace! ¡Y qué campo de ministerio, también! Vaya, Dios te está preparando para afrontar verdaderos desafíos, gente que se enfrenta a la desalentadora sombra de la mortalidad; en un valle en el que abundan el miedo, el dolor y la incertidumbre, la luz de Jesús brilla con más fuerza.

—Ser un recipiente para la mano sanadora de Dios, tanto física como espiritual, es un honor abrumador. Me siento como un espectador de su poderosa obra. Solo ver cómo Él cura a la gente, proporciona curas y avances en la tecnología -¡Sus misericordias son nuevas cada día! Eso me recuerda que acabo de publicar algunas de mis investigaciones en el Instituto Nacional de Ciencia de los Estados Unidos.

—¡De verdad! ¡Wow, eso es maravilloso! ¿Cuál es el tema?

—Una posible cura para una enfermedad autoinmune. Tuve la suerte de formar parte de un equipo de médicos muy competente. ¡Su lista de credenciales podría llenar las páginas de una novela!

—¡No me digas!

—Sí, aprendí mucho de estos tipos. De todos modos, nuestras pruebas dieron resultados sorprendentes en animales. La transferencia al tratamiento humano parece prometedora.

—¡Vaya! —exclamó, frotándose la frente—. ¡Eso es realmente asombroso!

—Como tú dices, estoy constantemente asombrado por el amor y la misericordia de Dios. Ha sido tan bueno conmigo, mejor de lo que merezco. Pero —continué con un suspiro—, por mucho que ame a Medina, mi corazón aún sangra por llegar a los musulmanes, y ha sido un camino un poco accidentado, con puertas que se abren y cierran tan rápidamente. A veces puede ser bastante desalentador. Pero Dios abrirá otra puerta —añadí después de una pausa—. De alguna manera, de algún modo, *sé* que Él aún tiene trabajo para mí. En un reino tan masivo como el que Apocalipsis 21 describe como suyo, ciertamente hay espacio más que suficiente para mi parentela musulmana.

—¿Has sentido que te llama a la próxima puerta abierta?

—¡Sí, en realidad! —y, hojeando rápidamente su Biblia (¡fue tan maravilloso tener una Biblia física en mis manos otra vez!), señalé a Lucas 9:2-6—. Aquí mismo —dije, tocando la página—. Jesús envía a sus discípulos a difundir la noticia del Reino de Dios. Dice, "No toméis nada para el camino, ni bordón, ni alforja, ni pan, ni dinero; ni llevéis dos túnicas". *Esto* —declaré, tocando la página aún más—, esto es lo que siento que tengo que hacer.

—¿Volver a Arabia Saudita sin nada? —preguntó, un poco sorprendido.

—¡Exactamente! Y eso me lleva a mi siguiente punto —lentamente, me acerqué a él y le pregunté en voz baja—, ¿Crees que a ti y a tu esposa les importaría que dejara mis cosas con ustedes?

—¡Por supuesto que sí! —gritó, soltando una risa sincera y dándome una palmada en el hombro—. Pero, dime —continuó—, ¿qué piensas hacer? ¿Adónde irás?

—Haré lo que he estado haciendo aquí: predicar públicamente a Cristo. Pero primero —añadí, respirando hondo—, volveré a hacer el Hajj; solo que, esta vez, lo haré en nombre

## 12 | Un Nuevo Comienzo

de Jesús, y así probaré las palabras de Alá ahora, por última vez.

\*\*\*

Rodeado por más de tres millones de devotos musulmanes que peregrinaban a la ciudad que había sido mi hogar, caí de rodillas ante la Kaaba: El gran santuario de la Meca. Allí, inclinado ante el *bayt Allah* (o, casa de dios), el reputado centro del mundo, donde se dice que el reino santo de Alá se cruza con el nuestro; allí, inclinado ante el mismo lugar al que me enfrento diariamente cuando realizo el *salat*, mis oraciones diarias; allí, situado bajo esta ostensible puerta del cielo, puse a descansar al demonio que es la gran mentira del Islam orando, siempre con gran fervor y audacia, en el santo nombre de Jesucristo.

Ardientemente, en voz alta, con todo mi corazón, supliqué al Dios Vivo que tuviera misericordia de las innumerables almas perdidas que oraban a mi alrededor, ¡que ablandara sus corazones, que levantara el velo cegador de las mentiras, y que las llevara al Padre a través de y en el nombre de su Hijo unigénito, el Salvador y Rey de este mundo! Y así lo hice para que todos los que me rodeaban vieran y escucharan; oré fervientemente, cada una de mis palabras sangraban de mi corazón, derramándose caliente en el suelo con gemidos de nostalgia por los perdidos; pero también levanté mi voz para exponer el vacío del Corán, para refutar sus enseñanzas y mostrar a Alá como los ídolos que habían atrapado al pueblo de Dios durante siglos. Porque aquí, en este lugar sagrado, Alá, como afirma el Corán, nunca permitirá que su nombre sea profanado, ni su soberanía desafiada, a través de la exaltación de cualquier otro nombre que no sea el suyo.

Sin embargo, yo levanté el nombre de Jesús.

De acuerdo con el Corán 105, debería haber sido destruido, como Alá lo hizo con un ejército pagano de la antigüedad. Vinieron con su poderosa hueste, montados en elefantes, y Alá llamó a un enjambre de pájaros nacidos en el infierno para arrojar sobre ellos piedras y arcilla petrificada, de forma completamente ofensiva, a aquellos que se atrevieran a desafiar su santidad y a amenazar la Kaaba. El Corán 22 también detalla la intolerancia de Alá por acciones como éstas; sin embargo, ¡levanté en alto el nombre de Jesús y declaré que Alá es un falso e impuro dios de la mentira!

Esto fue hace muchos años.

Incluso después de una profanación pública de la mezquita más sagrada del Islam en su ciudad más sagrada, vivo para contarlo.

Alá no hizo ningún sonido.

No envió ningún fuego del cielo para devorarme.

Más bien, el Espíritu Santo quemó sobre mi cabeza, mientras Jesús se movía a través de mí ese día, y el Padre fue glorificado.

—¡Padre en el cielo! —lloré—. ¡Que tu misericordia llueva sobre este lugar como una poderosa cascada! Que el amor de tu Hijo, Jesucristo, en cuyo nombre elevo mi oración este día, ¡que su santo amor se desborde en estas almas perdidas! ¡Concédeles la vida eterna por la expiación hecha por nuestro Salvador cuando fue crucificado! ¡Que las escamas caigan de sus ojos, Señor! Arroja este ídolo al polvo, y que tu luz brille a través de esta profunda oscuridad, porque el que está en mí es más grande que el que está en el mundo!

Alá no se encontraba en ninguna parte, su retribución estaba ausente.

Pero Jesús estaba allí. "Porque donde están dos o tres congregados en mi nombre", dijo en Mateo 18:20, "allí estoy yo en medio de ellos". Y tres de nosotros estábamos allí: Yo, clamando por la salvación de todos los musulmanes, y dos amigos misioneros americanos, que viven, transmitieron todo en los medios sociales, orando la misma oración que estaba en mis labios, mientras documentaban que no fui acosado por un montón de pájaros infernales ni fui tragado instantáneamente en el vacío del castigo eterno.

Esa noche, me senté en lo alto desde la distancia, mirando hacia abajo a mi antigua casa. Había sido el año más asombroso de mi vida, pero sabía que la lucha no había hecho más que empezar. Satanás atacaría; esto era una certeza. "Nuestra lucha", dijo Pablo en su carta a los Efesios, "no es contra la carne y la sangre, sino contra los gobernantes, contra las autoridades, contra los poderes de este mundo oscuro y contra las fuerzas espirituales del mal en los reinos celestiales".

Por ahora, Satanás, el príncipe de las tinieblas, era el gobernante de este mundo oscuro. Solo cuando Cristo regrese para establecer su reino eterno, el poder de los caídos será vencido para siempre, y yo me negué a esperar hasta ese día para dar testimonio de todo lo que había visto, de todo lo que me había sucedido, porque entonces sería demasiado tarde.

Sabía que esto significaba la guerra.

La batalla espiritual acababa de empezar; había pisado audazmente uno de los campos de batalla más profundos, oscuros y traicioneros, marchando directamente a la fortaleza de una potencia satánica. No temía entrar en el puño de Satanás, allí para proclamar el poder de la verdadera Isa. Pero mi fe sería puesta a prueba. Satanás no soltaría fácilmente su agarre mortal sobre este pueblo, no sin una lucha empleando toda la fuerza de su malicia. Y, en los días siguientes, el mismo infierno parecería haberse abierto, con el hijo caído de la mañana lanzando un ataque total de fuego y azufre sobre mi vida y la de aquellos que se unieron a mi búsqueda.

# 13
## Terapia de Conversión

—¡MAHOMA amaba a sus enemigos! ¡Eso no es exclusivo de Jesús!

Conocí al hombre en línea a través de uno de mis canales de evangelización. Era un ciudadano saudí, y había estado muy interesado en la Biblia, haciendo muchas preguntas, principalmente sobre su autenticidad y la distinción del Jesús de la Biblia y la Isa del Corán.

—Matar a los enemigos es difícilmente una manera de mostrarles amor —respondí, citando las numerosas veces en el Corán que Mahoma permite y ordena la matanza de sus adversarios—. Jesús dijo que debemos amar a nuestros enemigos y orar por aquellos que nos persiguen. No mató ni ordenó a nadie que matara, sino todo lo contrario. Morir por aquellos que lo odiaban es exactamente lo contrario de la vida de Mahoma.

Él y yo habíamos estado leyendo la Biblia juntos en línea. Entonces, un día, nos preguntó si podíamos reunirnos y discutir la Palabra cara a cara. Como todavía se consideraba musulmán, explorar la Biblia con una mente crítica, y dado que esto era Arabia Saudita, mostrar mi cara en tal contexto supondría un gran riesgo. Así que, en lugar de aceptar inmediatamente una reunión, oré, tanto por él como por la orientación. Al hacerlo, las palabras de Jesús, ordenando a sus discípulos a "¡Id!" y difundir la Buena Nueva, siguieron viniendo a mi mente.

—Sí, Señor —respondí, recorriendo las páginas de mi Biblia online hasta Mateo, buscando el capítulo 28, en el que se pronunciaron estas palabras—. Sé que dices que vaya, y quiero hacer tu voluntad; pero este es un lugar peligroso, y no puedo evitar tener miedo.

Pasando Mateo 10 en mi ruta hacia el 28, mis ojos se detuvieron por la palabra "miedo", escrita en letras rojas.

"Así que, no los temáis", dijo Jesús en el versículo 26, "porque nada hay encubierto, que no haya de ser manifestado; ni oculto, que no haya de saberse. Lo que os digo en tinieblas, decidlo en la luz; y lo que oís al oído, proclamadlo desde las azoteas. Y no temáis a los que matan el cuerpo, mas el alma no pueden matar; temed más bien a aquel que puede destruir el alma y el cuerpo en el infierno".

Sigo leyendo, absorbiendo las palabras de Cristo de que el Padre está tan atento a nosotros que sabe hasta el número de pelos de nuestra cabeza. Esto lo prometió: que soy de máximo valor para Dios, y si reconozco a Jesús ante los hombres, Jesús me reconocerá ante su Padre.

Orar en medio de tres millones de personas en el nombre de Jesús era una cosa - la multitud está gritando sus oraciones en una conmoción ensordecedora que me pregunto si alguien a mi alrededor prestó atención a mis palabras, que habían sido para Jesús y en desafío a la mentira islámica. Pero en un contexto individual en público, hablando abiertamente sobre Cristo, esto podría llamar una atención costosa. Sin embargo, permanecer escondido en mi habitación detrás de una pantalla de ordenador por miedo al hombre sería negar el mandato de Jesús.

Me puse en contacto con el hombre, y fijamos una hora para reunirnos en una cafetería local.

—No solo Jesús nunca mató a nadie, como lo hizo Mahoma —continué—, ¡Jesús murió por sus enemigos! Y lo hizo para salvarlos!

—Bueno —argumentó—, cuando Mahoma regresó a la Meca, no mató a su propia gente.

—Así es —dije—. No mató a los miembros de su *propia* tribu. Sin embargo, le recordé que Mahoma *mató* a muchos en La Meca que estaban *fuera* de su tribu. Se alegraba de destruir a cualquiera que le hubiera insultado. Jesús, por otra parte, nunca mató a nadie, sino que demostró su amor por nosotros, ya que mientras aún éramos pecadores, murió por nosotros. Además, ¡volvió a la vida a los muertos en las resurrecciones públicas! ¿Recuerdas 1 Corintios? —pregunté, deseando tener una Biblia física conmigo para poder leer directamente de las Escrituras—. En los primeros cinco o seis versículos, Pablo menciona cuántas de las personas que presenciaron estas cosas -la crucifixión y la resurrección de Jesús- seguían vivas en el momento de escribir la carta. Invita a los lectores a ir a preguntar a esas personas, y no solo a creer en su palabra por todo lo que dice.

El hombre se sentó perfectamente quieto todo el tiempo que hablé, estudiando los movimientos de mis labios.

—Pablo animó a los creyentes de Corinto a entrevistar a los testigos oculares —continué—, pero los actos de Mahoma no tenían testigos. El Corán 17:1 dice que Alá ascendió a Mahoma al cielo por la noche, sin testigos. Mahoma regresó y contó a sus seguidores su experiencia, sin dar testimonios de primera mano ni pruebas. Por otro lado, los actos de Jesús casi siempre fueron frente a testigos. Cuando fue bautizado, ante una gran multitud, apareció una manifestación visible del Espíritu.

—Una paloma, cierto —murmuró pensativo.

—¡Si! —declaré—. Mateo 3: Acabamos de leer esto, cómo el Espíritu descendió y la voz de Dios bajó del cielo; todo ello ante muchos testigos. Ahora, Dios es santo —continué—, y su justicia no puede aceptar menos que un precio completo por nuestros pecados. Nuestros propios intentos de justicia no pueden limpiarnos de nuestra injusticia; se requiere un pago mayor del que podemos pagar fuera de una segunda muerte eterna. El verdadero Isa hizo ese pago por nosotros en la cruz. *Jesús* —dije, mirándolo muerto a los ojos—: Él es la Palabra de Dios; Él es la representación perfecta del Padre. Es santo y perfecto, y, por lo tanto, fue suficiente para satisfacer la justicia de Dios.

El hombre permaneció en silencio.

Luego, tras una larga pausa, dijo:

—Ya veo. Jesús es el Camino, la Verdad y la Vida.

—¡Si! —lloré—. ¡Nadie viene al Padre excepto a través de Él!

Volviendo a callar, el hombre inclinó la cabeza; y luego, casi en un susurro, preguntó:

—¿Orarás por mí?

Abundantemente encantado, puse mi mano sobre su hombro.

—Dios Todopoderoso —oré—, te agradezco por este hombre y por el tiempo que nos has dado para sumergirnos juntos en Tu Palabra. Por favor, continúa revelándote a él a través de Jesús, tu Hijo, en cuyo santo nombre rezo. Amén.

Apenas había pronunciado la palabra "Amén" cuando el hombre saltó violentamente a sus pies, pateando su char a la mitad del café, y gritó a todo pulmón,

—¡Eres un maldito infiel! —su cara hervía y grandes infiernos ardían en sus ojos—. ¡Eres un pagano! ¿Cómo te atreves a orar en nombre de un SER HUMANO? ¡QUE ALÁ HAGA LLOVER SU IRA SOBRE TI!

Todos los ojos estaban sobre nosotros, mientras continuaba furioso.

Incapaz de apartar la mirada de la salvaje erupción que estallaba ante mí, volví a levantar al hombre en oración, pidiendo a Dios que se apiadara de él y salvara su alma.

Su ira no se gastó rápidamente, y salió a la calle, todavía maldiciendo y gritando.

Tuve la sensación de que sabía exactamente a dónde iba.

***

«¡JESÚS!» estalló un grito espeluznante en mi cabeza. «¡LLÉVAME RÁPIDO! POR FAVOR!»

El primer golpe me había dejado entumecido por el dolor, pero solo por un momento; y todo estaba en silencio, salvo un agudo zumbido en mis oídos, siguiendo el golpe de mi puerta desde sus bisagras por la carga de un ejército de bestias sedientas de sangre. En el mismo instante en que mi mano cayó del pomo de la puerta al volver a mi dormitorio, fue abierta por un hombre desbordante de ira, que al instante me agarró por detrás de la cabeza, como si fuera una pelota de baloncesto, y me tiró al suelo con todo el peso de sus fuerzas, expulsando no pocos dientes de mi boca.

Todo el mundo se había quedado en silencio en ese mismo momento, mi visión se llenó de una niebla sofocante; y yo parecía estar flotando en algún lugar fuera de mí, tratando desesperadamente de descubrir lo que me había sucedido. Y hubiera preferido quedarme un poco más en este estado, porque al recuperar mis sentidos, me di cuenta de un dolor sofocante: una sensación impresionante, chocante e inhumana, como si cada una de mis fibras estuviera siendo molida bajo una poderosa y dentada roca.

A través de la niebla que llenaba mis ojos, podía ver en los borrones que me rodeaban, mientras me retorcía y gritaba, colores familiares en lugares familiares, todos colocados sobre figuras humanas. A medida que el fuego se intensificaba y los diversos dolores de varios lugares se agravaban en una envolvente nube de tormento, mis ojos se abrieron paso entre la niebla, ampliándose para ver la habitación con mayor claridad de la que jamás habían visto nada; y vi sobre mí muchos rostros barbudos, todos chorreando con sádico deleite mientras escupían sobre mí viles maldiciones y llovían sobre mi cuerpo viciosos golpes de puños ensangrentados y garrotes pintados de un crudo carmesí. Ojos inflamados por el hambre insaciable de matar, desgarraron mi carne como lobos salvajes caídos, golpeándome brutalmente, magullando y rompiéndome en una pulpa sangrienta; como hachas sin filo sus palos se estrellaron contra mis huesos y los aplastaron; sus garras se desgarraron como espadas de doble filo; sus pies se golpearon como la maza y la cadena; y sus manos llevaron puñados de rayos.

«¡JESÚS! POR FAVOR!» Supliqué, llenando mi cabeza con mis ecos desesperados, suplicándole en este día que seguramente sería el último para terminar rápidamente con mi vida y llevarme a estar con Él.

De repente, los golpes cesaron.

Dos de los hombres me levantaron el torso, cogiendo mis brazos de cada lado, hasta que me pusieron de rodillas.

Ante mí había un gran estanque carmesí, ancho y profundo, en el que nadaban trece dientes pulverizados.

Un juego de botas negras se adelantó, deteniéndose en la orilla opuesta del lago de la carnicería.

Levantando mis cansados y llorosos ojos, vi a un oficial de la policía religiosa, que me miraba con una mueca de desprecio. Llevaba en la cabeza una boina negra con un emblema dorado, puesta sobre una perilla negra azabache y un uniforme como la arena mojada, adornada con varias insignias y marcas de alto rango; alrededor de su cintura había un grueso cinturón negro, y entre sus garras blancas, contrastando fuertemente con su piel manchada por el sol, agarraba una pila de papeles y un diario, todos los cuales contenían notas de mi estudio de la Biblia: una pila de pruebas muy incriminatoria contra un presunto cristiano. Con una burla, los arrojó al lago delante de él, y yo vi como las preciosas palabras de mi Señor Jesús eran pintadas de rojo.

En un abrir y cerrar de ojos, me pusieron grilletes de hierro en el cuello, las muñecas y los tobillos; y después me arrastraron por el dormitorio, desfilando ante mis compañeros como un animal de circo, hasta una fila de coches negros que esperaban fuera, listos para llevarme hasta la misma palma de Satanás.

—¡LLORA A TU PERRO!

El cordón de fuego resonó de nuevo en mi espalda.

—¡Ruega a tu demonio, Jesús, que te salve!

Un destello de furia blanca y caliente explotó en mi columna, cegándome y robando el aliento de mis pulmones.

—¡Di su nombre, *CERDO*!

Como un rayo feroz que sale de la fosa más profunda del infierno, una furia que consume una agonía ardiente atravesó cada uno de mis poros.

—¡HAZ QUE DETENGA MI MANO!

La tormenta tumultuosa estalló repentinamente en una borrasca de furia; y con una oleada de fuerza que ningún humano puede por sí mismo poseer, la mano que azotaba mi espalda voló en un desenfreno salvaje, haciendo llover golpes que partían la carne de las tiras de cuero agarradas en sus garras ensangrentadas, cada impacto crático aterrizó antes de que la grieta del azote anterior pudiera llegar a los oídos.

Todos mis músculos se agarrotaron; mis dedos de las manos y de los pies, como si trataran desesperadamente de separarse de este cuerpo de tormento, se estiraron y extendieron a lo largo y ancho en todas las direcciones; mis ojos, tan anchos que casi se caen de sus cuencas, no pudieron escapar a la plena conciencia de la escena; el hierro de la sangre llovió sobre mi lengua, y mi cabeza se llenó del hedor ruidoso de la carne destrozada esparcida sobre el frío suelo, y con la risa rugiente y burlona que resonaba en mis oscuros y sucios confines.

No podía respirar.

Apenas podía pensar.

La vida se convirtió en una plaga, y la existencia en una maldición; la misma muerte parecía burlarse de mí a los lados de mis atormentadores, sus negras manos atadas solo por su voluntad y escondidas a sus espaldas.

No había día, ni noche, ni tiempo; no había más que el potente, presente ahora, con cada segundo una eternidad de agonía implacable, y yo me hice íntimo de cada uno de ellos.

El látigo se calló de repente; solo se escuchaba un jadeo pesado y risueño.

Mis ojos cayeron pesadamente al suelo, mientras la hinchazón y el palpitar se intensificaban; y desde esa perspectiva observé como un conjunto familiar de botas negras se adelantó. Como antes, solo caminaron hasta el banco de mi sangre, que se acumuló bajo los dedos de los pies, de los que goteaba lentamente, mientras yo estaba suspendido del techo por los brazos.

Aquel cuya autoridad llenaba esas botas debe haber dado alguna orden silenciosa, pues mi cuerpo fue precipitadamente dejado caer del gancho en el que estaban mis grilletes; y me desplomé, sin poder detener mi caída, en la helada y pedregosa tierra que era mi celda.

Las botas negras permanecieron un poco más, mientras el silencio se amplificaba.

En ese momento, otro par de pies entraron, corriendo a mi lado.

En mi cara se colocó un cubo.

El que había entrado se arrodilló junto al cubo, y pude oír una mano escarbando en su contenido; el sonido era como un pie que se sumerge en un montículo de arena.

El arrodillador se levantó, y vi como un polvo fino y granulado, tan blanco como la nieve, llovía sobre su puño y salpicaba la sangre en la que nadaba mi cara.

No sabía cuántos días había estado en este lugar de tormento; solo conocía la rutina - azotes, pies que se escabullen, cubo de polvo blanco - y que no se había acostumbrado a su último paso, a este clímax de dolor, ni a prepararme para lo que había temido durante los despiadados azotes.

Mi corazón palpitaba tan salvajemente que podía ver el charco carmesí en el que estaba creciendo, sentía su calentamiento. Y entonces, cuando ya había perdido casi todo el aliento en una loca anticipación, oí una voz que se cernía sobre mí, que soltó una risita burlona y exclamó: "¡Es un cristiano! ¿Y no dijo el profeta Juan que el cerdo Jesús los bautizaría con fuego?"

Un rugido de risa burlona llenó la habitación, mientras yo mezclaba lágrimas con mi sangre derramada.

—¡Entonces! —gritó la voz—. ¡Que sea bautizado así!

La aprobación enérgica sacudió los cimientos de la celda; el charco de sangre se onduló como si las pisadas de un gigante estuvieran cerca.

—¡Yo te bautizo! —gritó la voz en medio del caos—. ¡Te bautizo en el nombre de tu cerdo, *JESÚS*!

Su cacofonía fue inmediatamente tragada por mi chillido de cara, mientras un torrencial aguacero de lluvia ácida caía sobre mi carne desmenuzada: cuanto más chillaba, más profundo se hundía el ácido, más y más, filtrándose lentamente a través de cada nervio, quemándolos desde dentro, enviando pulsos de desesperación a través de cada uno de mis miembros, haciendo que todo lo que estaba unido a mí se retorciera para liberarse de su lugar en el montón de angustia en que me había convertido.

Más y más alto se elevaron sus risas; mis gritos los ahogaron a todos. La mano que llevaba la sal del cubo cavó meticulosamente a través de los cañones tallados en mi espalda, apretando montones de carne destrozada y arañando los tendones expuestos. Solo por la mano de Jesús me mantuve alejado del umbral de la locura irreversible.

Cuando por fin la mano dejó de moler mi carne, los pies que habían traído el cubo volvieron a mi cara. Un puñado de mis cabellos se agarraron, y mi cabeza fue arrancada hacia arriba, para contemplar la imagen del hombre que tantas veces había puntuado mi tortura.

Su apariencia era ordinaria, normal; encajaba sin nota ni consecuencia en el mundo que siempre había conocido.

En esto, mi sangre se hizo como el hielo.

En cuanto a su mano libre, se rió de las bolas de sal rojizas que saturaban su palma y forraban sus dedos, antes de cerrar los ojos conmigo y untarme la cara con sal.

—Hasta pronto, *sal* de la tierra —se rió, luego tomó su paleta y desapareció.

Incluso antes de que la puerta de la celda se cerrara de golpe, los altavoces situados en las cuatro esquinas de la celda, que se encendieron de noche y de día en mis confines, se encendieron de nuevo, bombardeándome con un canto interminable del Corán, gritando versos que me decían que Alá es el único dios, y que cualquiera que crea en Jesús por encima de él es un infiel. En sus mentes -perforadas junto a indiscriminados y sádicos impulsos que los vieron lamentar mi sufrimiento como bestias hambrientas y voraces- había una firme creencia de que ningún hijo de un muftí (como han llegado a saber que era yo) podría haber sido persuadido de seguir a Jesús. Seguramente, conociendo a mi padre, como lo hicieron, debieron asumir que mi vida había sido el Corán, sus enseñanzas y sus prácticas; y así fue. Para ellos, no podía haber ninguna explicación para esta transformación radical, aparte de afirmar que yo estaba poseído por un demonio, que solo podía ser expulsado a través de asaltos diarios y nocturnos por las palabras del Corán, así como una extensa e indecible tortura, que ellos estaban felices y hambrientos de proporcionar.

La sal todavía ardía en mi espalda, mientras me arrastraba a mi esquina designada -era la más limpia de las cuatro, y eso no es decir mucho; estaba lejos de mi área designada para defecar, y el lugar que parecía como unos pocos pedazos de otro infiel que había sido dejado atrás hace mucho tiempo.

No llegué allí a toda prisa; mis pies habían sido completamente azotados temprano en el día, dejándolos como carne desmenuzada puesta sobre un par de globos; mi cuerpo temblaba violentamente, y mis brazos estaban tan débiles por la falta de alimento, dándome solo suficiente comida y agua diariamente para mantenerme vivo y con sentimiento, que agoté el esfuerzo de una maratón para moverme aunque sea una pulgada.

Escondido en mi oscuro y sucio rincón, busqué la cordura más allá del ruido que entraba en mi celda por todos lados. Pero por encima del estruendo del Corán solo estaban los gritos de otros como yo, igualmente condenados, por crímenes que no conocía, cuyo tormento no tenía fin.

No habría descanso esta noche; no había descansado desde mi llegada. Pero en esta más oscura de mis diarias y oscuras eternidades, una nueva voz partió la tierra con tales gritos y llantos que la voz cantante que me regañaba con la esperanza de exorcizar el demonio de mi alma se ahogó rápidamente en un mar de arduo sufrimiento y de terror enloquecedor, como nada que haya escuchado en toda mi vida y que nunca pueda olvidar. Estos chillidos que giraban en torno a la columna vertebral se incrustaron profundamente en mis huesos, sacudiéndolos con una fuerza tan tremenda que sentí como si todo mi esqueleto se pulverizara hasta convertirse en polvo.

Eran los aterrorizados y desolados gritos de una mujer.

Tales gritos no provienen de los azotes, ni del corte de la carne.

Agotó todas las súplicas de misericordia, pidiendo con cada aliento la liberación; el frenético arañazo de sus dedos contra la pared de su celda era como los clavos de una pizarra, proyectados en estéreo; su llanto, llevado en las alas negras de los gritos que queman la garganta, hizo caer los cimientos mismos del mundo. Y a través de esos lamentos podía oír el fuerte canto de su asaltante, ofreciendo oraciones a Alá, mientras la profanaba salvajemente. Como el clérigo islámico aconsejó, uno debe "realizar un lavado ceremonial primero y decir oraciones mientras se viola a un prisionero".

Palabras como las suyas se me vinieron encima, mientras ella lloraba durante horas y horas, palabras con las que solía asentir con la cabeza, tales como mentiras bárbaras y sádicas, que violar a una prisionera, condenada a muerte o no, traería al violador una recompensa espiritual hasta la de un peregrinaje a la Meca, afirmando claramente que ella podría ser profanada por cualquier medio que el violador eligiera. Todo esto es permisible bajo la ley que una vez afirmé reverenciar y obedecer: este lugar, mi celda, mi tortura y el indecible tormento de los que sufren a mi alrededor; este es el cimiento y la base de la religión islámica: un mal puro y desenfrenado que busca destrozar y contaminar todo lo que Dios ha creado, volverlo atrás, desfigurar la luz con la oscuridad y ensuciar el pan de vida con el veneno fecal de la muerte.

Y mi corazón destrozado miró al cielo y gritó con la voz de un niño perdido en la oscuridad, llamando a su padre, "¡DIOS EN EL CIELO! ¿POR QUÉ?" Durante toda la noche lloré así, y durante todo mi siguiente ataque de tortura, mientras yacía estirado en el frío suelo, mientras pequeñas gotas de sal líquida, que caían de los dientes de las bocas gritando risas sádicas sobre mí, eran lentamente goteadas a lo largo de mi recién azotada espalda, abiertas hasta las costillas; mientras yacía indefenso como un animal atrapado, lanzado vivo al fuego, grité a Aquel que había formado la misma carne que ahora estaba desgarrada,

—¿POR QUÉ, DIOS? Me he convertido de mi pecado! Te sigo! ¿Por qué ignoras mi sufrimiento? ¡ENVÍA TU IRA PARA DESTRUIR A ESTOS MALVADOS!

—¡Tu Jesús es un perro! —se rió una voz que se había vuelto tan familiar como el amanecer antes de mi destierro en la oscuridad, arrastró mi cuerpo inerte y sin vida por el suelo, tirando de los grilletes que había llegado a considerar como mis propias escrituras, riéndose salvajemente y gritando una vez más, "¡Tu Jesús es un *perro*!" Levantándome del suelo con la ayuda de varios otros, y poniendo mis grilletes sobre el gancho suspendido del techo, me agarró la cara con su garra y vomitó en voz alta:

—¡Un *perro*! ¡DILO! ¡Di que Jesús es un perro!

Mi cuerpo temblaba incontrolablemente; tenía un frío terrible por la pérdida de sangre y la desnutrición.

—¡Es un cerdo! —gritó, escupiendo en mi cara y apretando mi mandíbula aún más fuerte; mi boca se sentía como si hubiera quedado atrapada en un vicio; las grietas de la línea del pelo se ramificaban a través de mi mandíbula—. ¡DILO!

—¿Por qué, Dios? —supliqué en mi corazón—. ¿Por qué no me liberas? ¿Por qué no matas a este hombre?

—¡HE DICHO QUE LO DIGAS!

El chasquido del látigo se unió al eco de su voz, mientras saltaba por las paredes.

—¡Es un burro! —gritó, aplastando mi cara, sus garras arrancaban pedazos de mi barba—. ¡DILO!

Las lágrimas corrían libremente por mi cara; y, mientras mi corazón se hundía, deslizándose más hacia el negro estanque de la desesperación, me metí los labios en la boca y sacudí la cabeza.

Gruñó como un león rabioso, y otro látigo me quemó la columna vertebral.

—¡Jesús es un cerdo! —gritó a través de los dientes de arena.

De nuevo, sacudí la cabeza.

Otra vez vino el látigo.

—¡JESÚS ES UN CERDO!

Mi cabeza tembló.

El látigo se rompió.

—¡JESÚS ES UN BURRO! ¡DILO!

Los dientes que quedaban atravesaban lentamente mis labios, mientras desafiaba de nuevo su orden y rogaba a Dios, "¿Por qué?"

Y otra vez el látigo cayó, rasgando tan fuerte esta vez que mi espalda se abrió de par en par; pude sentir una cálida y lenta cascada corriendo por mis piernas.

Levantando mis ojos que se desvanecían, vi el brillo maníaco del hombre que todavía me sostenía la cara; su mejilla había sido atrapada por la punta del látigo, y un llanto de color rojo había empezado a gotear y a manchar su cara.

Mis heridas se salaron completamente, y me quedé solo otra vez.

—Dios... mi Dios... ¿por qué?

Al borde de la desesperación, pero a punto de sumergirme en las profundidades de la profunda oscuridad de la Muerte, para no volver nunca más, volví los ojos al cielo y hablé en voz alta en un susurro ronco, empujando todo lo que me quedaba:

—¡Padre! ¡Oh, Dios, mi Padre! ¡Tú ves todas las cosas! ¿Por qué, entonces, miras como yo sufro, y no haces nada? ¿Por qué no te quedaste con la mano que llevaba el látigo? ¿Por qué no consumiste con fuego a los que tan perversamente contaminaron a esa mujer? ¿Por qué no das un paso adelante y liberas a este mundo del mal que lo contamina? —en ese momento, sollozaba con todo mi cuerpo, derramando sobre la piedra quemada las pocas lágrimas que me quedaban—. ¿Por qué no los matas a todos? ¿POR QUÉ? ¡Oh, Dios, respóndeme! ¡Y DÉJAME MORIR!

En silencio, esperé, escuchando los remos del velero de la Muerte que pronto llegaría.

Solo débiles quejidos rompieron la quietud que me rodeaba, hasta que no pude oír nada más que la laboriosa respiración en mi pecho.

Siempre persistente era el silencio, mientras esperaba la respuesta de Dios.

Y fue entonces cuando me di cuenta...

Fue entonces cuando recordé...

Ya había dado su respuesta.

Tumbado en el suelo de la celda, mi demanda a Dios se me vino a la cabeza como un eco que no se disipa. Y me di cuenta de que alguien más había exigido una respuesta similar a su sufrimiento, muchos años antes de la época actual.

Job trabajó capítulo tras capítulo para discernir por qué a él, un hombre inocente, se le había hecho sufrir: sus hijos habían sido asesinados, sus sirvientes muertos, todas sus propiedades y riquezas robadas, y su salud reemplazada por una enfermedad agonizante. Y aún así, Dios mismo lo había llamado "un hombre intachable y recto, que teme a Dios y se aparta del mal".

En la totalidad del libro que lleva su nombre, Job nunca aprende por qué sufrió; sin embargo, se muestra al lector que había sido seleccionado como uno de los que debían ser probados y así refutar la acusación de Satanás contra Dios, de que el hombre sirve a Dios solo para obtener ganancias; y al hacerlo demostrar a los incontables miles de millones que vendrían después de él y leer su historia un vistazo a la infinita y eterna sabiduría.

Me quedé allí durante bastante tiempo reflexionando sobre la historia de Job, dando vueltas en mi cabeza a todo lo que había memorizado, leyendo en mi mente los versos, línea por línea. Job nunca se dio cuenta de que su inmerecido sufrimiento estaba siendo utilizado para algo mucho más grande que lo que podía ver en su plano finito de existencia; pero sí aprendió todo lo que necesitaba saber: que el hombre es de poca importancia cuando se le compara con Dios, que su propia sabiduría ni siquiera comienza a apilarse junto al alcance interminable de la comprensión que es la de Dios; porque si el hombre pudiera comprender plenamente a Dios, entonces Dios no sería Dios.

Aún así, me quedé perplejo. Seguramente no podría sentarme aquí y asumir que era tan distinguido como para haber sido declarado al propio Satán como intachable y recto, sé exactamente por lo que fui salvado, y no hay nada de intachable en ello. ¿Se suponía que debía simplemente sentarme aquí y sufrir, contento con el hecho de que no tengo una comprensión infinita para captar el cuadro general en el que mi historia está siendo interpretada actualmente?

Mi boca se abrió para hacerle esta misma pregunta a Jesús.

Jesús.

*¡Jesús!*

Mi boca se detuvo.

Una nube en mi cabeza se despejó.

Esto no fue una revelación de que yo, en mi actual estado de tormento, era de alguna manera comparable a Jesús, ¡al contrario! ¡Aunque no hay duda de que mi tortura fue injusta, en la corte de Dios fui y soy merecedor de mucho más que esto por todos los pecados que he cometido! Y estaba Jesús: un hombre totalmente intachable, que no había pecado ni una sola vez, que sufrió mucho más que yo, hasta la muerte, y en la cruz aceptó voluntariamente el castigo completo por cada uno de los pecados de la humanidad. Se burlaron de él, se rieron de él, lo odiaron, lo golpearon, lo destrozaron, lo desnudaron, lo avergonzaron y lo asesinaron bárbaramente en una cruz; y sin embargo, lo hizo de buena gana, porque amaba tanto a su creación: ¡el Creador mismo murió para salvar a sus criaturas, que le escupieron en la cara y lo mataron!

¡Y así pasó otra nube de mis ojos, y a través de ella estalló una especie de redención de que Jesús murió por *todos*! No solo murió por mí y por esa pobre mujer, sino que también murió por los hombres que torturaban, violaban y mataban. Cristo estaba dispuesto a dar su vida para salvar incluso a aquellos que nos arrojaban el mal sin piedad a nosotros y a otros, por lo que fue crucificado, solo para suplicar a su Padre que los perdonara, ya que estaba colgado muriendo. Dios amaba incluso a aquellos que le arrancaban la piel a su propio Hijo con látigos astillados, le ponían una corona de espinas en la cabeza, se burlaban de él con ropajes de realeza, le clavaban clavos en las manos y los pies y lo colgaban para que muriera, desnudo y deshonrado, ante una horda de sus propias creaciones, aclamando su muerte. Con el mismo amor con el que había sido salvado, Jesús murió para ofrecer la salvación, incluso a mis atormentadores.

"El Señor no retarda su promesa, según algunos la tienen por tardanza", recordé a 2 Pedro 3:9, "sino que es paciente para con nosotros, no queriendo que ninguno perezca, sino que todos procedan al arrepentimiento".

Poco a poco me di cuenta de que Dios quiere que los hombres que me torturaron se alejen del mal; quiere que los que violaron a esa mujer acepten el amor y la salvación de Jesucristo. Los ama con el mismo amor con el que me ama a mí y a la mujer. Dios no bajó y salvó a su Hijo de la mano del mal; permitió el sufrimiento de Jesús.

Y entonces, de repente, cuando estos pensamientos comenzaron a girar más y más rápido en mi mente, el libro de Isaías, capítulo 53, saltó de mi memoria y se puso ante mis ojos; y no lo hizo como palabras garabateadas en el techo en el que mi mirada se había cimentado, sino más bien como una imagen cristalina de la misma escena sobre la que el profeta habló, cuando dijo con respecto a Jesús, el Mesías venidero: "Fue despreciado y desechado de los hombres, Varón de dolores y experimentado en aflicción... Fue oprimido, y fue afligido, pero no abrió su boca... Por la opresión y el juicio fue llevado".

Y mientras veía cómo se desarrollaban estas cosas, sentí el látigo golpeando la espalda de este hombre rechazado, afligido, oprimido; sin embargo, sin protesta ni maldición, ni un llamado a Dios para matar a sus atormentadores; mientras observaba a este Jesús, sintiendo solo un sabor de su angustia en mi propia carne, lo vi clavado en el árbol; y desde arriba, mientras aún permanecía en silencio, vi la ira de Dios caer con el peso de toda la creación, tanto aquí en la tierra como en los vastos recovecos del universo, iluminado en este siguiente verso: "Sin embargo, fue la voluntad del Señor aplastarlo".

Aunque conocía, creía y me regocijaba en la entrega de su Hijo para cubrir mis pecados, mi perspectiva se elevó de mí mismo y se instaló al lado del Padre, que seguramente no se deleitaba en el sufrimiento al que se había entregado sobre su unigénito, sino que lo quería, para que los perdidos se salvaran y sus pecados fueran perdonados. Como Pablo afirma en su carta a los Colosenses, "Porque en [Jesús] toda la plenitud de Dios se complació en habitar, y por medio de Él reconciliar consigo todas las cosas... haciendo la paz por la sangre de su cruz".

—¡Pero mi sufrimiento no salvará a nadie de sus pecados! —lloré—. ¡Jesús, Tú eres Dios! ¿De qué sirve mi sufrimiento?

¿De qué sirve esta injusticia? ¿Debo ser como Job, sin saber nunca la razón de esta aflicción?

Una última nube pasó de delante de mis ojos. En la escena que se desarrollaba ante mí, junto a Jesús, que acababa de respirar por última vez, estaba un centurión romano, con la mirada hacia arriba, hacia el hombre al que había ayudado a matar; y declaró sin reservas ni dudas, con tal convicción que expulsó su aliento como si le hubiera sido arrancado de un puñetazo: "¡De verdad que este hombre era el Hijo de Dios!".

Aunque mi cuerpo era más doloroso que la carne, disparé con el cerrojo en mi celda y eché los ojos a la puerta, donde detrás podía oír a los hombres discutiendo mi próximo combate de tortura.

—¡JESÚS! —lloré—. ¡QUE SEAS ALABADO! Padre en el cielo, bendito sea tu santo nombre!

La alegría como nunca la había conocido, incluso más abundante que cuando recibí por primera vez el Espíritu de Dios, comenzó de repente a brotar en cada centímetro de mi cuerpo, ¡saliendo como de una poderosa fuente desde dentro! Por fin entendí lo que realmente significaba cuando los apóstoles se regocijaban de ser considerados dignos de sufrir.

—¡JESÚS! —lloré en voz alta otra vez—. ¡Oh, mi Salvador! ¡Me has considerado bendecido, porque me has asignado una gran tarea! ¡Me has elegido para tu obra! No moriré en este lugar, de hecho, ¡has permitido este mal para que el bien salga de él! ¡Porque estas cicatrices perdurarán hasta el día en que me llames a casa! ¡Y por ellas proclamarás tu santo nombre al mundo! Por ellos rasgarás el velo, cegando y engañando a todos para que crean que el Islam es una religión de paz. ¡Contarás mi historia a las naciones! Estas cicatrices, este sufrimiento, lo has permitido para que tu nombre sea glorificado, para que el mal sea expuesto, y la gente de todas partes, como el centurión, mirará al cielo y declarará que eres verdaderamente el Hijo de Dios! ¡Llévame a donde quieras, y yo iré!

Y mientras estas palabras salían de mis labios, mi mente se llenó repentinamente con las palabras de Job 19, que vinieron a mí como una respuesta a todo con lo que había estado luchando durante tanto tiempo: "¡¡Quién diese ahora que mis palabras fuesen escritas!!! Quién diese que se escribiesen en un libro; Que con cincel de hierro y con plomo Fuesen esculpidas en piedra para siempre!"

—¡SÍ! —grité con todas mis fuerzas—. ¡Que se cuente esta historia, padre! ¡Muestra al mundo mis cicatrices! Proclama el sufrimiento de la mujer que está cerca. ¡Nunca dejaré de contar su historia! ¡Llevaré estas cicatrices con regocijo!

La Palabra de Dios, hablada a través de Job, siguió fluyendo a través de mí, corriendo por mi cuerpo como un río embravecido que se desborda: "Yo sé que mi Redentor vive, Y al fin se levantará sobre el polvo; Y después de deshecha esta mi piel, en mi carne he de ver a Dios".

Todo mi cuerpo salió disparado en todas direcciones, como si una explosión acabara de estallar dentro de mí; y grité a todo pulmón:

—¡Alabado sea Cristo!

Y entonces, mientras la habitación volvía a callar, oí pasar por mis oídos algo parecido a un susurro.

«Bienaventurados los perseguidos por la justicia, porque de ellos es el reino de los cielos».

Caí de bruces y lloré.

«Bienaventurados seréis cuando otros os vituperen y os persigan y pronuncien toda clase de maldades contra vosotros falsamente por mi causa».

—Cristo —sollocé—, soy tan indigno.

«Regocíjate y alégrate, porque tu recompensa es grande en el cielo».

—¿Qué soy yo, Jesús —supliqué—, para que me eligieras para un honor tan grande? ¿Qué amor es este que no solo morirías para salvarme, sino que también me elegirías para sufrir por tu nombre, y compartir esta promesa? ¿Quién soy yo, Padre?

Como si fueran convocados por una sirena, varios de mis captores irrumpieron en la puerta de mi prisión.

—¿Qué *es* este demonio? —preguntó uno con asombro—. ¿Aún no hemos hecho lo suficiente?

—El perro ha sido golpeado hasta la locura —murmuró otro.

Un hombre se adelantó rápidamente, arrastrando un látigo a su lado.

Mirando hacia abajo por un gruñido, percibí el corte en su mejilla. Y mientras se acercaba para levantar la mano y golpear, me lancé hacia delante, cayendo sobre sus brazos, agarrándolos con todas mis fuerzas, y gritando:

—¡Padre, perdona a este hombre! No sé con qué maldad se mueve para destruirme; ¡pero está en la oscuridad! ¡Dale tu santa luz!

Pareciendo aturdido por mis acciones, se tambaleó por un momento; para mi sorpresa, me mantuvo erguido todo el tiempo.

—¡Perdóname! —le supliqué—. ¡Porque deseaba que este hombre muriera! ¡Te llamé, exigiendo que todos fueran destruidos! Me has llamado a amar a mis enemigos, ¡y así lo haré! ¡Jesús, muéstrale a este hombre el amor con el que me has salvado!

Todo el mundo parecía haberse detenido a escuchar. A pesar de que yo había orado a Jesús, allí mismo, delante de ellos, no se movieron en mi contra. Eran como estatuas, congeladas en su lugar; y a través de mi cuerpo podía sentir los temblores de la poderosa estructura del hombre, temblando mientras me sostenía.

Me arrepentí en voz alta y con todo mi corazón, abandonando el odio que había albergado por estos hombres. En verdad, tan al contrario de la situación como incluso yo hubiera declarado posible, los amé; todavía los amo. Lloré por ellos, allí en esa celda oscura y sucia, como se llora por un hermano perdido; lloré desesperadamente para que sus almas fueran rescatadas de esta oscuridad, y todavía lo hago.

Su respiración tembló, su gruñido se desvaneció en una abertura aturdida y, muy despacio, me bajó al suelo, antes de darse la vuelta rápidamente y salir de la habitación. Los otros le siguieron poco después, sus ojos se fijaron curiosamente en mí.

El siguiente lapso de tiempo indeterminado lo dedicaron a la oración, poniendo las palabras de mi corazón afligido ante el Padre, suplicándole con cada aliento que cortara la noche que consumía sus vidas y los llevara a un nuevo día.

No sabía lo que iba a seguir, pero sabía que la batalla contra esta oscuridad solo se intensificaría hasta el día del regreso de Jesús; por lo tanto, oré para que Dios me llenara con su fuerza.

De nuevo, el susurro llenó mi cabeza: "fortaleceos en el Señor, y en el poder de su fuerza", dice Efesios 6. "Vestíos de toda la armadura de Dios, para que podáis estar firmes contra las asechanzas del diablo".

Tan pronto como estas palabras pasaron por mi cerebro se abrió la puerta y entré con un conocido juego de botas negras. Detrás de ellas iban varios más; uno llevaba una silla, el otro una lámpara; otros dos llegaron con una mesa.

Me colocaron en la silla con las manos encadenadas a la espalda, y luego me empujaron hasta la mesa, mientras que la lámpara cegadora me iluminaba directamente los ojos, haciendo que todo lo que tenía delante fueran siluetas negras.

Esta rutina había tenido lugar unas cuantas veces antes. La primera vez había implicado una explicación completa de mi posesión demoníaca: Yeshua era el nombre del demonio, dijeron, y debía ser exorcizado para que yo pudiera ser liberado para volver a adorar a Alá. Qué amables y comprensivas habían sonado sus palabras; sus azotes "exorcizantes", sin embargo, hablaban mucho más fuerte y parecían ser el discurso más honesto. Otras veces, me hicieron saber cómo sufría mi familia por mi desobediencia. Hablaban como si conocieran a mi madre personalmente, como si ella les hubiera dictado una transcripción completa de su angustia.

—Tu madre te llama, llorando amargamente —dijeron—; quiere que su hijo se aparte de su camino. Ella anhela abrazarte de nuevo y verte reconciliado con Alá, libre de este profundo engaño.

—¿No sabes que el hombre occidental odia a los musulmanes? —dijeron en otro momento—. ¿Qué mejor manera de ejercer su malicia que apartar a un devoto sirviente de Alá del único y verdadero dios para seguir al ídolo de Occidente?

—Un falso dios ha deslumbrado tu mente con sus mentiras, pero Alá es misericordioso. Aceptará tu arrepentimiento y te hará volver al camino correcto.

—El mismo Isa volverá, y cuando lo haga, destruirá todas las cruces, todas las iglesias construidas sobre la mentira de que es un dios; matará a los idólatras que se encuentren en ellas. Tú lo sabes. Tu familia te ruega que no seas contado entre los condenados.

Sus palabras se volvieron cada vez más astutas y astucias, incluso terriblemente convincentes; pero el látigo siempre demostró su verdadera naturaleza; y ni una sola vez pudieron convencerme de que blasfemara o abandonara el nombre de Cristo.

Pero esta fue la primera vez que el poseedor de las botas negras condujo el interrogatorio.

Su presencia y su autoridad se apoderaron de mí como una poderosa bola de demolición.

Cerrando mis ojos, dejé que mi alma se atara a su armadura: el Casco de la Salvación: "Jesús mismo es mi salvación"; Escudo de la Rectitud: "Por la sangre de Cristo, soy contado como justo ante el Padre". Escudo de la fe: "Ninguna arma forjada contra mí penetrará la defensa que es mi fe en el Dios Todopoderoso;" Cinturón de la Verdad: "Jesús es la verdad que me mantiene unido, y nada más que a Él reclamaré;" Zapatos de Paz: "No lucho contra la carne y la sangre, y viviré en paz con todos los hombres;" y la Espada del Espíritu: "Espíritu del único Dios verdadero, lucha por mí hoy y dame las palabras para hablar en este momento".

—Serás llevado hoy a los tribunales; allí, enfrentarás el juicio.

Con los ojos cerrados, le pedí a Dios su fuerza.

—Tu padre no hablará por ti —dijo el hombre—. Ha dicho que no conoce a ningún hijo con el nombre de Ahmed.

Mientras una lágrima caía de mi ojo, susurré en mi cabeza a Dios, «Tú, oh Señor, *eres* mi padre, ahora».

En ese momento, la luz cegadora se volvió hacia abajo, y abrí los ojos para ver al hombre, sosteniendo la luz en la mesa, y mirándome fríamente.

—Solo tienes que renunciar a esta apostasía —dijo—. Renuncia a este falso dios, y aún puedes encontrar la misericordia de Alá.

Mi corazón palpitaba, me quedé en silencio por un momento para dibujar en mi memoria la imagen del rostro de este hombre.

Luego, mojando mis labios, tomé un profundo y constante aliento.

—He visto a Jesús —respondí—, y no deseo ver nada más que a Él, mi Dios y Salvador.

Expulsando un exhalación lenta y frígida por sus fosas nasales, el hombre murmuró una palabra sepulcral, "Que así sea", y luego se levantó y desapareció, mientras que los demás me levantaron de la silla y me arrastraron a través de la prisión hasta un coche que esperaba fuera.

Mientras avanzábamos a toda velocidad por las calles, mis ojos se asombraron al ver la luz del sol, de la cual me había privado durante un tiempo desconocido. Sus rayos eran como el oro que pavimentaba las calles del cielo, pensé -quizás, hoy pondré mis pies en esas calles, allí para caminar para siempre con Jesús.

Al comparecer ante el juez religioso, mi caso fue leído en voz alta.

No oí ni una palabra de lo que se recitó, porque en mi mente estaban las palabras de Pablo, como escribió en su segunda carta a Timoteo: "Ha llegado el momento de mi partida".

—¡Un paso adelante! —llamó el juez, después de oír todo lo que había que oír sobre mis crímenes contra Alá.

Lo hice, y él, mirando su alta posición, me examinó de cerca.

Durante mucho tiempo, no dijo nada. Solo me miró fijamente en silencio.

En su mano estaba el poder de aplicar la ley de la apostasía. Una palabra suya y me enviaría a mi antigua casa en la Meca, para arrodillarme en las calles que una vez recorrí y lavarlas con mi sangre.

Pero no tuve miedo. La idea de llevar mi testimonio a través del mundo había sido agradable; pero si Jesús se había propuesto que mi sufrimiento y mi lealtad se mostrara solo a mis captores, eso era un reino en sí mismo.

El juez se aclaró la garganta.

—Eres tan joven —dijo al final.

Su tono tenía algo de decepción.

Mi ejecución estaba en su próximo aliento.

—Has sido engañado.

Tan inesperadas y definitivas fueron las palabras de esta declaración que no pude evitar mirarle con ojos del tamaño de una bola blanca.

Tal declaración me despojó de mi historial de intenciones. ¡Me consideraron una víctima!

—Por lo tanto —concluyó—, la ley de la apostasía no será aplicada.

Mientras mi mandíbula se asentaba en su nueva casa sobre el suelo de baldosas, el juez leyó el veredicto de mi caso: No se me iba a dar ninguna sentencia formal, sino que iba a ser internado en un instituto de renovación de la mente islámica (un término elegante para un centro de lavado de cerebro), no siendo liberado hasta que hubiera sido rehabilitado con éxito.

Así de simple, mi audiencia terminó y fui entregado para que las manos reformadoras de los principales pioneros del Islam en el tratamiento intelectual y la reconstrucción religiosa me arreglaran la mente, para ser exprimido a través del estrujador de la terapia de conversión.

Puede parecer, en su cara, que este fue otro terrible obstáculo puesto ante mí; y, aunque no puedo decir que los siguientes tres meses de cautiverio en la escuela de lavado de cerebro fueran particularmente divertidos, supe en el momento en que fui sentenciado que Jesús no solo había terminado con mi tortura física, sino que también había abierto la puerta a mi libertad del cautiverio. Y, así, me regocijé todo el camino hasta la clínica; porque en este instituto de rehabilitación, fui puesto bajo un constante bombardeo del Islam, con las marcas de mi reforma siendo mi habilidad para demostrar mi conocimiento y comprensión de lo que estaba siendo alimentado - si podía responder correctamente a sus preguntas, ¡me iban a etiquetar como reformado! Bueno, yo era el hijo de un Mufti, que había crecido rodeado del Islam, sus textos y sus interpretaciones; más que eso, ¡había memorizado todo el Corán en árabe, sin un solo error! ¿Cómo no podía responder a estas preguntas con habilidad de experto? Verdaderamente, puedo atribuir este escenario tan increíble - que un hombre conocido por el estado como el hijo de un erudito islámico, y reconocido oficialmente como uno que ha memorizado el Corán; solo puedo decir que esto fue obra de Dios, ya que estos prodigiosos intelectuales del Islam en realidad me declararon rehabilitado, convencido de que mi conocimiento del Corán y del Islam era la prueba de que yo era una vez más un devoto seguidor de Alá.

Aún así, un constante bombardeo de mentiras sobre el alma de uno no es un poco agotador; pero Cristo me protegió a través de todo ello. Mientras respondía a las preguntas del conocimiento de mi cabeza, mi corazón recitaba los versos de la Biblia que había estado memorizando.

"Mis ovejas oyen mi voz, y yo las conozco, y me siguen", dijo Jesús en el capítulo 10 de Juan. "Les doy vida eterna, y no perecerán jamás, y nadie las arrebatará de mi mano. Mi Padre, que me las ha dado, es más grande que todos, y nadie puede arrebatarlas de la mano del Padre. Yo y el Padre somos uno".

Estoy en la mano traspasada de Jesús; como tal, estoy en la mano del Padre; y ninguna cantidad de tormento o lavado de cerebro iba a cambiar eso.

Dios había hecho de lo que estos hombres llamaban el examen y la reforma intelectual más exhaustiva como un ejercicio de locura; y finalmente, con Jesús a mi lado, mi mano en la suya, salí de ese lugar como un hombre libre y vivo, pero, sobre todo, sin comprometerme.

El tiempo volvió lentamente a su enfoque; el mundo se asentó de nuevo a mi alrededor. Lo que debería haber sido mi último semestre en la escuela de medicina había sido devorado por el abismo del cautiverio. Mis esperanzas de convertirme en médico habían terminado, según todos los indicios, con todo el trabajo que había realizado echado a perder; ya que un fracaso tan generalizado en el cumplimiento de las normas, como el que produce una ausencia como la mía, descalifica automáticamente a uno para la persecución.

No podía conjurar ningún otro recurso que el de orar.

—Está bien, Señor —dije con un suspiro tranquilizador, mientras caminaba por las calles de la libertad, de vuelta a la universidad para ver qué destino me esperaba—, si quieres que sea médico, lo haré. Si no…

Me detuve para dejar pasar el amor de mi trabajo y la reserva de mis ambiciones, y no volví a hablar hasta que mis ojos pudieron ver la gloria de Dios a través de la neblina pasajera.

—Si no —susurré, mientras una alegre sonrisa se dibujaba con un amplio pincel en mi cara—, tengo fe en que siempre me proveerás y nunca me abandonarás". Que se haga tu voluntad.

Jugando a patear algunas piedras mientras caminaba, leí las páginas de la Biblia que había guardado en mi cabeza y en mi corazón, en un lugar que ningún hombre podía tocar. Y allí fui llevado por la mano de Dios a la primera carta de Pablo a los Corintios, donde, en el cuarto capítulo, explicaba el camino del apóstol; y de estas palabras, Dios me dio fuerzas para afrontar todo lo que estaba por venir: "Cuando se nos injuria, bendecimos; cuando se nos persigue, soportamos; cuando se nos calumnia, suplicamos. Nos hemos convertido y seguimos siendo, como la escoria del mundo, la basura de todas las cosas".

## 13 | Terapia de Conversión

El mundo me había aclarado sus sentimientos respecto a mi seguimiento de Cristo; no me había vuelto más amado que la basura. Porque había nacido de nuevo, la identidad de Jesús había quedado impresa en mí. De mí y de mis hermanos y hermanas en Cristo, Jesús dijo en Juan 17, "Ellos no son del mundo, así como yo no soy del mundo".

Y así, como un extraño en una tierra hostil, caminé, sabiendo que ya no podía mezclarme entre el fango de este plano temporal, porque se me había dado la luz de Cristo, y me había designado para exponer cuán oscura es la guerra del mal contra su buena creación, disfrazada de luz y paz, por las marcas de los colmillos de los lobos hambrientos que merodean por la luz para devorar, marcas que eran como un credo malvado tallado en piedra grabado permanentemente en mi piel, Dios se mostraría más bello que las tinieblas que los ciegos aman desesperadamente, y así añadir a su glorioso reino una gran cantidad de nuevas habitaciones, preparadas para el regreso al cielo de los santos.

# 14
## Trece Horas para la Iglesia

—¿Y dónde ha estado todo este tiempo?

Aunque el decano de la universidad había admitido que no era mi estilo perder ni un minuto de clase, mucho menos un semestre entero, era un hombre de tolerancia cero para aquellos que dejaban sus estudios a un lado y descartaban una oportunidad tan grande como la que ofrecía la universidad. La medicina, afirmaba, es un asunto serio; y aquellos que la toman a la ligera, incluso la descuidan, no están en condiciones de llevar el honor que exige el abrigo blanco.

—Un gran asunto personal recalcó mi ausencia, señor —respondí, sabiendo que no podía compartir con él los detalles exactos de ese asunto. Mi dramático éxodo el día de mi arresto no había llegado a oídos de la administración -dado que los dormitorios estaban lejos de la universidad y no eran administrados por ella, sino que estaban bajo la autoridad del Ministerio de Educación Superior-, así como el hecho de que no se me había dado una sentencia formal, la policía religiosa, por su forma de llevar los asuntos, no se había puesto en contacto con la escuela ni había anunciado la causa de mi ausencia. Solo a los condenados se les notifica en sus escuelas o lugares de trabajo que no volverán, tras haber sido inhabilitados por los barrotes o la decapitación. Tal como estaban las cosas, ningún rumor o historia parecía haber circulado o haber cobrado fuerza después de mi gran salida, al menos ninguno que hubiera llegado a los oídos de la administración; y esos detalles no estaban a punto de salir de mis labios—. Fue muy inesperado —añadí—, y me disculpo sinceramente por no haber podido cumplir con mis responsabilidades.

Mi discurso fue lento y cuidadoso, muy deliberado, en parte debido a la delicadeza de la situación, pero en gran parte como resultado de haber perdido tantos dientes y sufrido tal daño oral durante mi encarcelamiento que había estado luchando por recuperar mi discurso desde mi liberación, practicando la mecánica básica de formación de palabras y entrenando mi lengua para articular en su entorno aparentemente extranjero y más vacío.

—Debería habernos notificado de inmediato —respondió severamente—. Tal vez entonces podríamos haber sido capaces de ayudarle a trabajar en esto, como usted dice, "asunto personal".

—Solo pido su misericordia, señor —dije, con la espalda erguida y los ojos fijos en los suyos, mientras mis palabras yacían postradas ante él—. Lo que me pida, por muy difícil que sea la tarea, si me da otra oportunidad, puedo decir inequívocamente que nada podrá impedir que cumpla y supere su nivel.

Así que hablé con la mayor confianza, porque sabía que si me daban una segunda oportunidad, sería una puerta abierta por Dios, una puerta que nadie más puede abrir ni cerrar. Sin

Dios que me abriera la puerta para ser médico, mi carrera médica ya había terminado.

—Ya veremos —respondió con una sonrisa—. Desafortunadamente, no depende solo de mí. Esto tendrá que ir ante la junta directiva. Mientras tanto —añadió, acompañándome a la puerta—, actúe como si ya hubiera recibido lo que busca, una ayuda no vendría mal, si es que votan a su favor.

Observé con la boca abierta cómo la puerta se cerraba ante mí, y me quedé allí durante algún tiempo en silencio atónito.

—Voy a ser médico —murmuré para mí mismo, incapaz de mover los labios, porque Dios acababa de decir a través de este hombre las palabras de Jesús.

"Os digo que todo lo que pidiereis orando", dijo en Marcos 11:24, "creed que lo recibiréis, y os vendrá".

Jesús no había terminado de enseñarme la fe. Aunque había aprendido mucho durante mi encarcelamiento, me di cuenta en ese momento de que la fe nunca sería algo que pudiera alcanzar y tener, tendría que trabajar en ello diariamente; y aquí estaba Dios, hablando a través de un musulmán las palabras de Cristo, enseñándome la fe.

¿Qué más necesitaba? Regresé corriendo a mi dormitorio, me arrodillé y oré, pidiendo a Dios que me hiciera médico y que usara mi posición para llegar a los perdidos; luego, me puse de pie de un salto y golpeé los libros, estudiando como si todos los exámenes que había perdido se estuvieran administrando esa noche.

En medio de la tormenta de traducir y meter en mi cráneo más terminología médica, hechos, cifras y procedimientos de los que cualquier grupo de hombres podría sacudir un

## 14 | Trece Horas para la Iglesia

garrote, mi mirada, que había estado corriendo de izquierda a derecha y de nuevo, arriba y abajo de las páginas, como si mis ojos estuvieran atrapados en un juego de Pong-broke a través de los confines de la página y aterrizara en medio de mi habitación, donde yacía una alfombra que había comprado recientemente y, tal para lo que fue hecha, tirada allí en el suelo.

De repente, mi frenético estudio se detuvo, y me levanté lentamente de mi silla y me acerqué con cuidado, como un león dormido, hacia el lugar.

La alfombra tenía la intención de callar, pero ni siquiera podía amortiguar los gritos sobre la que estaba.

Arrodillado, tomé suavemente un rincón de la alfombra y la despegué, revelando bajo ella filas de madera pintadas de rojo.

Un aliento lento y tembloroso pasó por mis pulmones, mientras colocaba mi mano en medio de la mancha carmesí, trazando los largos arañazos grabados en la madera por estas mismas manos.

Cerrando los ojos, dejé que el pasado reciente llenara mi mirada, permití que el frío de mi celda me envolviera en sus garras destrozadas, sumergí de nuevo mi lengua en la neblina rancia de la muerte y el charco de sangre, y abrí las puertas de mis oídos al furioso océano de los atormentados, gritos aterrorizados, pero cada vez que mi día actual parecía estar a punto de desmoronarse en la noche que era el pasado, las palabras de Dios, tal como las dijo Pablo en su segunda carta a los Corintios, se abalanzaron para preservar el nuevo día y prohibir mi descenso: "Porque estábamos tan agobiados por una carga que superaba nuestras fuerzas que desesperábamos de la vida misma. De hecho, sentimos que habíamos recibido la sentencia de muerte. Pero eso fue para que no confiáramos en nosotros mismos, sino en Dios que resucita a los muertos. Él nos libró de un peligro tan mortal, y nos librará".

—Sobre ti, Cristo —susurré, terminando el versículo—, He puesto mi esperanza en que me liberes de nuevo.

Colocando ambas manos suavemente en medio del estanque seco de mi sangre, oré, tomando prestadas las palabras escritas en esa misma carta: "Padre, estaba afligido en todos los sentidos, pero no estaba aplastado. Estaba perplejo, pero no desesperado. Fui perseguido, pero no abandonado; golpeado, pero no destruido. Llevo ahora en el cuerpo la muerte de Jesús, para que su vida se manifieste en mí. Más manchas como ésta pueden aún ser pintadas sobre esta tierra", continué por mi cuenta; "sin embargo, aunque cosas peores que ésta puedan estar aún ante mí, que el hombre me odie, me golpee, me rompa los huesos, me mate; mi vida se pierde para Ti, y mi alma está segura en Tu mano. ¿Qué puede hacerme ahora el hombre?"

Levantándome de nuevo, volví a mis estudios, dejando la alfombra enrollada a un lado.

—Gracias por venir, Ahmed —dijo el decano—. Hemos discutido su caso en profundidad y hemos llegado a una decisión.

La sala había aprovechado este momento, poco después de que yo entrara en ella, para mostrar su capacidad de dar rodeos, seleccionándome como su público exclusivo. De pie ante la junta de directores médicos, hice todo lo posible para ejercitar la sutileza mientras me inclinaba en el trompo; cada segundo que pasaba parecía como si fuera el último en posición vertical antes de que me enviaran a deslizarme en una inclinación montañosa en la pared de abajo. De hecho, estaba en paz con la decisión, era la emoción de ver en tiempo real como la mano de Dios descendía para ponerme en su camino elegido que puso mi cabeza en un remolino. Solo esperaba mantener la conciencia el tiempo suficiente para ver que sucediera.

—Ha sido un excelente estudiante —continuó—. Sus notas son verdaderamente impresionantes; sus profesores han dado fe de su duro trabajo y dedicación. Y, como usted sabe, su investigación publicada se está desplazando ahora a los ensayos con humanos. Sus esfuerzos superiores han resultado en la distribución mundial de los descubrimientos de su equipo y se han convertido en una marca de orgullo para esta universidad. Por lo tanto —dijo al final.

«Aquí viene», pensé «el magnífico castigo, o el "pero" demoledor».

—Por lo tanto, hemos decidido darle otra oportunidad.

—¡GRACIAS! — grité, incapaz de comprobar el volumen de mi grito antes de que saliera de mis pulmones.

—¡Pero! —añadió, me preguntaba si aún no había renunciado a la idea de quitarme la alfombra de debajo de mí—. *Pero*, no se le concederá indulgencia alguna. Tiene un mes para estudiar para todos sus exámenes, y eso es todo.

Deseando no traicionar mi asombrosa reacción a la tarea verdaderamente empinada que se me presentaba, asentí con la cabeza para demostrar mi comprensión; pero me pregunto si parecía un poco loco, ya que sé que mis ojos eran tan anchos como las pelotas de béisbol.

—Le sugiero que empiece ahora —dijo alargadamente, mirándome con curiosidad.

Aclarando mi garganta, me adelanté y, muy profesionalmente, agradecí a cada miembro de la junta la oportunidad, después de lo cual me dirigí hacia la puerta, *agradeciendo* hasta que salí de la oficina y cerré la puerta detrás de mí.

En el momento en que el cerrojo hizo clic, una larga racha de luz se extendió por el pasillo con una gran ráfaga de viento, mientras yo salía en un loco vuelo hacia mi dormitorio.

Diecisiete horas al día estudiaba, dedicando las siete horas restantes al estudio de la Biblia y al canto de alegres oraciones, nacidas de la sobreabundante acción de gracias que estallaba por las mismas costuras de mi cuerpo; en algún momento de ese mes, estoy seguro de que comí y dormí y vi al menos un rayo de luz de día; pero en lo que respecta a cuándo y cuánto tiempo no puedo decirlo. Y cuando por fin llegó el momento de mis exámenes, me dejé caer, descorché el cerebro y canalicé a través de mi lápiz cada gota de información que había metido en el cráneo, hasta que los exámenes estuvieron inundados de los conocimientos médicos que había adquirido y estaba de vuelta en mi dormitorio, contando ardientemente las ovejas que había dejado pastar sin numerar durante las últimas cuatro semanas.

Me levanté a la mañana siguiente e inmediatamente encendí mi VPN para comenzar mi día en la Palabra de Dios. Mi reciente estudio había sido en las cartas de Pablo y los apóstoles en la última parte del Nuevo Testamento; y al retomar desde donde lo había dejado en Hebreos, leyendo en el capítulo 10 acerca de la importancia de la comunión cristiana para la edificación y el estímulo de los creyentes, me sentí atraído por una oración de fortaleza espiritual que se encuentra al final del capítulo 3 de Efesios, en la que Pablo escribió: "Y a Aquel que es poderoso para hacer mucho más abundantemente que todo lo que pedimos o pensamos, según el poder que actúa en nosotros, a él sea la gloria en la iglesia y en Cristo Jesús por todas las generaciones, por los siglos de los siglos. Amén".

En ese momento mi ordenador emitió un débil sonido, y en mi bandeja de entrada cayó un correo electrónico de la administración, su asunto se refería a mis exámenes.

Cerrando los ojos, oré:

—Jesús, me has llevado hasta aquí. Hace un mes era un prisionero; hoy, soy lo que Tú quieras que sea.

Terminé mi estudio de la Biblia, y luego abrí mi correo electrónico.

*** 

—Ha hecho un trabajo muy bueno, Ahmed —dijo el decano, habiendo logrado finalmente meter una palabra en la contienda que fue mi bombardeo de gratitud.

Apenas pude contenerme, corrí de mi dormitorio a su oficina para decirle lo que ya sabía: ¡que había aprobado y que ahora era un médico de fiar! Si hubiera estado más fuera de mi control, podría haberlo tomado en mis brazos y comenzado a bailar por toda la habitación, pero como no hubiera sido prudente terminar mi carrera doctoral apenas minutos después de haber comenzado, permití que mis palabras me abrazaran a través de una vehemente efusión de agradecimiento.

—Pero ahora comienza el verdadero trabajo —añadió, mirándome desde una ceja levantada y una cabeza inclinada—, y no está exactamente en posición de iniciar.

—¿Señor?

—El hecho es —dijo enfáticamente—, que ha perdido el barco. Todos sus compañeros ya han asegurado sus prácticas de médico auxiliar.

—¡Me postularé a todas las prácticas que pueda encontrar hoy en día! ¡Iré ahora mismo!

—¡Eso! —gritó, mientras yo me giraba para salir corriendo por la puerta—. Eso es fácil de decir, Ahmed, y con su currículum y las notas que puso en sus exámenes, podría haber descubierto que conseguir una pasantía es tan fácil como encontrar arena en el Rub" a Khali. Pero llega tarde. Los granos han sido recogidos hasta el lecho de roca.

—¿Está diciendo que es imposible?

—Honestamente —suspiró encogiéndose de hombros—, puede ser. No es solo que las posiciones restantes sean pocas y lejanas, sino que también se enfrentará a la hostilidad por su tardanza en solicitarlas. No será un candidato atractivo.

Haciendo una pausa para digerir sus palabras, volví mi mirada a la suya y pregunté:

—¿Qué debo hacer?

—¡Solicitar! —declaró, levantándose de su silla—. Solicite, solicite, solicite y espere que lo que le haya mantenido durante el último mes también pueda levantarle sobre este obstáculo. Literalmente no puede permitirse el lujo de fallar esta vez —añadió abriendo su puerta para verme salir—. Como graduado, usted perderá su beca del gobierno, necesita un trabajo.

—Mi contrato de residencia está a punto de expirar también —murmuré, perdido en el procesamiento de toda esta información.

—Razón de más para no fallar. Sin esto, solo será un doctor con un título. ¿Y de qué sirve un hombre así?

De vuelta en mi dormitorio, empecé a investigar y a hacer una lista de todos los hospitales que encontré que ofrecían prácticas de médicos auxiliares. Pero cuanto más crecía mi lista, más se distraía mi mente con el verso que había leído antes en Hebreos 10: "Y consideremos cómo estimularnos unos a otros al amor y a las buenas obras, sin dejar de reunirnos".

En efecto, había estado anhelando la comunión cristiana, algo más de lo que podía conseguir por Internet: cara a cara, relaciones interpersonales basadas en Cristo.

—Padre —oré—, sé que la fraternidad es importante, pero también lo es encontrar trabajo. Me hiciste médico; ¡ahora tengo que serlo!

Algo acerca de cómo un hombre tiene que comer parecía estar a punto de caer de mis labios; pero Dios había destruido ese argumento, tanto en su Palabra como en su trabajo en mi vida.

"Por tanto os digo", dijo Jesús en el capítulo 6 de Mateo, "No os afanéis por vuestra vida, qué habéis de comer o qué habéis de beber; ni por vuestro cuerpo, qué habéis de vestir. ¿No es la vida más que el alimento, y el cuerpo más que el vestido? Mirad las aves del cielo, que no siembran, ni siegan, ni recogen en graneros; y vuestro Padre celestial las alimenta. ¿No valéis vosotros mucho más que ellas?"

Por si fuera poco, Dios ya me había dado comida cuando no la tenía, me sacó de las calles, me libró del sufrimiento.

En ese momento, como todas estas cosas me recordaron, vino un intenso gorgoteo, no de mi estómago, sino de lo más profundo de mi alma, que sonó con el gemido de la inanición espiritual.

—Muy bien, Dios —dije, dejando mi lápiz—, ¿Qué debo hacer?

Mientras las palabras se formaban en mi boca, la respuesta se hizo clara, y rápidamente desvié mi búsqueda en Internet de los hospitales a las iglesias.

Ahora, localizar una iglesia cristiana en Arabia Saudita y sus alrededores es tan fácil como encontrar una manzana en una higuera. Los cristianos son forajidos en mi país; por lo tanto, no estaban exactamente difundiendo su identidad y ubicación. Esto fue realmente una búsqueda de un diamante en bruto, estaba astillando la piedra del mundo saudí por el premio que yacía debajo, enterrado en algún lugar en las profundidades de la virulenta roca que es el corazón del Islam, siguiendo cualquier pista o rastro que pudiera encontrar.

Mis esfuerzos finalmente produjeron una lista de iglesias clandestinas, dispersas por toda la nación; cada una de ellas estaba compuesta por extranjeros que vivían y trabajaban en Arabia Saudita: filipinos, estadounidenses, africanos y muchos otros. Los grupos organizaban horarios y lugares de reunión secretos; estos los comprometí con la memoria, para no arriesgarme a exponerlos y condenarlos escribiendo los lugares en un papel que potencialmente podría extraviar.

Con la lista hecha y grabada en el cerebro, terminé la noche presentando solicitudes de prácticas, sintiéndome bastante confiado de que al menos una de ellas daría una respuesta favorable.

A la mañana siguiente, me aventuré a encontrar la primera iglesia de mi lista. Prácticamente me salté todo el camino, tan seguro de que pronto me deleitaría en la alegre comunión con una nueva familia en Cristo.

Llegué al lugar de reunión designado: un apartamento en Arabia; y, tras comprobar primero los pasillos, esquinas y grietas de alrededor, me dirigí a la puerta, eché otra mirada en cualquier dirección y llamé suavemente.

Después de un sólido minuto de silencio, la puerta se abrió lentamente, y se mantuvo cerrada con la cadena de la puerta.

Se podía ver muy poco del apartamento, excepto capas y capas de alfombra gruesa que cubría las paredes, sin duda como medida de insonorización.

De repente, en la sombra que llenaba la grieta apareció el rostro de un filipino.

Sus ojos se abrieron considerablemente al verme.

Me preparé para cualquier pregunta de seguridad que pudiera hacer... ¿Quizás un versículo de la Biblia, o un hecho sobre Jesús?

—¿De dónde vienes? —preguntó en un susurro agudo.

Bastante sorprendido por esta pregunta, mi cerebro cambió inmediatamente de rumbo; y, pensando que la improbable realidad de un cristiano saudí podría llenar al hombre de gran alegría, me puse una sonrisa de oreja a oreja y declaré felizmente:

—¡De aquí! Soy un saudí.

Esta última declaración apenas había comenzado a brotar de mis labios cuando se me metió por la nariz un magnífico golpe, seguido de una ráfaga de viento que me abofeteó la cara, mientras que por el pasillo vacío bailaba un SLAM que inducía al silencio.

—¿Qué dije? —me pregunté, alejándome de la puerta y frotando mi nariz magullada; no parecía, sin embargo, que hubiera manera de borrar el destrozo de mis esperanzas, ni de encontrar respuesta a por qué un cristiano rechazaría tan categóricamente a un hermano en Cristo.

Me quedé perplejo durante todo el camino de vuelta a mi dormitorio, donde, poco después de dejarme caer en la cama para seguir perplejo, mi teléfono empezó a sonar.

—¡La fecha límite fue hace semanas! —gritó la voz bastante indignada del otro lado—. ¿Por qué te presentaste? ¿No tienes nada mejor que hacer que desperdiciar mi tiempo, solo porque tú desperdiciaste el *tuyo*?

No recuerdo haber hablado en absoluto durante la iracunda conferencia; puede que ni siquiera haya tenido la oportunidad de decir "Hola". La voz enfadada -probablemente empujada al borde de un mal día por mi tardía solicitud atiborrada en su buzón- actuó sobre mí como el viento que me había abofeteado horas antes, con el tono de llamada actuando como un portazo. Mi mente ya había estado remolcando un elefante después de mi primer esfuerzo infructuoso; lo último que necesitaba era una segunda bestia para agobiar más al cerebro. Y tan pesado era este rechazo, agravado por la perplejidad que plagaba mi mente y corriendo como un jarabe de veneno sobre el gigantesco tazón de helado que había sido mi excitación por la comunión cristiana, que me escabullí hasta el suelo y allí permanecí hasta que el sol había caído detrás de las dunas, cementado en su lugar por el pesado peso de mis pensamientos, perdidos en un aturdimiento.

Se supone que los cristianos no deben estar desesperados; no debemos rendirnos cuando el dolor y la confusión reinan. Sin embargo, a menudo hacemos esto. Jesús mismo reprendió a sus propios discípulos por ser de tan poca fe. Así que oré durante la noche y a la mañana siguiente, le pedí a Dios su fuerza, su voluntad para seguir adelante hacia la meta. Después de todo, había sido solo un día, una comunidad, un hospital y un rechazo cada uno. ¡Tenía toda una lista de grupos y hospitales cristianos, pero sin un voto en mi caso!

Saliendo temprano, encontré la siguiente puerta y la llamé.

Como si el filipino lo hubiera entrenado, un angloamericano abrió la puerta pero con la cadena aún cerrada, y preguntó:

—¿De dónde eres?

Una punzada de dolor se arremolinó en la punta de mi nariz; di un paso atrás y dije con un gesto de dolor:

—Soy de Arabia Saudita.

En la parte de "Arabia" ni siquiera esperó.

*SLAM*

Caminé hasta el siguiente lugar de encuentro.

—¿De dónde eres?

—Soy un cristiano saudí de Ara...

*SLAM*

—¿De dónde eres?

—Vengo con Jesús de Arabia Saudita...

*SLAM*

—¿De dónde eres?
—De la dirección de Cristo... de Arabia...
*SLAM*
—¿De dónde eres?
—Saudí.
*SLAM*

Había sido un largo día de portazos, y antes de que el viaje terminara, anunciaba mi origen y luego daba un portazo por ellos.

Esperando que un rayo de luz solar separara las nubes que se acumulaban, volví a mi dormitorio y revisé mi correo de voz y mi bandeja de entrada.

—¡Esto es extremadamente poco profesional! ¡Deberías haberte presentado antes de la fecha límite!

—¿Crees que puedes entrar cuando quieras y que te den un puesto? ¿Realmente esperas que le hagamos una pasantía a alguien que no puede ni siquiera ser capaz de adherirse a nuestras reglas?

—¡Esto muestra una gran falta de responsabilidad! Si conduces tus asuntos así al solicitar una posición de pasantía, ¿qué puedo esperar de ti como médico?

—¡Has fallado la primera y más fácil prueba de fiabilidad! ¿Cómo podríamos confiar en usted para cuidar de nuestros pacientes, para confiar sus vidas a usted?

—¡Aceptarlo solo serviría para degradar nuestro respetable establecimiento!

*SLAM*
*SLAM*
*SLAM*
*SLAM*
*SLAM*

*WHUMP* (el sonido de mi caída de cara a la cama)

Este combate de boxeo de doble rechazo y de un solo lado se prolongó durante varios días, sin que se viera el final del patrón de aplastar los ganchos de derecha por la mañana y golpear los de izquierda por la tarde.

Luego, de forma bastante abrupta, un cambio de ritmo: unas personas de una iglesia llamada los Santos de los Últimos Días me dieron la bienvenida. Todo parecía ir bien, con algunos signos que indicaban que podía haber llegado al final de mi rechazo... es decir, hasta que hablamos de Jesús.

—¡Él es mi Salvador! —declaré, recitando a ellos mi testimonio y confesión de fe—. ¡Jesús, el único Dios verdadero, el único Hijo del Padre, esa bendita trinidad!

Bajando de la nube setenta y nueve, encontré un cuarto de hombros encorvados balanceándose precariamente sobre las gigantescas remolachas, en las cuales estaban tallados los ceños fruncidos más amenazadores.

No hace falta decir que, dada su respuesta y lo que llegué a saber de la retorcida teología que este grupo predica, el portazo de esa puerta fue mutuo.

—¡DIOS! —sonó mi grito ahogado, cuando de nuevo mi cara se había *metido* en la cama—. ¿Qué estás haciendo?

Terribles pensamientos comenzaron a arremolinarse en mi cabeza. Me veía a mí mismo saliendo de mi dormitorio, sin trabajo y sin bolígrafo, desdentado y miserable, pidiendo migajas en los semáforos, solo para ver a mis hermanos conducir su Porsche sin manchas, caían en un ataque de risa escandalosa, me escupían y tiraban basura, diciendo:

—¡Mira a dónde te ha llevado tu Cristo impotente! ¿No ves que este es el castigo de Alá por extraviarse para adorar ídolos?

Sus palabras resonaban cada vez más fuerte entre mis oídos, y ante mí un gran vacío se sentía como si se abriera entre mi Jesús y yo.

Abrí bien los ojos para desterrar la visión, pero me encontré perdido en un largo pasillo, blanco y lleno de puertas a ambos lados, las de la izquierda debajo de un caduceo gigante y las de la derecha debajo de una cruz. Saltando de un lado a otro, sacudí las manijas de cada puerta, una por una; ninguna se abrió. Tiré un poco más, sacudí más manijas, todas cerradas. Volé a la puerta de al lado y empecé a golpear la madera, luego a la siguiente, a la que pateé repetidamente con todas mis fuerzas; luego otra vez a otra, lanzando mi cuerpo contra ella, una y otra vez; como un tornado de rocas, lancé golpe tras golpe sobre puerta tras puerta, más y más fuerte, más y más rápido, una y otra vez; ni una sola vez tembló ante mi furia.

—¿Por qué haces esto, Dios? —grité, cayendo ensangrentado y con moretones en las rodillas—. ¿No estoy siguiendo el camino que Tú has pavimentado para mí? ¿No te busco? —las lágrimas comenzaron a llover sobre mis mejillas—. ¿Por qué, entonces, no encuentro? ¿No he llamado a la puerta? ¿Por qué, entonces, no se me ha abierto la puerta? ¿Por qué no *esta* puerta, Dios? —lloré, señalando con un dedo sin vida al que estaba delante de mí.

Como una pluma que cae en una brisa suave y cálida, un suave susurro de páginas memorizadas cayó sobre mí.

«Conozco tus obras. ¡Contempla!»

Mientras estas sílabas llovían sobre mí, mi cabeza se vio obligada a girar; y allí a lo lejos vi una puerta que caía en su lugar al final del pasillo, no a la izquierda ni a la derecha del mismo.

Se estaba abriendo.

## 14 | Trece Horas para la Iglesia

—He puesto delante de ti una puerta abierta, que nadie es capaz de cerrar.

A través de esa puerta fluía una gran luz, que se sentía sobre mi piel como un charco de agua caliente, envolviéndome por todos lados. Y entonces, un gran poder llenó mis piernas, y me paré en medio del pasillo, mirando la gloria que estaba delante de mí.

—Sé que tienes poco poder —dijo Jesús, a partir de este tercer capítulo del Apocalipsis—, y sin embargo has guardado mi palabra y no has negado mi nombre.

De repente, el corredor y todas sus puertas se alejaron a la distancia, y fui llevado hacia arriba a través del vacío a una velocidad vertiginosa, sintiéndome como un pez atrapado en un sedal divino, hasta que fui arrojado a la cama.

—¡Has abierto una puerta! —grité a los cielos—. ¡En algún lugar! ¿Pero cómo lo encontraré?

Nada, pero el silencio de mi habitación levantó su voz en respuesta.

Esperé.

Aún así, solo silencio.

Suspiré y me pasé los dedos lentamente por el pelo.

Una puerta se había abierto, pero, ¿dónde? ¿Se suponía que debía seguir vadeando el rechazo hasta que lo encontrara? Aunque el rechazo de los hospitales era desalentador y frustrante, no era nada comparado con el hecho de que me echaran de la comunidad de creyentes, sin que se supiera más de mí que mi origen.

¡Eso me dio una idea! Me metí en mi ordenador y empecé a buscar en la Biblia cualquier versículo que dijera explícita o implícitamente que los creyentes deben asegurarse de cerrar la puerta en la cara de los cristianos de ciertas nacionalidades.

Y así aprendí cómo trabaja Dios a pesar de nuestra insensatez; porque el objetivo de esta búsqueda había surgido de la herida y estaba condenado a fracasar en un pozo de animadversión: mi búsqueda no encontró tal versículo. Pero Dios tiene una manera de llevar a cabo sus propios planes a pesar de los nuestros, y para nuestro bien. De hecho, no encontré tal versículo; sin embargo, mi búsqueda, que tuvo lugar sobre todo en los Hechos, ya que ese libro muestra los orígenes de la iglesia cristiana, descubrió la historia de Saulo de Tarso: un vehemente perseguidor de los primeros cristianos, que, según los Hechos 8 y 9, asoló la iglesia, yendo de casa en casa y arrastrando a hombres y mujeres para ser encarcelados; un hombre que respiraba amenazas y asesinatos contra los discípulos del Señor, hasta que un día se encontró con el Jesús resucitado, renunció y se arrepintió de sus caminos, y se convirtió en el apóstol Pablo. Aunque había puesto su fe en Cristo y dado su vida para seguirle, la identidad anterior que había abandonado aún se cernía sobre él. "Y cuando llegó a Jerusalén", dice de Pablo en Hechos 9:26, "intentó unirse a los discípulos. Y todos le temían, porque no creían que fuera un discípulo".

*SLAM*

Como Pablo, yo había sido un perseguidor de la Iglesia de Cristo. Aunque los cristianos que me habían rechazado no necesitaban más que mi nacionalidad para considerarme una amenaza, si hubieran conocido mi pasado, el miedo que cerraba la puerta podría haberles obligado a saltar de las ventanas y salir corriendo por las calles hacia un territorio más seguro; porque había jurado una sangrienta lealtad a Alá; me había entrenado para ser el más sólido de un falso dios, para derramar la sangre del infiel, especialmente del cristiano; había sido el más profundo deseo de mi corazón asesinar a aquellos a los que ahora deseaba abrazar en comunión.

Me sentí humillado.

Mi dolor me había llevado a ignorar la perspectiva de aquellos cristianos, que viven en constante peligro en esta tierra hostil. Tenían todas las razones para sospechar que yo era tan hostil como la arena bajo mis pies.

¿Cómo, entonces, podría convencer a la gente de que mi fe es genuina?

Los hechos tenían la respuesta.

Hablando por sí mismo, a Pablo le habría costado mucho convencer a cualquiera de que era sincero. Pero Dios envió a Bernabé, quien llevó a Pablo a los apóstoles y les declaró que la prueba de Pablo se manifestaba en la acción: predicar a Cristo, comportarse en marcado contraste con el carácter del Saulo que los había estado persiguiendo, soportar sufrimientos que ningún mentiroso o agente del mal se molestaría en soportar, y echar al suelo el respeto y la dignidad que Saulo había disfrutado entre los fariseos y los líderes del mundo antiguo.

Bernabé dio fe del acto de Jesús en la vida de Pablo.

Necesitaba un Bernabé.

Arrodillado al lado de mi cama, oré:

—Señor, tú abres puertas que nadie puede cerrar, y cierras puertas que nadie puede abrir. Bueno —dije con una leve risa—, He encontrado muchas puertas cerradas. Llévame a la única puerta que nadie puede cerrar; envíame un Bernabé, alguien que se aferre a la fe en Ti y pruebe mi reclamo; alguien que me dé una oportunidad. Y por favor —supliqué fervientemente, imaginando a esos creyentes asustados que había encontrado—, consuela a los que me han rechazado. Señor, ellos han actuado de acuerdo al temor del hombre. Muéstrales que eres más poderoso que el mal que los rodea.

Puede parecer, por esta disposición literaria de la línea de tiempo, que la siguiente cosa a detallar sería mi hallazgo de la puerta abierta. Y así es. Pero esto no fue un suceso tan inmediato como pasar de un párrafo a otro. Otro montón de rechazo tuvo primero que ser atravesado, llevándome al límite con mi contrato de residencia. Y el cumplimiento de la bondad de Dios en las dos arenas de mi vida actualmente detalladas no ocurrió de una sola vez; más bien, una se convirtió en el "vehículo", si se quiere, llevándome a la otra.

—¡Usted es un doctor perezoso!

Esto no tuvo un buen comienzo ni un buen final; ya había llegado al último hospital que encontré donde se podía trabajar como médico de cabecera. Había entrado a hablar cara a cara con el director, una mujer filipina, y ofrecer mi solicitud para ser considerada. Si esta fracasaba, estaría en la calle en cuestión de días.

—¡Estoy realmente desconcertada! ¿Vienes aquí *ahora*? ¿Por qué no te presentaste hace meses, antes de la fecha límite?

Me regañó durante bastante tiempo -no sé exactamente cuánto tiempo-, y no puedo contar toda la amplitud de sus quejas con respecto a mi aptitud como médico; porque estaba perdido en una batalla por mi alma, orando para que Dios me prohibiera la desesperación, y que me diera la fuerza para confiar en Él, sin importar dónde terminara en la siguiente hora.

De repente, su tono cambió y dejó de hablar; su inflexión, juzgué, significaba que había dicho todo lo que quería decir; su rostro sugería que ya no era bienvenido.

Levantándome lentamente de mi silla, asentí con la cabeza, incapaz de pronunciar un saludo de despedida, y me volví para irme. Pero nunca llegué a dar toda la vuelta, porque la guerra interior era tan grande que me superó instantáneamente una ola de emoción, que me robó todas mis fuerzas y me hizo retroceder. Me estrellé con un *WHUMP* en un sofá, situado a lo largo de la pared del fondo; y allí, con el rostro enterrado en mis manos, mientras las lágrimas brotaban libremente de mis ojos, escupí una oración silenciosa.

—¡Jesús! ¡Prometiste no dejarnos huérfanos! ¿Dónde estás? —sollocé—. Todos me han dejado... pero tengo fe. ¡Dios mío, nunca me dejarás!

Por mucho que lo intentara, no podía dejar de llorar; y cuando por fin había invocado el control suficiente para levantar la cabeza, toda la habitación estaba borrosa como una acuarela.

Sabiendo que mi bienvenida era necesaria desde hacía mucho tiempo, al menos durante el siguiente siglo, me limpié los ojos y me puse en pie. Pero mientras lo hacía, apareció un papel pegado a la pared sobre la cabeza del director.

Era algo sencillo, hecho sin profesionalidad en un procesador de textos e impreso en una impresora de oficina. El papel era blanco; en él había un borde rectangular, que contenía un marco hecho de una cadena de diamantes multicolores. Y en ese marco estaban estas palabras, escritas sin una fuente especial y sin atribución: "Porque yo sé los pensamientos que tengo acerca de vosotros, pensamientos de paz, y no de mal, para daros el fin que esperáis".

Mi desesperación se desvaneció y salté de alegría, casi atravesando el techo.

—¡ES JEREMÍAS 29:11! —grité, señalando como un niño que veía los fuegos artificiales estallar de repente en el cielo.

El rojo que había pintado el ceño del director se derritió en un blanco aturdido.

Pasó corriendo por delante de mí hacia su puerta, que abrió apresuradamente antes de asomarse a la sala.

Metiendo la cabeza en la habitación, cerró de golpe la puerta y la cerró con llave.

—¿Quién eres? —dijo sin aliento—. ¿De dónde eres? ¿Cómo llegaste aquí? ¿Qué es lo que quieres? ¿Quién está contigo? ¿Eres de la policía religiosa?

Como con su conferencia enojada de antes, no había ninguna ventaja en su discurso para interrumpir cualquier discurso propio. Su interrogatorio con ametralladora se convirtió rápidamente en gritos de miedo, un bombardeo interminable de ladridos.

Dada mi larga barba y mi ropa saudí, solo puedo suponer que se creía un animal atrapado en una trampa y que yo había venido a interrogarla.

—¿Es usted de la policía religiosa? —preguntó de nuevo, jadeando mientras una gota de sudor trazaba la curva de su nariz.

Esta vez se detuvo, dejándome un momento para responder, que aproveché rápidamente.

—¡No! ¡No! —susurré, esperando que un tono más bajo pudiera ayudar a calmarla—. En verdad, solo he venido a preguntar después de una pasantía en este respetable hospital.

Respirando pesadamente, me miró mal y con cuidado desde abajo de una ceja arrugada.

—Tú... —comenzó, su voz se arrastraba por el suelo hasta mis oídos—. ¿Lees... la Biblia?

—¡Sí! —lloré suavemente—. He memorizado la mayor parte, así es como me sé el versículo. Solo que —añadí—, has dejado fuera, "dice Jehová".

Al dar un paso adelante, a pocos centímetros de mi cara, me miró y me clavó en los ojos una mirada de puñal.

—¿Eres cristiano? —preguntó, con un silbido en la voz y un temblor bajo el ojo.

Con qué rapidez había cambiado las tornas, pareciendo temer que yo hubiera venido a interrogarla, ahora me estaba inculcando esa fría sensación de temor. Las trampas que el gobierno saudí pone a los apóstatas son astutas y de diez en diez. ¿Podría haber sido una trampa tan elaborada?

Me paré ante ella, el silencio pasó por mi mandíbula abierta, mientras que los flashes de mi encarcelamiento fluían por mi mente como una bola de fuego a través de un bosque denso y seco. Me tambaleaba sobre la cabeza de un alfiler y me elevaba por encima de un pozo de destrucción: ésa era la sensación; y me estremecí tanto que me volví extremadamente consciente de mí mismo, hasta el punto de que pude quedarme de pie a mi lado como observador, viendo a este pobre hombre manchado de lágrimas murmurar desde su boca destrozada y sin dientes sonidos indiscernibles; de hecho, todos los progresos que había hecho para recuperar mi discurso se fueron por la ventana; era como un niño, incapaz de articular una respuesta coherente.

—Señor —oré, empleando el lenguaje claro y nítido de la mente—, ¿qué digo? Si es musulmana, puede muy bien entregarme a la policía religiosa... ¡Me encarcelarán de nuevo, perderé el resto de mis dientes! ¡Esta vez probablemente me maten! ¡Pero no puedo negarte! ¡No puedo decir que no! ¡No mentiré! ¿Qué debo decir?

«Sé sabio», llegó el susurro de la Palabra.

Entonces, de repente, el ojo de mi mente pasó por las páginas guardadas en mi memoria a Lucas 10:6, que se refiere a un seguidor de Dios como un Hijo, o Persona, de Paz.

—¡Soy una Persona de Paz!

Sus evidentes dagas no se apartaron inmediatamente de mis ojos.

Retrocediendo lentamente, sus hombros tensos se desinflaron como un globo pinchado, preguntó con una voz tan profunda como la inclinación de su frente,

—¿Y qué es una Persona de Paz?

Asintiendo con cuidado hacia el versículo pegado a su pared, tímidamente respondí:

—Lee tu Biblia.

Durante un sólido día y medio, ella y yo permanecimos encerrados en una mirada silenciosa, incluso con la respiración de puntillas sobre los labios, para no perturbar la tensión.

Luego, en un susurro que sonaba como si una bomba acabara de explotar en su oficina, dijo:

—Dame tu solicitud.

Durante los días siguientes, oré incesantemente el verso colgado en la pared de la directora:

—Padre, por favor, dame un futuro y una esperanza —entre sílabas, mi imaginación me iluminaba los ojos como un foco parpadeante que había inventado, presentando a la directora como protagonista en sus rápidos, pero terriblemente detallados actos; ella representaba varios escenarios nefastos, de los cuales el objetivo era siempre organizarme un encuentro permanente con mi Salvador.

Cuanto más jugaban estas imágenes salvajes, más oraba, hasta que un día mis oraciones se vieron interrumpidas por el zumbido de mi teléfono.

—¿Hola?

—¿Sr. Joktan?

Era la directora.

—Soy él —respondí, haciendo lo mejor para parecer lo más doctoral posible, sin tener idea de cómo se hace.

—Sr. Joktan, el hospital ha revisado sus calificaciones.

Aquí viene, me preparé para el *SLAM*.

—Estaremos encantados de darle la bienvenida a nuestro equipo como doctor auxiliar.

WHUMP

\*\*\*

Era cierto, había sucedido: Ahora era oficialmente un doctor, habiendo recuperado la conciencia lo suficientemente rápido para aceptar la oferta antes de que ella colgara la línea.

Con mi nueva situación, alquilé un apartamento muy bonito en la ciudad e incluso compré un coche, ese todoterreno y yo fuimos juntos a todas partes, recorriendo todas las comunidades cristianas que pude encontrar dispersas por toda Arabia Saudita, incluso aventurándome en otros países, buscando en lugares a los que no había podido viajar a pie.

La puerta al final del pasillo se había abierto, y vi mejor el plan de Dios que se había tejido en todos los portazos. Rechazo tras rechazo había reducido mi búsqueda de trabajo a un lugar en el que la Palabra de Dios estaba colgada en lo alto de la pared del director de un hospital saudí, y mis salarios eran tan abundantes que pude adquirir un medio para encontrar compañerismo más allá de las fronteras hostiles de mi tierra natal.

—¡Qué maravilla! —declaró un amigo mío, a quien le había transmitido mis recientes bendiciones, mientras él y yo compartíamos una comida.

Lo llamé Chris; aunque su nombre completo es Christopher, o Christoffel, en su holandés nativo. Él y yo habíamos conversado largamente en línea, hasta el día en que viajó a Arabia Saudita para conocerme cara a cara y así asegurarse de que yo fuera una persona real.

—¿Y has encontrado una iglesia? —preguntó, tomando un bocado de su comida.

—Todavía no —suspiré—, pero Dios ha sido fiel, como siempre lo será. Encontraré a mi familia de creyentes en su buen momento.

—Sabes —dijo—, tengo una conexión con una iglesia local, un grupo de creyentes sólidos, son: cristianos sólidos como una roca. ¿Qué tal si me acerco a ellos?

—¿Me aceptarían? Prácticamente todos los que he conocido me temen, excepto la gente de los Santos de los Últimos Días. Pero les vendrían bien algunos consejos de 1 Corintios 13.

—No puedo imaginar que esta iglesia te rechace —respondió, y su discurso estuvo acompañado de algunas risas residuales—. Les enviaré un correo electrónico... ¿qué dices? Vale la pena intentarlo, ¿no?

—No podría hacer daño. ¿Dónde está?

—Fuera de Arabia Saudita.

—Pensé que habías dicho que era local.

—Más o menos. Alrededor de doce o trece...

—¿Millas?

—Horas.

—¡TRECE *HORAS*!

—Más o menos.

—Eso es un significativo dar y recibir, ¿no lo crees?

—Bueno, claro, pero, oye, no es como si alguien de aquí te dejara entrar en su grupo, ¿verdad? Además, son como nueve horas de manejo, máximo; añade paradas para comida, descansos para ir al baño, y gasolina, sin mencionar las dos horas de inspección en la frontera, y tienes un sólido doce o trece.

—¡Eso es más que un día entero de ida y vuelta! ¡Y eso es solo si doy la vuelta al llegar allí!

—Eh bueno —añadió, tomando otro bocado—, ¿quieres que me acerque a ellos?

Me sorprendió lo generoso que parecía ser con el asunto.

Sin embargo, tenía razón en una cosa: ningún otro grupo estaba dispuesto a llevarme.

—¿Dónde está exactamente? —pregunté.

—Dubai. Les enviaré un correo electrónico esta noche, si quieres.

Sacudiendo la cabeza, me rasqué la barba, mientras un millón de puntos de consideración inundaban mi cabeza.

—Dios —oré en silencio—, ¿es este el lugar que has elegido para mí? ¿*Trece horas* de distancia? ¿Cómo voy a manejar mi agitada agenda en el hospital con un lugar así?

Miré a mi amigo, que había tomado otro bocado de comida y se distrajo con algo fuera de la ventana.

Mirando hacia allí, vi un pequeño pájaro revoloteando junto al cristal.

Respirando profundamente, cerré los ojos y oré: «Donde está *Tu* voluntad, está *Tu* camino. Dios, Tú provees incluso para criaturas como ese pequeño pájaro. Me has dado un coche, un medio para viajar una gran distancia en un tiempo trivial. Si aquí es donde quieres que vaya, iré. Y si con esto se fortalece mi fe, sé que en gran parte se debe a esto: que no sé nada de coches o cómo seleccionarlos para una conducción prolongada; por lo tanto, tendré que confiar en que Tú lo mantendrás en contacto, siempre y cuando Tu voluntad me envíe a este lugar lejano».

Volviendo a mi amigo, respiré profundamente otra vez y le dije:

—Muy bien, veamos qué dicen. Y, por cierto, si están de acuerdo, voy a empezar a llamarte Bernabé.

—¿Por qué? —preguntó, pasando la palabra por una mejilla llena de comida.

Masticando un bocado propio, le devolví la sonrisa.

Bernabé fue fiel a su palabra: envió un correo electrónico a la iglesia esa noche. Y fue fiel a sus suposiciones: primero, que me aceptarían; segundo, que tenía un viaje de trece horas por delante.

## 14 | Trece Horas para la Iglesia

Habiéndome acomodado a la fe de la confesión de la iglesia, a su teología, y habiendo encontrado la paz en el rezo, empaqué mis cosas para el largo viaje; entonces, a las cinco de la tarde, después de un turno de doce horas, me subí a mi todoterreno y salí a las oscuras, polvorientas y desiertas carreteras para mi destino.

La primera hora pasó en un momento; aunque estaba inmensamente cansado, ¡estaba más que emocionado por haber sido bien recibido por un cuerpo de creyentes! La segunda hora también mantuvo un ritmo animado, pero su entusiasmo fue notablemente menos intenso que el de la primera. En la tercera hora hubo un cambio de ritmo con un descanso para ir al baño y un poco de estiramiento de piernas. Otra hora transcurría, el segundero cada vez más lento se deslizaba por la cara del Tiempo, untando los minutos y los momentos, las horas y los parpadeos en una malla indiscernible de números y guiños de la luz del día, en la que la versión zombi de mí mismo bombeaba gasolina, tragaba comida sin sabor, pasaba por la inspección fronteriza e infligía golpes periódicos en las mejillas siempre que mi cabeza somnolienta no hubiera sido despertada por una cara plantada en el volante.

Por fin, mientras mi todoterreno y yo atravesábamos el velo de la luz matinal, contemplé la iglesia, situada claramente bajo el amanecer.

Me detuve en el camino de entrada, o lo que pensé que era el camino de entrada.

Un hombre salió apresuradamente del edificio y comenzó a hacerme señas para que acercara el auto a su lugar, en la parte pavimentada de la iglesia, en lugar de mi lugar elegido en el jardín delantero.

Salí del coche y me encontré con una mano extendida y una agradable sonrisa.

—¡Tú debes ser Ahmed! Mi nombre es Rashid. ¡Es un placer conocerte!

Como si les hubieran puesto un par de yunques, me aburrí de levantar los párpados hasta que vi la cara radiante del hombre. Reuní los músculos de los míos para formar un saludo.

—¿T-tienen café?

Los labios dijeron lo que pensaba; y, aún sonriendo, el hombre me tomó del brazo y me llevó a una olla recién hecha en el vestíbulo. Debo confesar que, después de mi largo turno y de tanto conducir, sentí una punzada de fastidio al ver que me daba una taza, en lugar de bifurcar toda la olla para que me la tragara de un solo trago.

—¿Cómo estuvo el viaje? —preguntó.

Me pareció que era más un aprendiz auditivo que visual, porque había toda una novela con la respuesta a esa pregunta grabada en mi apariencia.

—Largo —respondí, una vez que el café había reanimado todos mis sistemas vitales. Hice un comentario mientras sorbía para alabar a Dios por lo que seguramente era un buen regalo suyo: ¡el glorioso brebaje del grano marrón! Y qué regalo era, ya que este hombre y yo teníamos mucho de qué hablar. Lo interrogué de arriba a abajo, probando la teología de la iglesia contra la Biblia; y él, de la misma manera, se ocupó de la responsabilidad que era el rebaño, del cual era un líder designado, arrojando fuego sobre mi testimonio para ver si estaba verdaderamente fundado en Cristo, sostenido por el Espíritu.

—Bueno —dijo después de una charla bastante desafiante y unas cuantas ollas de café—, creo que he oído todo lo que necesitaba oír; el resto se lo dejo a Dios. Me siento honrado de invitarle a unirse a nuestra congregación.

—¡Me encantaría! —exclamé, sin que me quedara ni un guiño de somnolencia.

—¡Grandioso! Nos reunimos los domingos por la mañana a las diez, pero también tenemos un servicio nocturno a las siete, si eso funciona mejor con tu viaje.

—¡Arreglaré mis turnos en consecuencia!

—Suena bien, como para ser miembro de la iglesia, requerimos a los interesados que participen en una serie de clases de membresía. Los ancianos de la iglesia llevarán a cabo estas sesiones, después de las cuales los futuros miembros se reunirán con un anciano uno a uno para discutir el testimonio y la fe, como lo hemos hecho aquí hoy, pero mucho más en profundidad.

—¡Suena maravilloso! ¿Puedo empezar ahora?

Me dio un folleto explicando la membresía y listando las fechas y horas de las reuniones.

—Podemos trabajar en tu agenda, si es necesario. Llámame si hay algún conflicto con estas fechas —añadió, entregándome una tarjeta de visita—, y veremos si podemos encontrar una manera de solucionarlo.

Nuestra conversación duró un poco más, hasta que llamaron a Rashid.

—Volveré en un minute —dijo—. Siéntete libre de mirar alrededor.

Tamborileando mis dedos sobre los brazos de la silla, hice justo eso; solo que no me atreví a dejar mi asiento, era imperativo que causara una buena impresión, y no quería frustrar al hombre obligándolo a ir en busca del recién llegado errante.

Así que, la extensión de mi búsqueda se llevó a cabo en imitación de un búho.

En ese momento oí el sonido de pasos que se acercaban por detrás. Me volví a mi izquierda pero no encontré a nadie; los pasos también habían cesado.

Inclinándome más lejos de mi silla, observé ardientemente todo el mundo detrás de mí.

No había nada.

Podría jurar que había oído algo.

Tras un suspiro, me di la vuelta y fui arrastrado por una cara sonriente que estaba sentada frente a mí.

—¡Hola! —dijo esa cara de aspecto y sonido muy americano, sus mejillas brillando como soles de mediodía y su boca tan ancha que podía contar cada diente brillante que me devolvía.

Mientras intentaba recuperar el aliento y estabilizar mi corazón a un ritmo más parecido al trote de un pony de exhibición, en lugar del sprint de un mustang, el rostro se anunciaba con el nombre de Andrew.

—Ah-Ahmed —respondí de la misma manera que algunos dicen "A-choo".

—¡Es maravilloso conocerte! —exclamó este Andrew—. ¿Qué te trae por aquí?

—Busco un cuerpo de creyentes, seguidores de Jesús —respondí, mis nervios se calmaron.

—¡Bueno, has encontrado uno! —gritó—. ¡Somos un cuerpo que ama a Jesús! ¿Sabes que Jesús es la Palabra de Dios?

—¡Si! —le dije, sonriendo—. ¡Incluso el Corán lo dice!

—En efecto, pero Él no era un mero profeta. Jesús vino a mostrarnos el camino, sí; pero ¿sabías que predicaba que Él es el camino? Él es la verdad y la vida, y tomó el castigo que merecemos por nuestro pecado, para que nos salváramos.

—¡Porque Él es el Hijo de Dios! —declaré, casi saltando a mis pies.

Andrew fue arrojado de nuevo a su asiento, con aspecto absolutamente aturdido.

—¿Crees que Jesús es el Hijo de Dios? ¿No eres musulmán?

—Siempre seré devoto de Dios, pero el Islam y su falso dios lo he dejado en el polvo de mi estela!

—¿En serio? ¿Eres un seguidor de Jesús, también? —exclamó, su voz se entrelazaba con un regocijo infantil.

—¡Sí, lo soy! —lo dije alegremente, sin saber que él y yo estábamos ahora cara a cara.

—¡Bueno, ALELUYA! —Andrew lloró, e inmediatamente me rodeó con sus poderosos brazos y me exprimió todo el aire de los pulmones.

Poco antes de que uno de mis ojos se saliera del cráneo, Andrew me soltó y me dio una palmada firme y cariñosa sobre ambos hombros.

—¡Chico! —gritó—, seguro que pensaba que eras musulmán, ¡con tu barba y tu ropa! Me pareció una oportunidad tan divina que un musulmán entrara en este lugar que pensé que eras un hombre del Islam interesado en conocer al verdadero Jesús.

—¡Y lo era! —dije vertiginosamente—. Pero el mismo Jesús vino a mí en un sueño mientras estaba fuera en Nueva Zelanda... ¡un hombre amable me llevó a Cristo!

—¡Vaya! ¿Viste a Jesús en un sueño? ¡Es increíble! ¡Cuéntamelo todo!

Tomando nuestros asientos de nuevo, le conté los pasos de mi viaje hasta ese día.

—¡Increíble! —gritó, echando la cabeza hacia atrás y abofeteando los brazos de su silla—. ¡Dios está trabajando tan poderosamente en esta área del mundo! Pero mi camino me ha llevado por todas partes, y he sido testigo de incontables musulmanes con testimonios similares de Dios interviniendo e interrumpiendo su vida de forma súper natural.

—¿Eres un misionero? —pregunté.

—Soy un Marine retirado. Y estoy muy lejos de los viejos terrenos de Louisiana —añadió riéndose.

Escuché atentamente mientras me contaba más sobre sí mismo y su camino con Dios, mientras una suave aguja e hilo se abría paso entre nuestros corazones. Había un completo desconocido, que, al ver lo que él pensaba que era una persona perdida, se desvió del camino en el que había estado este día y se dirigió a mi lado para predicar el Evangelio. Su genuino e incondicional amor y preocupación por mi alma atravesó mi corazón y me recordó al hombre alto. Aunque el impacto que dejó en mí este día puede no haber sido el que había previsto al acercarse a mí, es sin embargo un impacto eterno, que lleva la marca eterna de Cristo.

Y así comenzó un maravilloso nuevo capítulo de la vida. Cada semana a partir de ese día, me subía a mi camioneta y abría el camino de trece horas. Andrew siempre estaba seguro de tener una cafetera fresca esperándome cuando llegaba; salía corriendo para encontrarse conmigo en el aparcamiento con una taza humeante y me dejaba apoyarme en él mientras entrábamos con dificultad en el edificio para conseguir un refresco antes del culto.

No faltó ni un día.

Ni una sola vez.

Dios me había dado un amigo para siempre.

No había nada remotamente fácil en esta nueva situación: trabajar todo el día y luego conducir todo el día siguiente. Pero esto era cierto, la comunión cristiana; estaba siendo alimentado con poderosos puñados de la Palabra de Dios, ¡experimentando la Biblia y a mi Salvador en formas que habían sido imposibles por mi cuenta! Y estaba a punto de ser oficialmente aceptado como miembro, como alguien más que una parte del cuerpo mundial de Cristo. Esto iba a ser un vínculo íntimo, algo que llevaría a la eternidad; esto iba a ser una familia para siempre, una bendición para llenar el vacío dejado cuando mi propia sangre se separó de mí.

Asistí a todas las clases de membresía, nunca me perdí una, ni llegué ni un minuto tarde. Esto era demasiado importante para descuidarlo o dejar que mi agitada agenda se interpusiera. Saber que Andrew estaría allí me motivó aún más.

—Gracias, Padre —oré durante la séptima hora de otro viaje; trece horas es un tiempo generoso para pasar en la oración, y era mi hábito ansioso—. Me has guiado a través de la puerta abierta y ahora estoy siendo considerado para ser miembro de la iglesia! Ha sido un gran viaje —suspiré, apretando el volante—. ¿Ahora dónde gira tu camino? ¿Adónde irá ahora?

Su respuesta ya estaba en marcha.

## 15
## Oportunidad

TRABAJAR en Arabia Saudita como médico junior cristiano significaba que era a la vez administrador de la curación física y representante del Gran Médico, el Sanador y Redentor de almas. Mi hospital era mi campo de misión. Durante las rondas, oraba en silencio por los pacientes y hacía peticiones de curación y salvación mientras pasaba por las habitaciones; pero mi mayor alegría era compartir la Biblia con los que estaban a mi cargo.

—¡Pero me siento bien! —gritó un paciente, limpiándose el grifo que goteaba de una nariz en la manga por enésima vez y haciendo un par de gestos peludos—. ¡De verdad! No necesito estar aquí.

—Como un sabio dijo una vez —respondí, sonriendo y garabateando en mi portapapeles—, "Los que están bien no tienen necesidad de un médico, sino los que están enfermos" Y usted, señor, está enfermo.

—Tome esto dos veces al día —le dije a otro—. Si sus síntomas no empiezan a mejorar en una semana, llámenos. Pero asegúrese de tomar mucho aire fresco y sol; busque activamente la positividad. Como dice el viejo refrán: "Un corazón alegre es una buena medicina".

## 15 | Oportunidad

—Lo golpearé por esto —refunfuñó un joven paciente, que había sido herido por un amigo.

—Sabes —dije, poniendo suavemente mi mano sobre su hombro—, una vez leí de un gran maestro que habló de esta misma situación: "Lo que desees que los demás te hagan a ti," dijo, "hazlo también a ellos".

Y cuando una paciente me confió que tenía miedo de una próxima operación, le tomé la mano, la miré a los ojos y le dije:

—Hace muchos años, mi mejor amigo me ofreció esta esperanza: "No temas, porque yo estoy contigo"; y prometo estar contigo en cada paso del camino. Sé fuerte y valiente —añadí con una sonrisa.

—¡Fascinante; simplemente fascinante! —dijo uno de mis nuevos amigos de la iglesia al oír hablar de este medio de evangelización—. ¡Dejen que el poder de la Palabra haga su trabajo!

Durante todo el camino a la iglesia, había estado a punto de contarles a todos cómo, incluso en la tierra anticristiana de Arabia Saudita, la santa Palabra de Dios todavía podía ser difundida.

—¡Sí! —declaré a los rostros sonrientes sentados a mi alrededor—. ¡Jesús nos ordena ser tan sabios como las serpientes y tan inocentes como las palomas, qué maravilloso es seguir a Cristo y alcanzar a los perdidos para su reino!

—Me pregunto —dijo uno de los ancianos, rascándose el bigote—, si haces bien en no atribuir adecuadamente estos versos.

—Dios lo puso en ese hospital —dijo Andrew, muy severamente—. A diferencia de la orden a los exiliados en Babilonia, trabaja para el beneficio de la institución, sometiéndose a sus reglas, pero sin perder su servicio a Dios.

—No debemos temer —respondió, mirándome directamente a mí—. Dejemos que Dios proteja a los que hablan su palabra con valentía, y no demos a los moribundos un cristianismo sin Cristo.

Antes de que pudiera responder, otro hombre habló en mi defensa.

—O, confiemos en que la Palabra de Dios es viva y activa, como dice la Biblia, más afilada que la espada, capaz de penetrar cualquier cosa.

—¡Exactamente! —dijo otro—. Está plantando la semilla - Dios la regará.

—Creo que es suficiente por hoy —dijo el anciano—. Terminemos en oración.

Las cabezas inclinadas, los ojos cerrados; sin embargo, el peso de una multitud de miradas era palpable, presionándome desde todos los lados como una colección de varas desafiladas.

Con un último "Amén", el anciano desapareció por el pasillo.

Mientras el grupo se dispersaba, agarré a Rashid por el brazo y lo aparté.

—¿Alguna noticia sobre el estado de mi membresía?

Trece horas cabalgando en una nube de polvo después de un largo turno no me habían dejado con la niebla de las cosas que realmente importaban.

Su mirada permaneció distante por un momento, antes de volverse lentamente hacia mí.

—Bien, bien —dijo—. Sobre eso... um, has hecho todas las clases, ¿verdad?

## 15 | Oportunidad

—¡Sabes que sí! ¡Hace semanas!

—Así es, así es... um...

Su discurso se arrastraba, escarbando en el clamor de la comunidad que nos rodeaba.

Una vez más, sus ojos se volvieron distantes.

—Rashid —dije bruscamente—. He intentado programar mi última reunión con los ancianos, pero nadie me ha contestado. Dada la tensa discusión de hoy, me gustaría tener esa reunión más pronto que tarde.

—Mira, Ahmed —susurró después de una pausa, sus ojos bailando caóticamente sobre mi cara—, este no es el mejor momento para hablar. Yo... veré lo que puedo hacer.

—Pero...

Así como así, se fue, dejándome tan perplejo por el asunto como lo había estado la última vez que pregunté... y la vez anterior a esa... y las tres veces anteriores a esa... y ese otro puñado de veces salpicadas en el medio.

¿Por qué se retrasó tanto?

¿Y por qué no había nadie que pudiera dedicar un momento a explicarlo?

Un tornado de confusión y frustración ardiendo sobre mi cabeza, me escabullí lentamente hasta mi coche, donde, dejando caer la cabeza al volante, oré pidiendo guía, oré pidiendo paciencia, para que mi frustración no se convirtiera en amargura, para que no asumiera un motivo; oré para que Dios me mostrara el camino. En verdad, pensé, no me habían llevado por este camino de trece horas para nada.

Puede parecer un cambio rápido, una respuesta apresurada; pero puedo asegurarles que el recorrido establecido entre estos eventos llevó consigo una perspectiva prolongada del tiempo, haciendo que los minutos se convirtieran en horas y las horas en días.

Al volver a mi apartamento, me acosté de frente en la cama para soñar con el tiempo antes de mi próximo turno, tomando el sol, aunque brevemente, en el paraíso de una familia eterna que me esperaba, allí, a los pies de Jesús.

Un ruido antinatural acabó rápidamente con esta visión del paraíso, incrustando su sonido en mis huesos, y reverberando mucho después de haber tirado mi teléfono al otro lado de la habitación.

Sentado en posición vertical, me limpié el sueño que se me había pegado a los ojos y parpadeé la habitación para enfocarla, momento en el que pude localizar mi teléfono y ver que tenía menos de treinta minutos para llegar al hospital para mi turno.

De un solo salto, me había levantado de la cama y me había puesto ropa nueva, había raspado la placa y el perfume matutino de la boca con un cepillado que seguramente destruyó el esmalte que me quedaba en los pocos dientes que me quedaban, y luego me apresuré a recoger mis cosas, en cuyo momento mi mano voladora frenética chocó con el ratón de mi ordenador; la pantalla cobró vida y vi una notificación que tenía en mi bandeja de entrada un correo electrónico de mi iglesia.

—Dr. Ahmed —comenzó—, gracias por su interés en ser miembro de la iglesia. Habiendo completado los cursos de membresía requeridos, nos gustaría invitarlo a reunirse con nuestros ancianos-

## 15 | Oportunidad

Eso fue todo lo que leí.

Dejando un agujero con forma de Ahmed en la puerta de mi apartamento, corrí por el pasillo hasta mi coche, ¡gritando alabanzas a Dios!

—Y eso nos lleva al día de hoy —concluí, expulsando lo que parecía el único aliento que había tomado todo el tiempo que pasé transmitiendo mi testimonio—. Jesús es mi vida, ahora - lo viejo ha pasado; lo nuevo ha llegado. Soy una nueva creación en Él, y no tengo otro gozo que compartir su palabra, y no tengo mayor deseo que conocerlo más!

—¡Aleluya! —gritó el anciano a mi derecha, con los brazos levantados al cielo, mientras las lágrimas corrían por su rostro.

—*Hmph* —gruñó el otro, sentado a mi izquierda, con los brazos cruzados, la cara seca y agrietada como un desierto estéril, y el bigote doblado como una capa de césped que se extiende sobre un alto montículo.

Un par de opuestos se sentaron ante mí. De un lado, emanaba calidez y empatía; del otro, un pilar de hielo. Un lado no podía guardar silencio; el otro parecía acechar detrás del silencio. Un lado tenía los ojos puestos más allá de este reino; el otro percibía solo carne y tierra. La luz brotaba de un pecho abierto y cantando; una neblina rodeaba la estatua sellada herméticamente. Y donde uno no podía quedarse quieto, no podía dejar de extender sus brazos, como si pudiera ver a Jesús mismo tendiéndole la mano, el otro estaba pegado a su silla, sus brazos abrazando su cuerpo, y sus ojos aburriéndose a través de mí, despegando la forma fijada en su mirada, revelando algo hacia lo que parecía no querer ocultar su hostilidad.

—¡Cuán poderoso es el Dios al que servimos! —gritó el hombre a mi derecha—. ¡Él ha caminado contigo a través del horno de fuego!

—¿Dices que Jesús vino a ti en un *sueño*?

Habiendo pronunciado la palabra "sueño" de la misma manera que algunos patean las piernas de una silla, el hombre a mi izquierda inclinó su cabeza hacia adelante y amartilló su ceja, asumiendo una postura que me pareció como si se atreviera a responder.

Pero sin duda alguna, incluso para causar un solo temblor en mis rodillas, respondí claramente.

—Sí. Lo hizo. Milagrosamente y con gracia.

El bigote se onduló como una bandera destrozada en un viento tornándose extraño mientras expulsaba un gran aliento y enviaba sus ojos a examinar la parte inferior de su cráneo.

Todo era muy claro para mí lo que le preocupaba: un sueño de otro no es algo fácil de aceptar, ya que uno no tiene nada más que la palabra del soñador para confirmar su autenticidad. Se requiere mucha fe por parte de otro para creer lo que yo no necesitaba fe para saber. ¿Qué prueba podría dar, aparte del testimonio de mi vida, dónde había estado y hacia dónde se dirigía?

—¿Qué pasa? —preguntó el anciano a mi derecha, mientras le gritaba al otro—. ¿No crees en lo que ha dicho?

—Es toda una historia —respondió con un suspiro—; pero me pregunto si es... bueno...

—¿Te pregunto si es *qué*? ¿Vas a obsesionarte con el inicio de esta transformación e ignorar los frutos que han surgido de ella? Este hombre soportó la tortura a causa de Cristo, ¡era un yihadista, por el amor de Dios!

—Muy convincente, muy convincente —respondió, suspirando de nuevo mientras abría los ojos para ver mejor sus pies; luego, mirándome, se arrancó una sonrisa en su cara y dijo—, gracias por venir, Ahmed. Te haremos saber cómo va la votación.

—¿Cuándo lo sabré? —pregunté apresuradamente cuando el hombre se puso de pie y pateó sus pies hacia la puerta.

—Pronto —llamó por encima del hombro.

Cuando la puerta se cerró de golpe detrás de él, mis ojos perplejos se volvieron hacia el otro anciano, que estaba sentado moviendo la cabeza.

—Lo siento mucho, Ahmed —dijo alargadamente—. A veces un pozo de oscuridad es tan profundo que a algunos les parece una simple mancha en la acera; por lo tanto, puede ser difícil creer que haya alguien viviendo en ese pozo, mucho menos alguien saliendo de él.

—¿Señor?

—No te detengas en su respuesta, regocíjate siempre en Dios, y en Él fija tu mirada. Deja que Él se encargue del resto.

Con eso, pasó una suave sonrisa y se deslizó lentamente de la habitación, después de lo cual Andrew se lanzó con un excitado, "¿Cómo fue?"

—No lo sé —respondí, sintiéndome un poco golpeado—. No creo que a él le gustara la parte de mi sueño, parecía sospechar de la autenticidad de mi fe.

La cara de Andrew cayó.

Un montón de palabras se sentaron ansiosamente en mi lengua, preparadas para presionar más el asunto; pero ninguna parecía inclinada a unirse a otra en una pregunta o comentario coherente que demostrara la frustración y el daño que este proceso había traído, sin llevar también algo que me arrepentiría de haber incrustado en el corazón de un amigo.

Afortunadamente, Andrew tomó el turno de palabra.

—Esto no está bien —dijo, dando un suspiro de pecho—. Todo este retraso, esta carrera, es infantil. Siento que la mayoría de los ancianos están preocupados —continuó, una tristeza punzante cayó sobre sus labios—. Se ha permitido que los susurros y los miedos impregnen e infecten las buenas intenciones con el veneno de la duda, la duda en Dios.

—¿Qué quieres decir?

Sacudiendo la cabeza, dijo:

—Tiene que ser tu nacionalidad, creo, tu origen, el hecho de ser ciudadano de un Estado del Golfo los hace sentir incómodos. Uno de ellos me advirtió hoy que no eres un creyente en absoluto, que eres realmente un espía de la policía religiosa.

Mi corazón se partió en dos: la sangre me atravesó la cara, me apretó con fuerza detrás de los ojos y se coaguló en un nudo de la garganta.

No pude emitir ningún sonido.

Al sentirme detrás de mí, encontré una silla y me senté, mientras la habitación se derrumbaba.

—Te creo, Ahmed —Andrew se arrodilló ante mí y me miró fijamente con su mirada directa y grave—. Y también lo hacen muchos otros. Todos somos débiles, hechos de carne pecaminosa; y en la búsqueda de proteger las almas que les han sido confiadas, algunos parecen haber recurrido a su propio entendimiento, en lugar de confiar en Dios. Pase lo que pase -añadió, tomando mi muñeca y apretándola con fuerza-, la autenticidad de tu conversión y la naturaleza genuina de tu fe no

## 15 | Oportunidad

dependen de ninguna pertenencia terrenal. Cristo te ha acogido en la iglesia eterna, su novia. Ningún poder del infierno o esquema del hombre puede cambiar eso.

Si parece que estoy recorriendo una vasta línea de tiempo de mi historia, es porque yo soy -los eventos relatados en este capítulo- que tuvo lugar durante un largo tiempo, durante el cual estos puntos destacados seleccionados jugaron el mayor papel en la continua obra de Cristo en mí, produciendo paciencia, perseverancia, confianza y un corazón que podía perdonar ante la injusticia y ser continuamente refinado y recordado para buscar a Dios el poder para hacerlo. La santificación, parecía, no era una cosa de una sola vez; me llevaría a través de esta vida hasta el final, al lugar de la purificación, donde sería finalmente y completamente lavado en la santidad de Jesús, transferido a mí no por el tacto del extremo de su vestimenta mientras me arrastraba detrás de Él, sino más bien en su abrazo, sostenido como un amigo, cerca de su pecho para siempre.

Llegó el momento, pero unos días más tarde se publicaron en el boletín de la iglesia los nombres de aquellos en cuyo caso se votaría pronto la adhesión. Y aunque yo estaba algo aturdido, me sorprendió ver que mi nombre no estaba en la lista, mientras que otros muchos nombres estaban presentes, algunos de ellos pertenecientes a personas que habían asistido solo cinco minutos en comparación con mis antecedentes.

Inmediatamente, fui a buscar a uno de los ancianos.

Había sido rechazado por escrito; quería escucharlo de los labios de alguien.

No pasó mucho tiempo antes de que encontrara el bigote que había buscado.

—¿No aceptas a los ciudadanos de los Estados del Golfo? —le pregunté, haciendo todo lo posible para no dejar que mi dolor hablara.

Era una pregunta totalmente honesta; una afirmativa habría sido al menos comprensible, no una buena respuesta, pero no fuera de una línea de lógica trazable.

—Votamos a las personas cuyo compromiso con esta iglesia ha sido demostrado.

—¿El mío no lo ha hecho? —me sorprendió el estallido de luz al salir de una habitación oscura—. ¡Conduzco trece horas cada semana para llegar aquí!

—Los miembros se comprometen más de un día a la semana —dijo, alargando el cuello—. La pertenencia a la iglesia requiere más participación que la mera asistencia a un solo servicio de culto.

—Eso no es...

Comprobé mi tono, me tragué el resto del comentario y procedí.

—Tanto como puedo, participo. Mi comunión y compañerismo con los creyentes de este cuerpo abarca toda la semana; nos reunimos y leemos la Palabra en la red. Mi trabajo actual y mi situación de vida no permiten viajes frecuentes por este camino.

—Bueno, es más que eso —continuó.

—¿Qué más? ¿Qué más puedo hacer para mostrarte que estoy comprometido con este cuerpo?

—Tu confesión no se alinea con la de esta iglesia.

Mis cejas se arrugaron fuertemente.

## 15 | Oportunidad

—¿Qué parte? ¿El Credo de los Apóstoles? ¡Es el mío! He confesado con mi boca que Jesús es mi Señor, y creo en mi corazón que Dios le levantó de entre los muertos; eso es cierto. Y ahora Jesús está sentado a la derecha del Poder, quien confía en Él no será avergonzado; quien lo confiese ante el hombre, Jesús lo confesará ante el Padre. ¿Qué es lo que no he hecho? ¿Qué es lo que no he dado todavía? ¿Dónde me falta?

Echando sobre mí una mirada perdida, soltó una poderosa flecha del arco de sus labios.

—Tengo serias dudas sobre la sinceridad de tu fe —dijo fríamente—. Y mi responsabilidad es con este cuerpo, no *contigo*. La decisión del consejo de ancianos es definitiva.

Dejando su flecha clavada en mi corazón, pasó por mi lado y desapareció.

Mientras mi cuerpo se balanceaba en la brisa, un mero respiro de caer como un árbol cortado en la base, una voz familiar se levantó de detrás de mí, llevando palabras que me arrebataron del borde y me mantuvieron erguido.

"Pero para mí es algo muy pequeño que yo sea juzgado por ti o por cualquier tribunal humano", susurró la voz de Andrés, leyendo las palabras escritas por Pablo en 1 Corintios 4. "Es el Señor quien me juzga".

Poniéndose delante de mí, Andrew me tomó de los brazos, me miró a los ojos y recitó 1 Corintios 15:10.

—Por la gracia de Dios —dijo, su voz retumbando profundamente y con autoridad —Soy lo que soy, y su gracia hacia mí no fue en vano.

Mientras luchaba como una presa agrietada contra el torrente de emociones que me oprimía los ojos, Andrew grabó una sonrisa en su mejilla.

—Esta es una oportunidad —susurró—. Recuerda lo que crees: que Dios tiene el control. Búscalo ahora y no te detengas hasta que veas su rostro. Sigue mirando —dijo bruscamente, agitando mis brazos con firmeza, y así, sacudiendo una lágrima tambaleante, caerá sobre mi mejilla—. Y sigue adelante. Tus hermanos y hermanas están contigo para siempre.

Diciendo esto, me dio una tarjeta de visita; luego, con una sonrisa, me dio una palmadita en el hombro y se dio la vuelta.

Cuando casi se había desvanecido a la vuelta de la esquina, miré la tarjeta.

"Iglesia Bautista Capital Hill, Washington D.C.; *Iglesias de Fe Biblicamente Edificadas en América*".

Justo entonces oí la voz de Andrew resonando con fuerza por el pasillo.

—¡Vamos!

—¿Adónde vamos? —pregunté, corriendo a su lado.

—¡A América! —dijo, radiante.

—¿AMÉRICA?

América: la poderosa tierra del Oeste, la tierra de los infieles, como siempre la he conocido. La única vez que tuve la idea de ir allí fue en las fantasías de llevar a cabo el trabajo de mis héroes de la infancia y mis parientes, como el 11 de septiembre.

—¡Sí! —respondió, caminando con la cabeza alta a través de las puertas y en la noche—. Alguien allí quiere conocerte.

\*\*\*

Habiendo asegurado dos semanas de vacaciones del trabajo, me subí a un avión con destino a los Estados Unidos. Siendo mi primer viaje al extranjero, estaba ansioso por ver cómo eran los cristianos americanos. Era bien sabido y ampliamente proclamado en su detrimento y descrédito que América es una nación cristiana; y esto dio mucho combustible al argumento musulmán de que el cristianismo era una religión falsa, hedonista, podrida en la corrupción.

—¡Miren cómo se visten sus mujeres! —dirían algunos—. ¡Caminan desnudas, mujeres desvergonzadas!

—¡Tanta riqueza gastada en fornicación e idolatría!

—¡Ni siquiera creen en las cosas que afirman! ¡Y no tienen ninguna devoción a su dios, en absoluto! Solo oran los domingos, nosotros oramos cinco veces al día.

Las perversidades de la cultura americana le gritaron a mi pariente islámico lo que sucede cuando un pueblo se aparta de Alá para adorar al profeta Isa. Y aunque ya no mantenía el mismo pensamiento en el que una vez había apostado mi vida, tenía curiosidad por saber por qué una "Nación bajo Dios" mostraba y exportaba tanto en contraste con la persona de Cristo.

Andrew se había adelantado a mí en los Estados Unidos, mientras yo me dedicaba al trabajo.

Despegando de Riad, la capital de Arabia Saudita, me instalé en un viaje de trece horas sobre la arena y el mar - parecía que mi destino en la vida era asistir solo a esas iglesias a trece horas de distancia de casa.

Mientras el avión avanzaba a toda velocidad por el camino del sol, llevándome de la mañana a la mañana, giré en mi mano la tarjeta de visita que Andrew me había dado.

*Mark E. Dever, Pastor Principal.*

Andrew había hablado a menudo de este hombre, y yo había sido muy bendecido por las enseñanzas que había tenido el privilegio de escuchar. Era mi sincera intención aprovechar al máximo este viaje presentando una queja al Pastor Dever sobre mi experiencia en los Estados del Golfo. Alguien tenía que hacer correr la voz entre los musulmanes conversos, para que pudieran evitar un maltrato similar. Habiendo llegado a amar y respetar al Pastor Dever a lo largo de los años por su poderoso ministerio ungido por Dios, y por la abundancia de alimento espiritual que había ofrecido a través de sus sermones, me sentí confiado de que me escucharía.

Aterricé en el aeropuerto JFK de Nueva York y me subí a un autobús con destino a Washington D.C.

Cinco horas más tarde, fui recibido por Andrew en la esquina de un poderoso edificio de ladrillos rojos, del que salía un cartel de aspecto medieval, que proclamaba en letras doradas las palabras, "Iglesia Bautista de Capitol Hill".

—¿Qué te parece? —dijo Andrew, al liberarme de un abrazo de oso—. Bonito, ¿verdad?

Recuperando el aliento, me las arreglé para murmurar una palabra de afirmación.

—¿Cómo fue el vuelo?

Riéndose, le di un empujón en el hombro y le dije:

—¡No me has traído mi café!

Haciendo un despliegue teatral de ofensa e indignación, declaró:

—¡Mis representantes estaban en cada esquina! ¡Se llama Starbucks!

Compartiendo unas cuantas risas más, subimos los escalones de las grandes puertas de madera.

¡La iglesia era magnífica! ¡Me recordaba mucho a la casa de los pilares blancos!

—Aquí —llegó la voz de Andrew, rompiendo mi transeúnte abriendo la brecha en los rasgos históricos del edificio - los arcos sobre los vitrales, el ingenioso trabajo de molino, la hermosa artesanía.

Mirando hacia atrás, vi un brazo extendido sosteniendo una copa gigante, en la que estaba impreso el logo de sus representantes en la esquina.

—Pensé que podrías necesitar esto —dijo con un guiño; y, juntos, ambos sorbiendo algo de vida en nuestros miembros, atravesamos la iglesia hasta una larga escalera.

Habiendo ascendido, entramos lentamente por una puerta en la parte superior; y allí, recostado en su escritorio y cantando un himno, estaba el Pastor Mark Dever.

—¡Debes ser nuestro hermano de Arabia! —exclamó, levantándose de su asiento y marchando hacia mí con la mano extendida.

—¡Sí, lo soy! —le respondí con entusiasmo; fue una experiencia fascinante ver a una persona que solo conocía de una pequeña pantalla de teléfono cobrar vida ante mí como una persona real.

—Andrew, aquí, me dice que has tenido algunos problemas —dijo mientras nos sentábamos.

No perdí el tiempo; mi queja siguió adelante.

Pero, a medida que pasaba, cada vez me gustaba menos el sabor que se me pegaba en la lengua.

Mi habla comenzó a ser más lenta.

Luego, se detuvo.

Con un suspiro, dije:

—No entiendo. ¡Soy un creyente! ¡He dado mi vida a Jesús! ¿Qué más puedo hacer para demostrárselo a otros que profesan lo mismo? ¿Cómo pueden los cristianos tratar a otros cristianos de esta manera?

No musitó o frotó su barbilla, o lanzó sus ojos al techo para admirar las rayas en la madera mientras formaba un pensamiento. Más bien, me miró a los ojos y dijo:

—El sufrimiento es parte de la vida cristiana. Lo que ha presenciado y experimentado es el trabajo del miedo, haciendo que los cristianos olviden las palabras de Jesús. Lo que has pasado, lo que estás pasando, y lo que espero que sigas pasando, esto es probar y demostrar tu fe.

Un consuelo que no esperaba cayó sobre mí.

No hablaba como un regaño, ni era la versión cristiana de "¡Sé valiente!" Más bien, era como un padre que habla con sabiduría y comprensión a un hijo amado; era como alguien que ha soportado una prueba que su hermano debe ahora afrontar, que se trae a sí mismo de vuelta al lugar que su hermano ocupa ahora, para consolarle, animarle y demostrarle que lo que queda por delante, aunque debe ser afrontado, ha sido afrontado, y que Jesús ha prometido estar a su lado a través de cualquier cosa y de todo.

Esperaba que continuáramos discutiendo el asunto, posiblemente incluso elaborar un plan de juego para mi avance en este juicio. Pero, en cambio, inmediatamente cambió de marcha y me dijo:

—¿Estarías dispuesto a compartir tu historia con los pastores reunidos aquí hoy?

—¡SÍ!

Mi respuesta instantánea me sorprendió incluso a mí mismo.

—¡Maravilloso! Espero una gran participación en la conferencia que celebraremos hoy. Seremos unos 150.

—¿*Cuántos*?

## 15 | Oportunidad

Al segundo siguiente, me encontré de pie antes de la confirmación del recuento "aproximado" del Pastor Dever: 150 pastores, con Andrew al frente y en el centro entre ellos.

Mis rodillas temblaron hasta el púlpito.

Un sudor frío corrió por mi cara de ojos abiertos mientras observaba la masa de extraños, todos con cabezas llenas de más conocimientos bíblicos de los que jamás podría alcanzar.

Hablar en público nunca había sido mi fuerte. Ya había sido bastante difícil orar en la mezquita cuando era joven, estando de pie ante mi familia y vecinos, ¡cuánto más angustioso era estar de pie ante una multitud de caras desconocidas!

—Dios —susurré—, por favor ayúdame. Dame las palabras.

Mojándome los labios, respiré profundamente por las fosas nasales, y exhalé el cuento.

Un crítico que escribiera sobre el primer acto de mi discurso habría notado sin duda el ritmo lento y tartamudo que mantenía mi lengua; sin embargo, si este mismo crítico resistiera la tentación de colgar la pluma y la almohadilla después de esta lenta apertura, ciertamente habría marcado un cambio de balbuceo a bramido, ya que con cada respiración yo respiraba el poder de las alas batientes de un águila, hasta que en la práctica me elevaba por encima de la multitud, gritando mi historia con una audacia y una claridad que no eran las mías.

—¿Y cómo pueden los perdidos llegar a creer en Cristo a menos que escuchen la Palabra de Dios? —pensé, mientras mi discurso improvisado llegaba a su fin—. Jesús dijo: "El que tenga oído, que oiga". Bueno, he visto muchos oídos en el Arabia saudí, incluso allí, la mayoría de la gente tiene dos. ¿Cómo llegarán a creer los perdidos si no oyen? —volví a posar, poniendo tanto énfasis en el punto como mi discurso interrumpido lo permitía—. ¿Y cómo oirán si nadie está dispuesto a ir a predicar? Jesús dijo que el campo está maduro para la cosecha, ¡nos ordena que vayamos! ¿Quién de ustedes está dispuesto a venir conmigo y llevar el Evangelio a Arabia Saudita?

*** 

El pastor Dever me agradeció profusamente por compartir mi testimonio y me invitó al culto del día siguiente. Acepté con gratitud y compartí en un compañerismo muy bendecido con algunos cristianos americanos verdaderamente amantes de Cristo, quienes, aunque el mundo a su alrededor estaba perdido en una búsqueda maníaca de auto-indulgencia, llevaron vidas de acuerdo a la Palabra de Dios y demostraron gran fruto del Espíritu.

Después del servicio, el Pastor Dever y yo volvimos a su oficina, donde rezó por mí y ofreció su último adiós.

—Ya sea en esta orilla o en la siguiente —dijo, tomando mi mano firmemente en la suya—, Dios esté contigo hasta que nos encontremos de nuevo.

Salí de su oficina y me reuní con Andrew en el vestíbulo, en cuyo momento un joven se me acercó.

—Disculpe —dijo, muy respetuosamente—. Me enteré de su testimonio, y solo quería decir que creo que es increíble cómo Dios ha trabajado en su vida.

—¡En efecto, lo es! —le animé, cogiendo su mano en señal de amistad y dándole un fuerte apretón de manos—. ¡Toda la alabanza y la gloria a Cristo! ¡Porque seguramente no completé esta obra en mí!

—Todo el asunto —continuó, una mirada distante de asombro y anhelo en sus ojos—, se puede ver el poder de Dios en todo ello. No se ve un poder como ese aquí.

## 15 | Oportunidad

—¿No lo ves? —dije, bastante sorprendido—. ¿No sentiste el Espíritu moviéndose aquí hoy? ¡Cientos de personas se presentaron para cantar alabanzas a Jesús!

—Estoy hablando de transformaciones radicales. La mayoría de los cristianos aquí han tenido una Biblia toda su vida; es casi un hecho, los hechos de la Biblia no impactan o inspiran como creo que deberían.

—¿Esperas grandes vientos y terremotos y fuego?

—¡Sí! ¡Algo así!

—¿Recuerdas en 1 Reyes 19 cuando Elías fue desalentado por la fe de Israel? Dios le dijo que fuera a la montaña; y vino ese gran viento, seguido de un terremoto, y luego fuego, pero Dios no estaba en nada de eso. Dios vino, más bien, en un susurro.

—¡Pero no es *eso*! —dijo—. Es una especie de apatía, creo; como, el cristianismo casual, o algo así. La gente dice que ama a Dios, pero no creo que nadie haya experimentado realmente su poder. Tal vez si las cosas que te pasaron a ti le pasaran a más gente aquí en los Estados Unidos; tal vez entonces habría algo más tangible que creer.

—Jesús contó una parábola en Lucas 16, en la que un hombre rico muere y va al infierno; desde allí, suplica al cielo que un hombre pobre -que también había muerto, pero fue al cielo- sea enviado a sus hermanos, para que sean advertidos y así escapar de su destino infernal. Pero se le respondió de esta manera: que si sus hermanos hubieran ignorado todas las advertencias que ya se les habían hecho, esto, en nuestro caso, sería la Biblia y las generaciones de personas que la han testificado; si los hermanos del rico no hubieran creído después de encontrar una nube de testigos tan grande como la que ellos tuvieron, nunca creerían, aunque ese pobre hombre se levantara de entre los muertos para testificar. Dios hace maravillas en todo el mundo —continué—. Aquí, por lo poco que he visto, uno tiene mucho con lo que distraerse en el camino a la tumba. Tal vez por eso los grandes vientos y los terremotos e incendios que estallan a tu alrededor solo pueden ser percibidos como susurros, y los susurros solo caen en oídos sordos.

Una mirada de gran tristeza apareció en el rostro del joven.

—Ven —dije, poniendo una mano sobre su hombro—. Ven conmigo a Arabia; ayúdame a predicar la Palabra allí, comparte el amor de Jesús con los que están atrapados en la oscuridad. Te prometo que verás más del poder de Dios en un lugar en el que no puedes más que vivir por la fe.

—¡Qué! —exclamó, sus ojos casi se salen de su cabeza—. ¿Ir a *Arabia Saudita*?

—¡Claro! Te compraré un billete, ¡podemos irnos hoy!

—¡Estás loco! —gritó.

—¡Soy culpable de los cargos!

—¿Y por qué no? —dijo Andrew, arrojando sus dos centavos—. ¡Yo he estado allí! La necesidad es grande y el poder de Dios tan descarnado y presente que nunca más albergarías ninguna duda!

—¡Debes estar loco! —declaró, como si fuera una revelación segura.

—Si estamos "locos" —dije, citando a Pablo de 2 Corintios 5:13—, ¡es por Dios!

## 15 | Oportunidad

Poco después, subí a un avión, solo, con destino a Arabia Saudita y a la montaña de trabajo de construcción del reino que tenía delante.

Mientras subía por encima de las nubes, reflexioné sobre el propósito y el resultado final de este rápido desvío a los Estados Unidos. Mi curiosidad por los cristianos americanos se alimentaba; pero solo había interactuado con gente que profesaba y vivía la Biblia. No había contratado a ninguno de esos tipos a los que señalaba como prueba de la locura y falsedad del cristianismo. Tenía la intención de quejarme de mi forma de encontrar una respuesta de un pastor al que respetaba profundamente, solo para que me pararan en seco y me dieran la oportunidad de hablar. Y hablé, sin tener nada preparado; expuse a 150 pastores las horribles realidades del mundo del que vengo, y les planteé el reto de ir más lejos, ir más profundo y difundir la Palabra en los lugares más oscuros.

Me reí para mis adentros mientras pensaba en el hecho de que me había llevado casi 7.000 millas y un montón de horas recordarme que no debía esperar nada más que problemas de este mundo. Mientras Satanás sea el príncipe de este lugar temporal, seguramente acosará a los seguidores de Cristo por cualquier medio a su disposición. Qué poderosa arma es el miedo, especialmente en mi tierra natal; y los cristianos de allí siempre corren el riesgo de encontrarse con su espada. Así que le rogué a Aquel que ya ha ganado la batalla que aquellos que me habían estado reexpidiendo se liberaran de la esclavitud del miedo, y que nunca más se le negara a nadie el amor de Cristo.

Aún así, ¿podría haber sido eso, me pregunté? ¿7.000 millas, solo para esa lección? Aunque no es nada trivial, ¿tenía tanta razón y comprensión que necesitaba volar a los Estados

Unidos para una rápida lección? Claro, hablar con los pastores había sido una experiencia muy gratificante; y aunque esperaba que se tomaran a pecho todo lo que había transmitido, no se podía negar el hecho de que estaba volando de vuelta a Arabia Saudita solo.

    Acariciando mi cabeza en mi asiento, continué preguntándome mientras vagaba por el cielo nocturno. ¿Cuál había sido el mayor significado de este recado? ¿Había habido uno? ¿Cuál era el propósito de Dios al traerme hasta aquí? ¿Y cómo lo usaría Él para lo que estaba por venir?

# 16
## Colisión

La vida comenzó a cambiar bastante rápidamente. Para empezar, mi pasantía había sido un gran éxito, y me ofrecieron un puesto como médico superior de pleno derecho. Me dieron mi propia oficina, una secretaria... ¡todo listo! Y, de inmediato, choqué de cabeza con un mundo de mucha más responsabilidad y una carga de trabajo mucho más empinada. Pero a pesar de todo, me negué a perder de vista el trabajo más importante de todos: la pesca de almas.

"No todo el que me diga: "Señor, Señor", entrará en el reino de los cielos", dijo Jesús en Mateo 7:21, "sino el que hace la voluntad de mi Padre que está en los cielos".

Esta era mi misión.

Tan pronto como terminaba un turno en el hospital, comenzaba un turno en el campo de la misión.

Y aunque mi ministerio en línea estaba dando resultados tremendos, un hambre ardiente comenzó a agitarse profundamente en mi alma, un hambre de ir a los vastos recovecos del mundo y proclamar el Evangelio a todas las personas. ¡Cómo anhelaba viajar por todos los caminos y cantar el amor de Cristo y la Buena Nueva a todos los que conocía!

Pero, ¿cómo?

¿Adónde?

¿Y cuándo?

Primero abordé el último de estos; y, tomando un permiso de cuatro meses sin sueldo, me lancé a la acción para elaborar una respuesta al primero, buscando en Internet oportunidades a través de las cuales pudiera estudiar la Palabra y entrenarme para ser un evangelista. Intenté inscribirme en clases de secundaria en los EE.UU., pero cada institución con la que me puse en contacto requería recomendaciones de un pastor y que yo probara mi pertenencia a una iglesia. Como todas las iglesias que intenté me habían negado la membresía, no tenía forma de cumplir con estos requisitos, y no podían ofrecer excepciones.

Aunque estaba decepcionado, cuando uno camina con Dios, siempre hay una manera.

Cambié mi mirada del seminario a las organizaciones de ministerios evangelísticos. Desafortunadamente, mis correos electrónicos siguieron volviendo con desalentadores rechazos, casi todos los cuales descreían la veracidad de mi testimonio y mi fe, con algunos negando rotundamente la posibilidad de que alguien de Arabia Saudita pudiera haberse convertido al cristianismo, y mucho menos tener el deseo de ser un evangelista.

Pero entonces, justo cuando parecía que se me habían acabado las organizaciones para intentarlo, me pusieron en contacto con un hombre llamado Douglas, el líder de un grupo de Pennsylvania llamado Juventud con una Misión (JUCUM); y, así de fácil, me puse en camino.

Choqué de frente con el mundo de la evangelización, despegando sin demora y sumergiéndome de lleno; aunque no me sumergí primero en la parte más profunda, se necesitaba algo de vadeo. Mi carrera como evangelista comenzó, como la mayoría, con pasos de bebé; y, en mi caso, había una curva bastante literal en este hecho, ya que mi primera tarea fue enseñar la Biblia a los niños en una Escuela Bíblica de Vacaciones en Pensilvania. Esto lo hacía los sábados; el resto de mi semana la pasaba esparciendo la Palabra en parques, escuelas, universidades, en las esquinas de las calles, ¡lo que sea! Y qué nueva realidad tan salvaje y excitante era esto, poder salir a la luz y proclamar a Cristo, sin tener que mirar por encima del hombro a alguien que se apresura a quitarte la cabeza. Fuimos por todo el país: Maryland, Virginia, Indiana, Kentucky, Arizona, Montana, y tantos otros lugares nuevos y sorprendentes, ¡solo goteando con la necesidad de Jesús!

Un día, muy temprano en mi tiempo con JUCUM, nos separamos en parejas y empezamos a ir de puerta en puerta. Siendo que ya había tenido antes de este punto una experiencia de compartir mi fe ante un gran público, mis nervios aún no se habían aclimatado a la intensidad de hablar en público. Pensando que los americanos serían más receptivos a un compatriota, en lugar de un extranjero sudoroso y tartamudo, me quedé atrás y dejé que mi compañero, Vince, llamara a la primera puerta.

—¡Hola, señora! Yo...

—No me interesa —surgió un fuerte gruñido, seguido de un *SLAM* que me hizo saltar dos pies en el aire.

Para mi asombro, sin embargo, mi compañero se volvió hacia mí y, con un rostro decepcionado pero perfectamente imperturbable y no sorprendido, se encogió de hombros e hizo un gesto para que fuéramos a la casa de al lado.

Después del quincuagésimo *SLAM*, empecé a encontrar que los portazos de las iglesias caseras en Arabia Saudita eran mucho más educados.

Sentado en una acera comiendo nuestro almuerzo empacado, Vince, que no tuvo suerte ese día compartiendo el Evangelio, suspiró y dijo,

—Me pregunto si me equivoco en todo esto —tomando un bocado de su sándwich, meditó por un momento y luego habló a través de una mejilla llena—. Tal vez tendría más suerte en Canadá, ¿sabes? El mismo Jesús testificó que un profeta no tiene honor en su ciudad natal.

Le entendí.

El día realmente había sido bastante infructuoso.

Me pregunté qué haríamos ahora.

Entonces, mientras reflexionaba sobre sus palabras, una gran oleada de coraje se apoderó de mí y, dejando caer mi sándwich, crucé la calle hasta la primera casa que vi.

Llamé a la puerta antes de darme cuenta de lo que estaba haciendo.

Se podían oír pasos que se arrastraban hacia la puerta.

¿Qué *diablos* estoy haciendo?

El chasquido del cerrojo de la puerta me puso de los nervios.

¿Qué es lo que digo?

Lentamente, la puerta se abrió.

Un hombre alto, de constitución americana, estaba de pie ante mí; parecía como si desayunara en las llanuras de frutas con un lado de mar brillante para lavarlo todo.

Lo miré con la boca abierta y los ojos en el borde de sus órbitas.

—¿Y bien? —dijo, su voz me impresionó como un trueno que aplaude desde una nube de tormenta directamente sobre la cabeza.

—Estoy aquí para compartir el amor de Jesucristo contigo —murmuré, mi discurso quedó atrapado en una nota tan plana como un trozo de papel y saturada de mi acento saudí.

El hombre se retiró ligeramente; sus cejas se arrugaron en una, y su boca parecía estar en guerra consigo misma sobre si debía formar un ceño o una sonrisa.

—No eres de por aquí, ¿verdad?

Una ráfaga de aire pasó por sus fosas nasales, su rostro no aclaró si era una risa o una rabieta de dragón.

—Soy de Arabia Saudita —respondí.

—¿En serio? —exclamó—. ¡El país del petróleo! No creo que haya conocido a alguien de... espera, ¿dijiste *Jesús*?

Asentí con la cabeza.

—Pero, usted es de Arabia Saudita. ¿No son todos musulmanes?

—La mayoría de nosotros lo somos, pero yo he renunciado al Islam —esa misma oleada de audacia que experimenté cuando estaba ante los pastores me inundó de repente—. ¡Soy un seguidor de Jesucristo! ¡Dios me ha enviado desde la Meca para hablarles del amor de su Hijo!

—¡Bueno, entra! —gritó, con una mirada muy alegre sobre su cara—. ¡Siéntate! ¡Te traeré un trago, y hablaremos!

El hombre estaba muy ansioso por escuchar mi historia. Presentándola ante él, testifiqué sobre el amor y la gracia de Cristo, ofrecida a todos los pecadores, por la cual les advierte que se arrepientan ahora y no se alejen del don gratuito.

—Te diré —dijo el hombre con una bofetada en la rodilla—, que no todos los días una historia como *esa* llega a tu puerta. Me has dado mucho en qué pensar, eso es seguro.

Vince y yo dejamos al hombre con una Biblia, le agradecimos su generosa hospitalidad y seguimos nuestro camino.

—¡Eso fue INCREÍBLE! —Vince lloró mientras caminábamos por el camino—. ¡Adelante! ¡Toma la siguiente casa!

Y así lo hice, casa tras casa, nadie dio un portazo, y Vince y yo cubrimos milla tras milla proclamando el amor de Jesús a una multitud de oídos abiertos.

Dios me infundió una persistente audacia y coraje, desterrando todo miedo y nerviosismo, dejando mi mano libre para llamar a cualquier puerta sin la más mínima vacilación. Y cuando por fin llegó mi misión final, no había en mí ni un nervio ni remotamente reacio a aceptar.

—Tenemos negocios en California —anunció Douglas durante una reunión matutina—. Nuestra coalición de California tiene un objetivo bastante ambicioso, pero creo que podemos lograrlo. Siete semanas, 22.000 puertas. ¿Quién se apunta?

Las manos mías y las de Vince se dispararon al instante.

—Trabajarás con nuestro líder de California, Thomas —nos dijo a los voluntarios—. Estaré cuidando el fuerte aquí afuera mientras todos ustedes están fuera. Calienten esos nudillos, amigos —añadió con una sonrisa—. Tenemos almas que alimentar.

La soleada California, hermosa, cautivadora, un estallido de colores brillantes, envuelta en el mejor clima que un hombre podría desear, y todo ello saliendo de su fuente de vida, rompiendo sobre el cuerpo como las olas rompiendo sobre esas playas doradas; pero la obra del Señor derrama en mi alma un desbordamiento de vida tan abundante y una seguridad concreta, fortificada con acero, de que estoy cumpliendo el propósito al que fui llamado, de que podría estar en medio de Siberia en pleno invierno, sin llevar nada más que unos pantalones cortos, y estar tan caliente y vivo como me sentí en mis días en la Costa Oeste.

Nuestra misión era ver más frutos de los que caían de los árboles de California. La gente abría sus puertas, nos acogía, escuchaba y muchos llegaban a la fe en Cristo. Incluso celebramos un bautismo, durante el cual cuarenta personas se presentaron para confesar públicamente su fe y dar el paso.

Por lo que parece, las cosas no podrían haber ido mejor.

Pero el enemigo de este mundo no duerme.

Como Pedro dijo en el quinto capítulo de su primera carta, "Estén atentos. Tu adversario, el diablo, merodea como un león rugiente, buscando a alguien a quien devorar".

—¡Hey, Ahmed! —llamó a Vince después de una de nuestras reuniones matutinas, justo cuando estaba empacando para ir a magullarme felizmente los nudillos otra vez—. Thomas quiere verte.

Thomas y yo aún no habíamos tenido la oportunidad de hablar mucho, y mientras estaba ansioso por salir a la calle, aproveché la oportunidad para conocerlo un poco mejor.

—Gracias por venir —dijo, haciéndome señas para que me sentara.

Thomas se parecía mucho a los californianos de los que había oído hablar cuando estaba en Arabia Saudita: pelo rubio arenoso, piel bronceada, bañador, chancletas, camiseta de tiras rosas y azules y gafas de sol de color arco iris.

—No deseo retenerte —continuó—, pero quería reunirme pronto para poder escuchar tu testimonio.

Con mucho gusto, conté mi historia de salvación.

—No buscaba a Dios —dije—. ¿Cómo podría haberlo hecho? Las biblias y las iglesias están prohibidas en Arabia. Pero Jesus estaba buscando a esta oveja perdida. Fue entonces —continué, emocionado por revelar el momento crucial—, que Jesús vino a mí en un sueño. Esa noche, Él...

Antes de que pudiera decir otra palabra, Thomas se levantó de su asiento, como si hubiera sido impulsado por un resorte colocado en él, y salió rápidamente de la habitación.

¿Qué acaba de pasar?

Me senté allí, solo y en silencio, repitiendo la actuación instantánea que acababa de presenciar, haciendo todo lo posible para reconstruir, obra por obra, algo que solo tardó unos segundos en suceder. Una y otra vez busqué un recuerdo de la cara que había estado usando en los momentos previos a su repentina expulsión.

¿Lo había ofendido?

Mi inglés había mejorado mucho en ese momento; sin embargo, todavía no hablaba con fluidez las costumbres y la etiqueta americana. Habiendo hecho tanto trabajo de puerta en puerta e interactuado con incontables miles de individuos únicos, mi educación no había sido escasa. Sin embargo, mi defecto era ser tan educado como sabía ser, y sonreír - cuando eres extranjero, nunca sabes cómo los rasgos faciales, los movimientos de las manos, los tonos, las frases, las garrapatas y los tics pueden ser traducidos de una cultura a otra.

Tal vez había sido mi acento saudí.

Quizás había pronunciado mal algo, lo que le sonaba como una palabra o comentario ofensivo.

Esto no pudo haber sido sobre el sueño, sin embargo, ¿podría ser?

Seguramente, aquí, entre los evangelistas, la gente que ha dedicado sus vidas a difundir el Evangelio, muchos de los cuales han viajado por el mundo y arriesgado sus vidas para hacerlo - seguramente aquí el poderoso poder de Dios había sido atestiguado en una multitud de formas que nada podría ser sorprendente; seguramente estas personas sabían mejor que la mayoría que con Dios todas las cosas son posibles, incluso los sueños.

Seguramente, esto tenía que ser algún tipo de malentendido cultural o lingüístico.

Así que esperé.

Tal vez esto no era nada de lo anterior, tal vez solo fue golpeado por una repentina necesidad de usar el baño.

Tal vez los americanos solo obedecían el llamado de la vejiga sin anunciarlo.

Ya lo veo.

Podría ser visto, culturalmente, como una descortesía anunciar la llamada de la naturaleza; mejor, más bien, simplemente aparecer e irse, sin decir nada a nadie.

Podría ser eso.

Esperé un poco más.

Y luego un poco más.

—¡Ahmed! ¿Qué estás haciendo?

Vince se apresuró a entrar y empezó a sacarme de mi silla.

—¡Vamos! Casi todo el mundo ya se ha ido!

Sin decir nada de la conversación, seguí a Vince hasta el coche que nos llevaría a nuestro vecindario designado. Mis ojos se dirigieron hacia Thomas mientras salíamos corriendo; no lo encontré por ningún lado.

Hacía un calor inusual ese día; el calor flotaba como una presencia amenazadora, sus ojos se clavaban en mi nuca. Pero había sido bien entrenado durante toda mi infancia para esos días, y corrí ansiosamente a todas las puertas que pude encontrar, contándole a todos y cada uno de los que quisieran tener un momento sobre el amor de Jesús.

Vince y yo volvimos mucho después de que el sol se hubiera puesto. Había sido un día tan glorioso y fructífero de servicio a Dios que me había olvidado por completo de los eventos de esa mañana.

Entonces, recibí una llamada telefónica.

—¡Hola, Douglas! —lloré—. ¡Vaya, vaya, California es un lugar maravilloso! ¡Han pasado tantas cosas!

—¿Qué has hecho, Ahmed?

—¿Qué *no* hemos hecho? —exclamé—. ¡En todo el estado, atendiendo a todo tipo de gente, sirviendo a tantas necesidades con la Buena Nueva de Jesucristo! ¡Te digo que 22.000 no son suficientes! Hay muchas más puertas aquí que solo 22.000, y tengo la intención de...

—¡AHMED! —su tono era como una bala, atravesando el globo de mi alegría—. Escúchame un momento. Acabo de recibir una llamada de Thomas. ¿Qué has hecho?

La mañana se me vino encima.

No sabía qué decir.

—Me ha interrogado sobre tu testimonio. Me preguntó si eres un creyente legítimo en Cristo.

Se me cayó el teléfono de la mano.

Golpeando mi espalda contra la pared, me deslicé por el suelo, para quedarme dormido en el extremo opuesto de la habitación mientras se encogía más y más, muy lentamente, en la distancia infinita.

Con el corazón roto, me sentí alrededor de mi teléfono.

Le murmuré algo a Douglas y colgué.

Dejando caer mi teléfono de nuevo al suelo, observé el espacio infinito que tenía ante mí girando lentamente, mientras que la brillante habitación blanca estaba presionada por ambos extremos por un conjunto de poderosas paredes negras, que llevaban consigo un vacío de oscuridad.

—¿Qué más puedo hacer? —murmuré, las lágrimas corrían por mi cara—. ¿Qué más quieren estos cristianos? Querido Dios —oré—, aquellos que no te conocían, la gente que conocí en las calles, me *creyeron*. ¿Por qué no pueden los cristianos? Dios, he perdido a mi familia; me han arrancado una vida de riqueza y comodidad desmesuradas; he dejado mi trabajo para caminar kilómetro tras kilómetro tras kilómetro bajo el sol abrasador, sin ganar nada de dinero mientras estoy fuera; mis hombros están crudos por las correas de mi mochila cargada con la Biblia; mis nudillos están magullados, mis pies hinchados; mi cuerpo está cansado y mi espíritu estirado; y, sin embargo, haría más que esto, ¡porque estos trabajos no se comparan con la cruz que Tú llevaste! ¿Por qué, entonces, esta gente es tan ciega? ¿No hay manera de que mi fruto pueda convencerlos? ¿Seré siempre perseguido por la sombra de mi herencia?

En ese momento, Vince irrumpió en la habitación, con su Biblia bajo el brazo y un papel agitado en el otro.

—¡No hay ni judío ni griego! —declaró, citando Gálatas 3:28—. Tampoco habrá americanos o indios, iremos al festival para reunir más almas en el cuerpo de Cristo.

Hablando así, sacudió ante mí el trozo de papel que tenía en sus manos, anunciando el festival del Día de la Independencia Nacional india, que tendría lugar al día siguiente.

Un milisegundo después, parpadeó y su cara cayó.

—Eh —dijo, sentándose rápidamente a mi lado—, ¿qué pasa?

Tomando el volante de él, me maravillé de los hermosos diseños y colores usados para promover el evento. Una cultura tan vibrante es la de los indios, pensé. ¡Cuánto más brillaría si se iluminara con la luz de Cristo!

—Vince —dije con un resfriado, limpiándome la nariz en la manga—, ¿me crees?

—¿Que si *te* creo?

—¿Crees que soy lo que digo que soy? ¿Un cristiano?

Vince soltó un fuerte grito de risa.

—Bueno —se rió—, si no lo eres, seguro que eres una buena persona, sea lo que sea. Más que eso, si no eres cristiano, tendría que preguntarme qué hace Dios residiendo en el corazón de alguien que no es suyo.

—Entonces —dije con una sonrisa, mientras llovían más lágrimas por los demás—, digamos también que no hay ni judío ni griego, ni americano, ni indio, ni saudí, porque todos somos uno en Cristo.

Poniéndose de pie, Vince bajó una mano.

La tomé con gusto y me levanté del suelo.

—Ahora, amigo mío —dijo, echando un brazo sobre mi hombro y tirando de mí con fuerza hacia su lado—, vamos a hacer la obra de Dios, ¿eh?

\*\*\*

Nuestro grupo caminó entre un gran desfile y una exuberante celebración de cantos, bailes y música fantástica y animada, moviéndolo todo con gran compulsión desde el interior de corrientes arremolinadas de blanco prístino, adornadas con cintas de naranja y verde. Contra la corriente de esta alegre conmoción, nuestro grupo chocó con la corriente de la cultura; y, antes de que el día terminara, muchos habían cambiado el orgullo de naranja y verde por el carmesí puesto por aquellos que se encuentran en Cristo como un manto de graciosa justificación ante un Dios santo, volviéndose contra la corriente por la vida del Hijo, río arriba de este mundo.

Nos encontramos con un grupo de sacerdotes hindúes repartiendo copias de sus libros sagrados. Atraídos por un gran imán, ofrecí a cada hombre una Biblia a cambio de sus folletos y comencé a compartir la Buena Nueva. Mi equipo y yo los guiamos a través de los Evangelios, ¡qué increíble ver a estos hombres leyendo la santa Palabra de Dios, la mayoría por primera vez!

Mientras hablábamos, mi ojo vio a un hombre grande, muy distinguido y de aspecto digno que caminaba entre la multitud, con la cabeza mirando por encima de los juerguistas, con una apariencia muy severa y fijada en su propósito y dirección, sus ojos estaban velados detrás de un gordo conjunto de gafas de sol oscuras; en su camiseta, llevaba el arte caligráfico de la escritura árabe.

Me apresuré a acercarme al hombre, me puse en su camino y miré la atmósfera, desde la cual su mirada cayó sobre mí con la fuerza de un gran deslizamiento de tierra.

—Disculpe, señor —dije, o más bien grité, ya que el desfile era bastante ruidoso y sus oídos estaban entre las nubes—. Su camisa dice "Paz"; pero esto es escritura árabe. ¿Por qué en árabe y no en hindi?

Levantando el tronco de su brazo, se quitó las gafas de sol para dejar caer sobre mi cabeza como una piedra una mirada de fastidio.

Hablando en tono cruzado y con un borde afilado y severo, dejó escapar un sonido como el batido de las aguas más profundas.

—¿Y quién eres tú?

Gritándole mi nombre, le dije:

—¡Soy un médico de Arabia Saudita, y estoy aquí compartiendo el amor de Jesucristo con todos los que conozco!

Antes de que pudiera preguntarle su nombre, me miró con fiereza y escupió un rayo de sus labios:

—Eres un mentiroso.

Mientras pasaba a mi lado, suspiré y le oré una oración.

—¿Cómo te fue? —dijo Vince, acercándose a mí desde atrás.

Aparentemente había visto toda la conversación, por lo que sus palabras fueron más compasivas que esperanzadoras.

—Eso es escritura árabe en su camisa —respondí—. Pensando que podría tener alguna conexión con ese mundo, le dije que soy un cristiano saudí.

—Y él no te creyó.

—En realidad, en este punto —me encogí de hombros—, No puedo culparlo. Me llamó mentiroso. Qué raro —añadí, rascándome la cabeza—; me conoce desde hace no más de treinta segundos, y ya está tan seguro de que me acerqué a él solo para ofrecerle una mentira.

—No dejes que te deprima —dijo Vince, dándome una palmadita en la espalda—. No podemos forzar a la gente a que nos escuche; Dios debe abrirles los oídos. Jesús nos ordena que vayamos, y eso es lo que tú hiciste: fuiste, y, dijo apretando los labios, "evidentemente, él también.

—Es tan extraño —dije, aún desconcertante—. ¿Un hombre que lleva un escrito árabe en un festival indio? Y yo, el único entre nosotros que podía leerlo, me encuentro con ese hombre, aquí, entre tal multitud, solo para ver que no sale nada de él...

—Si te sirve de consuelo —respondió—, sé que no fue nada.

—¿Cómo así?

—Bueno, estoy seguro de que cuando vino aquí hoy, su mundo era tan normal como siempre lo había sido.

—¿Ok?

—Sin duda le diste una imposibilidad de reflexionar sobre lo que considera una imposibilidad, de todos modos —se rió—. ¡Apuesto a que nunca pensó que escucharía las palabras "cristiano" y "saudí" emparejadas como una sola! ¡Has introducido una anormalidad en su normalidad! Dios puede hacer mucho más con mucho menos, ¿eh?

Y, así, fuimos con gusto a la obra del Señor, poniendo ante las masas la rampa de salida en el camino recto y estrecho de la furiosa autopista que se vaciaba en una oscuridad eterna.

Cuando nos reunimos al final del día, un hombre se acercó a mí por detrás, tocándome en el hombro.

—¿Quién eres? —preguntó apresuradamente, incluso antes de que me diera la vuelta—. ¿De dónde vienes?

Mi corazón retrocedió.

Tragándome mi renuencia a mencionar la repelente palabra de mi origen, respondí:

—Me llamo Ahmed. Soy de la Meca, Arabia Saudita.

## 16 | Colisión

—Ven a hablar a mi iglesia mañana —dijo el hombre, hablando tan rápido que parecía que no había tardado ni un momento en procesar mi respuesta.

—¿Perdón?

—Por favor —insistió—. ¿Vendrás?

—Sé que mi acento es bastante marcado y que mi inglés es pobre —respondí—. Dije que soy de *Arabia Saudita*.

—¡Sí! —se rió—. ¡Eso es exactamente lo que dijo Aarav!

—¿Quién?

—Dijo que habló contigo hoy.

—Hoy he hablado con mucha gente.

—Un hombre alto... te acercaste a él por su camiseta.

—¿*Él*?

¡Estaba atónito!

¿Cómo puede ser que un informe de *ese* hombre haya resultado en una invitación para hablar en una iglesia? ¡Me había llamado mentiroso! ¿Quién oye hablar de un mentiroso y dice: "Oye, me encantaría que ese tipo hablara con mi congregación"?

—¡Sí! —dijo, riéndose aún más—. ¡Vaya, se pasó el resto del día mirándote, qué gracia que Dios haya puesto su cabeza en un nido de cuervo! En lo alto de la multitud, su mirada te siguió; ¡durante horas te vio compartir el Evangelio! Ver a un saudí hablando tan audazmente sobre lo que le costaría la cabeza en su ciudad natal, por favor, dime que vendrás.

Una multitud de mariposas revivieron en mi estómago y comenzaron a revolotear frenéticamente por todo mi cuerpo.

—¡Estaré allí! —grité con un cinturón de todo corazón que probablemente me partió algunos tímpanos; y salí en un sprint para contar a mis amigos lo que había sucedido; sin embargo, a mitad de ese sprint, me detuve y volví corriendo para agradecerle profusamente al hombre la oferta y para pedirle indicaciones para llegar a la iglesia.

Acariciando mi rincón estrecho en el cuarto trasero de la iglesia, que había sido mi hogar durante las últimas semanas, temblé y me estremecí con una excitación explosiva, esperando ansiosamente la mañana. Y cuando llegó, corrí a la ducha -una manguera detrás de la iglesia- y me di un baño de hielo. ¡Pero el frío no podía morderme hoy! ¡No, señor! Porque mi cuerpo y mi espíritu ya estaban en la dirección que me había estado repitiendo toda la noche.

Vestido, con el pelo y la barba peinados, los zapatillas atadas y un puñado de caramelos de menta en el bolsillo, me dispuse a correr a la iglesia, solo para encontrar al hombre que me había invitado sentado en su coche, esperando para llevarme. ¡Otra bendición! Y muy buen sentido por su parte, ya que seguramente reconoció que mi historia podría ser mejor recibida si mis palabras no estuvieran también acompañadas del rancio hedor del sudor de una carrera de varios kilómetros.

Llegamos y nos sentamos en primera fila; y luego, cuando los músicos se reunieron para comenzar el servicio, se presentó ante nosotros un hombre grande, muy distinguido y de aspecto digno, con la cabeza mirando por encima de los adoradores, mostrándose muy tierno y pacífico en su propósito y posición, sus brillantes ojos marrones brillando con una luz celestial mientras guiaba a la congregación en el canto.

Había sido un error haber tomado una menta tan temprano al llegar; se me cayó de la boca al segundo de verlo.

Cuando el canto terminó, me dieron una introducción y me invitaron al púlpito, donde me paré frente a una multitud de rostros ansiosos y proclamé mi testimonio de la salvación de Cristo.

—Ser un embajador de Cristo en este mundo rebelde es una locura para aquellos que se sienten cómodos en la seguridad que usan los principados y poderes de esta época malvada para pacificarnos", dije, acercándome al final de mi discurso, "para mantener a los cristianos viviendo solo de la leche de las Escrituras, sin crecer nunca para consumir la carne verdadera, causando atrofia en nuestros músculos espirituales - ¡fuimos temerosa y maravillosamente hechos para un trabajo más grande que las proclamaciones a través de palillos, camisetas y brazaletes con el nombre de Jesús en ellos! ¡Estamos llamados a algo más que a la iglesia los domingos! ¡Hay una gran necesidad en mi país! —Dios estaba fortaleciendo mis nervios, mi audacia al hablar ante los demás se convertía en una característica cada vez más extraña para el hombre que había sido—. ¿Quién se unirá a mí? ¿Quién irá a Arabia Saudita para alcanzar a los perdidos? ¿Quién se pondrá a mi lado y predicará el Evangelio de Cristo sin miedo?

Incluso antes de que terminara de exponer mi serie de preguntas, los cuerpos empezaron a salir de sus asientos.

—¡Yo iré! —gritó uno.

—¡Yo también! —gritó otro.

—¡Déjame ir también!

—¡Sí! ¡Sí!

—¡Estoy dentro!

—¡Hagámoslo!

—¡Por Cristo y su reino! ¡Revivir para Arabia Saudita!

¡Nunca había visto tanto entusiasmo! La respuesta fue ruidosa, explosiva; ¡estaba viva y en pleno apogeo! Y se agitaba por el lugar como un poderoso viento, que se elevaba por los cuerpos de los valientes y audaces en Cristo, rompiendo con tal fuerza que no pude evitar tambalearme cuando se estrelló contra mí.

—¿Qué debemos hacer? —preguntó uno de los presentes.

—¡Sí! ¿Cómo llegamos allí?

—Primero —respondí, limpiando de mi cara una involuntaria lluvia de lágrimas—, debes solicitar un visado para la Meca, no es fácil de ninguna manera, pero servimos a un Dios poderoso. ¡Nada es imposible con Él! Serás como Pablo —continué—. Como ciudadano romano, se le concedieron privilegios en su tiempo y lugar, que no se conceden a otros; lo mismo ocurre con los americanos que van a Arabia. Los obstáculos son muchos. Pero, cuando Dios te lleva sobre ellos, el gobierno te concede un visado de cinco años; la mayoría de los demás viajeros solo tienen dos años, como máximo.

—¿Y cómo hacemos para compartir nuestra fe? —preguntó otro.

—¿Nos conectarás a los movimientos cristianos clandestinos?

—¿Qué hay de la Sharia? ¿Cómo predicamos a Cristo cuando el cristianismo está prohibido?

—Bajo la ley Sharia —expliqué—, es apropiado que uno pregunte a un extranjero, "¿Cuál es su fe?" De la misma manera, es perfectamente apropiado responder de una manera honesta que comparta el amor de Jesús, esto sorprendentemente no es una violación. Una pregunta sincera puede ser respondida con una respuesta honesta sin violar la ley; esto es una grieta en el tejido de esa ley, y una puerta abierta de par en par para el cristiano.

Cuando el servicio había concluido, estos voluntarios ansiosos se acercaron a mí y les expuse el proceso y las oportunidades. Después, oramos para que la bendición de Dios estuviera sobre el grupo que había respondido al llamado; y luego, como una unidad unida por la fe y la determinación de difundir la Palabra, salieron corriendo del edificio para iniciar sus aplicaciones.

Elegí volver a la iglesia donde me quedaba; el Espíritu Santo había llenado tanto la iglesia ese día y reavivado mi esperanza que quería estar solo para hablar con Dios.

Pero antes de que pudiera llegar a la puerta, fui golpeado en el hombro por lo que parecía una bolsa pesada de boxeador.

Girando, me encontré cara a cara con la parte inferior de una larga corbata azul. Lentamente, mis ojos la trazaron hacia arriba; y allí, en la cima, vi el rostro del hombre que había visto con la camiseta de "Paz" y que dirigía la adoración ese día.

Sus ojos eran rojos y pesados.

—Por favor, perdóname —lloró—. Te llamé mentiroso. Dudé de tu fe. Estoy tan avergonzado. ¿Me perdonarás alguna vez?

Echando mis brazos alrededor del tronco de su cuerpo, solté un alegre sonido de ansiosa alegría.

—¡Claro! ¡Cristo nos ha hecho hermanos, y yo te amo!

—Nunca hubiera imaginado que un intelectual saudí llegara a conocer a Jesús —dijo, una vez desenganchado de mi abrazo—. Yo también soy médico —añadió—. Del Colegio de Medicina de la Universidad de Stanford. Soy profesor de investigación allí. Y he conocido a muchos saudíes como tú: médicos, intelectuales. Son tan duros con la verdad, tan resistentes. Seguramente —dijo, con un suspiro de asombro—, no podrías haber sido diferente, pensé. O un mentiroso o la prueba de lo imposible.

Tomando su mano en señal de amistad, sonreí y cité a Jesús de Lucas 18:27.

—Las cosas que son imposibles para los hombres —dije—, son posibles para Dios.

***

El Hijo se había mostrado brillante en California, como en la multitud de lugares de todo el mundo a los que llevaría mi camino, financiado por un salario sustancial y generosos permisos de tiempo libre. Durante los muchos años de mi carrera doctoral, visitaría ciudades conocidas y remotas, algunas con abundantes riquezas, otras indigentes; en ciudades relucientes, en medio de la nada; en todo el mundo árabe, en cuevas y desiertos, entre los ignorantes y los hambrientos, los ricos y los perseguidos, los necesitados y los orgullosos; entre los terroristas y los pacificadores; en África y Filipinas, y en toda China, aprendiendo las culturas y costumbres de las personas que allí habitan, en lugares conocidos y en lugares olvidados, compartiendo el amor de Cristo, y a través del mensaje del Evangelio que los aleja de la violencia y la idolatría, del espiritualismo y de otros males arraigados, al Salvador de la humanidad. Y cada vez que aterrizaba de nuevo en Arabia, el frío viento de la oscuridad, sin falta, se ha dirigido hacia mí y ha chocado como una jabalina con mi espíritu; pero yo estaba siempre tan lleno del calor de la mano de mi Salvador, que se había movido tan poderosamente en mis viajes, y del que ninguna fuerza del infierno podía arrebatarme, ni me impedía el poder, el amor y el gozo de Cristo que se encontraba en él.

Esto, sin embargo, no fue por falta de intentos.

Mis amigos de California se estaban preparando para su viaje a las arenas hostiles, sus visados fueron finalmente aprobados, y yo simplemente no podía esperar a compartir la noticia con mis hermanos y hermanas en Cristo que viven en los Estados del Golfo, ya que mi rechazo en la primera iglesia, había visitado muchas otras becas en la zona en y alrededor de Dubai, haciendo un montón de amigos para siempre. Trece horas conduje, mi copa rebosaba del amor de Jesús y una emoción infantil por estar de nuevo al volante de mi hermoso todoterreno de nueve plazas. Andrew no estaba allí esta vez para traerme café, pero no importaba, el Espíritu de Dios estaba tan vivo en mí que sentía que podía correr en círculos alrededor de la tierra y no cansarme nunca.

El viaje pasó en segundos, y el servicio de culto se aceleró aún más. Casi tan pronto como llegué, me encontré de nuevo en mi coche, preparándome mentalmente para otra caminata de trece horas a través del desierto. A toda velocidad por la carretera principal, repetí una y otra vez la confraternidad que acababa de disfrutar, estudiando con entusiasmo los rostros de mis hermanos y hermanas: esos rostros brillantes, alegres y cariñosos que se apoderaron de mi corazón en el momento en que los vi, y que se iluminaron aún más al escuchar a los americanos de California que habían respondido a la gran comisión. Sin haber pegado un ojo desde la primera vez que subí al coche, este alegre reflejo fue una fuente de energía muy querida, y me quedé satisfecho con los pensamientos del Señor y sus grandes obras, mientras la interminable carretera pasaba por debajo de mí.

Un solo instante cambió todo eso.

En un momento estaba corriendo por la carretera; al siguiente, mi coche se había detenido, las cuatro puertas estaban abiertas, y un mar de manos inundaba desde todas las direcciones, agarrándose a mí y tirando tercamente a su manera, cada uno luchando con los demás, pareciendo salvajemente dispuesto a arrancarme un trozo de carne de recuerdo de mi cuerpo.

Un solo par de manos, sujetas a las solapas de mi camisa, finalmente prevalecieron, y fui sacado del coche como un muñeco de trapo y arrojado violentamente al suelo como un saco de arena, mi cara presionada con fuerza en la tierra, como si las manos que me dominan trataran de enterrar mi cabeza sin una pala.

Gritos de rabia estallaron por todas partes y oí el frenético tintineo de las cadenas que corrían por detrás de mí; estaba esposado y tenía grilletes de hierro en los tobillos.

Elevado del suelo como un cerdo ensartado, me metieron en un coche y me llevaron al Departamento Central de Investigación Criminal, donde me arrastraron a una pequeña habitación, no más grande que un baño común, me arrojaron a una silla, mi aturdida cabeza apuntó a una cámara y me sacaron una foto. El fotógrafo salió a toda velocidad de la habitación y me tomaron las huellas dactilares.

Aún no se me había declarado ningún delito.

No podía distinguir la izquierda de la derecha ni la arriba de la abajo; el mundo se había convertido en un caótico laberinto que giraba como una cima, y yo me tambaleaba en medio de él.

Entonces, un gran oficial entró en la habitación.

Respirando como un león, resopló una ráfaga de llamas y gruñó,

—¿Cuál es tu propósito aquí?

El shock me había robado momentáneamente el habla; no podía recordar cómo usar mi lengua para formar palabras.

—Te hemos estado observando —gruñó—. Tu plan de cruzar a Dubai... ¿cuál es tu propósito?

No mientas, me grité a mí mismo, ¡pero sé prudente!

—Vengo los fines de semana a ver a mis amigos —respondí, después de un laborioso murmullo.

Con una mirada ardiente en mis ojos, el oficial se adelantó, casi presionando su nariz contra la mía, y siseó, "Tenemos cámaras por todas partes. ¿Realmente crees que no sabemos lo que has estado haciendo todo este tiempo?"

Mis ojos se pusieron blancos.

—¿Saben dónde he estado?

—¡Sí! —se quebró, su mandíbula se agarró como la de un cocodrilo, enviando chispas que salían de sus dientes—. Y tú —escupió con un brillo burlón, mirándome—, ¡un ciudadano saudí! No creo que necesite recordarte lo que les pasa a los desertores del Islam.

No lo hizo y de hecho no lo necesitó hacer, pero el punto fue hecho, como un tren de carga que choca a toda velocidad con mi cuerpo encadenado e indefenso, el sabor amargo de la realidad y el frío del ártico se filtró a través de mí.

El aliento ruidoso de la muerte se condensó a lo largo de mi piel de gallina, deslizándose lentamente como un áspid sibilante sobre mi hombro mientras continuaba el interrogatorio. Respondí rápidamente, brevemente, o no respondí en absoluto, teniendo cuidado de no mentir, pero también de evitar que se aferraran definitivamente a lo que sospechaban que estaba escondido dentro de mí.

Finalmente, el oficial pareció cansarse y frustrarse de mis respuestas vagas.

—¡Levántenlo! —ladró—. Dejen que el doctor descanse un poco mientras revisamos su agenda... para ver si le ponen las próximas inyecciones.

Con un movimiento de su mano, me arrastraron a una pequeña celda, donde me dejaron reflexionar sobre las últimas palabras del oficial.

Inyección.

Seguramente, si pudieran determinar que soy un musulmán convertido en cristiano, de acuerdo con la Constitución de los Emiratos Árabes Unidos (EAU), sería condenado a muerte. Lo sabía muy bien. Mientras que la Constitución de los EAU provee cierta libertad religiosa, esto no está ampliamente definido. Un cristiano puede practicar el cristianismo; los cristianos pueden incluso reunirse en lugares de culto; y no hace falta decir que un cristiano puede convertirse al Islam; pero nadie puede intentar difundir el cristianismo entre los musulmanes, ya que el Islam es la religión oficial. Y cualquiera que se convierta del Islam a otra religión es culpable de apostasía, y será sentenciado a morir por inyección letal.

Pasaron horas y oré para que Dios calmara mi cuerpo, para que dejara de temblar; no quise darle un punto de apoyo al mal que posee esta parte del mundo porque tenía miedo.

## 16 | Colisión

Oré para que alguien supiera de mi encarcelamiento, y que me visitara, solo para que pudiera ver a un hermano o hermana cristianos, tocar sus manos, sentir el calor de su amor, antes de que mis acciones fueran descubiertas por los oficiales de inteligencia que deambulaban fuera de mi celda, lo que llevó a mi salida de este mundo. Y entonces, mientras miraba mi muerte, una vez más, susurré una oración de agradecimiento a mi Jesús por el tiempo que me había dado para predicar su Palabra, después de haber desperdiciado tanto de mi vida expulsando alientos dados por Dios en la arena a los pies de una mentira.

Mientras decía "Amén", el mundo a mi alrededor se quedó en silencio.

—Mira, aquí —dijo una voz débil en la distancia.

Algo así como barajando papeles seguía, luego un gemido y una palabrería apagada.

—Están por toda California, Pensilvania, la capital, incluso Nueva Zelanda y muchos otros países.

—Es arriesgado —dijo otra voz suave.

Algunos sonidos inaudibles bailaron alrededor de mis oídos en círculos agravantes, reacios a hundirse en mis tímpanos.

Más murmullos, y luego lo que sonaba como "No vale la pena", me clavó como una aguja.

Luego escuché palabras como "protesta", "grito", "global", mi cara se estrelló contra los barrotes en ese momento, mis mejillas sobresalían unos 15 centímetros en el pasillo. Y estaba tan preocupado por desenredar los sonidos de la proximidad y la estática de la atmósfera que un repentino sonido de *chasquido* se registró en mi cerebro como un nuevo y extraño discurso que necesitaba desesperadamente descifrar;

fue seguido de un *chasquido* y un *estruendo*, y luego un "¡Oof!" de mi parte cuando la puerta de la celda se abrió de golpe y me encontré a los pies del oficial y sus hombres.

—Vamos a hacer un trato contigo —dijo severamente, después de que me arrastraran de nuevo a la sala de interrogatorios—. Deja Dubai. No vuelvas nunca más, haz esto, y vamos a mejorar la situación.

Más bien sorprendido, disparé mis ojos a la izquierda y a la derecha, y luego volví al oficial, mirándolo fijamente para ver si todavía era de carne y hueso, y este momento estaba presente y no era un sueño.

—¿Eso es todo?

Tenía que haber algún tipo de trampa.

—Marca este documento con sus huellas dactilares —dijo, empujando un trozo de papel ante mí, mientras otro hombre se acercaba a mí con una almohadilla de tinta—. Dice claramente que no asistirás a ninguna reunión sospechosa.

Aunque la situación era muy grave, mi corazón se rió mientras repasaba las palabras impresas en la página que tenía delante.

Una sonrisa creció en mi corazón, y felizmente apreté mis dedos firmemente sobre la página… ¿por qué demonios es tan sospechosa una reunión cristiana?

Con la conciencia tranquila, me limpié la tinta de los dedos y pregunté:

—¿Harías una copia de eso para mí?

—¡No! —me dijo, y luego ordenó que me devolvieran mis efectos personales.

Como Dios manda, mi teléfono fue devuelto antes de que el documento fuera recogido.

El oficial se giró para hablar con alguien; otro oficial miró hacia abajo para agitar su cinturón; otro dejó caer algo y se agachó para recogerlo.

La ventana se había abierto.

*¡A tomar fotos!*

Para cuando todos los ojos volvieron a mí, había metido el teléfono en el bolsillo, una foto clara y nítida de cada documento que estaba sobre la mesa. Incluso me las arreglé para sacarlo de nuevo y tomar algunas fotos de mis interrogadores. Y estas evidencias que aún poseo para demostrarle al mundo que Dubai y los Emiratos Árabes Unidos se jactan de sus libertades, mientras que en el fondo sus ciudadanos no conocen ninguna de ellas.

Cuando fui liberado, inmediatamente conduje a la casa de mi amigo holandés Chris, que vivía en Dubai en ese momento.

—¡Entra aquí! —susurró bruscamente, mientras yo corría hacia su puerta.

—¡Está bien! —exclamé, tratando de calmar sus nervios obviamente tensos, pensando que lo había alarmado cuando llamé antes de llegar.

Me agarró del brazo, me metió dentro y dio un portazo, y juntos nos fuimos a otra habitación. Allí, en la oscuridad, se apartó de una esquina de la cortina y me hizo señas para que me asomara fuera.

Al final de la calle había un coche parado, lleno de siluetas.

—¿Lo ves?

Tarareé mi afirmación.

—¿Lo reconoces? ¿Lo ha visto antes?

El coche era corriente, pero su presencia me contagió un escalofrío.

—Estaba mirando por la ventana para su llegada. Ese coche se despegó lentamente a la vuelta de la esquina; con mucho cuidado se deslizó, en el momento en que te detuviste, se detuvo.

—Policía secreta —respiré.

—Te han seguido.

—No me quedaré —dije, y rápidamente salté para irme.

—¡No! —gritó, agarrándome por los brazos—. No estoy en peligro por los hombres, ¡mucho menos por ellos! Descansa aquí un poco, te traeré algo de comer.

—Mi turno comienza en menos de veinte horas —le respondí—. Todavía tengo medio día por delante. No debería haber venido.

—¡Tonterías! —declaró—. Donde dos o más se reúnen en mi nombre, dice el Señor, allí estoy yo con ellos! Somos dos, ¿no? Estamos reunidos. Él está aquí. Estamos bien. Comamos.

Me quedé con él una hora más, contándole cada detalle de lo que había pasado, y mostrándole las fotos en mi teléfono.

Tomando mi mano, empezó a orar fervientemente por mí para que me proteja y para que los propósitos de Dios sean obrados a través del mal que me seguía.

Revivido en cuerpo y espíritu, volví a mi coche y miré por el espejo retrovisor todo el camino de vuelta a Arabia.

—Entonces, ¿no volverás esta semana? —preguntó uno de los líderes de la iglesia de Dubai, a quien llamé antes de empezar mi turno para explicar los recientes acontecimientos.

—¡Claro que voy a volver! —le dije sin pensarlo, ¡qué idea tan absurda! ¿Crees que un trozo de papel me impedirá adorar a Jesús? ¡Ni siquiera la amenaza de muerte me detendrá!

Hasta que Dios no haya terminado conmigo, ningún hombre puede tocarme.

—Cuando llegues —respondió, la gravedad de su voz tan pesada que casi hizo que el teléfono se me escapara de la mano—, nos aseguraremos de que estés bien escondido. Hay una entrada secreta; te llevaremos por ahí. Te llamaré más tarde esta semana con los detalles.

***

Lo que es normal en América es una fantasía en Arabia, y lo que es normal en Arabia es una pesadilla despierta; solo que aquellos que están perdidos en la oscuridad que es la garra del Mal, agarrados por la garganta de mi tierra natal, están tan hundidos en el sueño del Engaño que no pueden despertar para ver los horrores por los que vadean; y aquellos que aún tienen ojos para ver permanecen encerrados en el refugio de las mentiras, donde pueden disfrutar del canto de los pájaros libres en vuelo, sordos a los gritos de mi mundo. Así como yo volví a chocar con esa realidad -las grotescas atrocidades que habían sido parte común de mi otrora contenta y normal existencia- también todos los que escuchan mi historia deben chocar con el pueblo; no solo con una religión o un gobierno, ni con los agentes de los mismos; sino las verdaderas creaciones de carne y hueso del Dios Todopoderoso, los vagabundos olvidados de todos los días, que sufren a diario, sin fin, en contra de la libertad que se encuentra en Cristo, atrapados bajo el velo que arroja la maldad de esta tierra, oculta por el desbordamiento del negro, oro líquido que burbujea desde el suelo hasta el confort del poder y la riqueza, engañado por las negaciones y la corrección política que pintan de rosas lo que ha sido manchado con la sangre humana regando incluso ahora la arena de Arabia Saudita y de todas las naciones que suplan el veneno del Islam.

Doblé la esquina del hospital, frotándome la somnolencia de los ojos, cuando a través de la puerta irrumpió una joven mujer, luchando con un gran bulto que le colgaba del cuello y arrastrándose por el suelo a su lado; chocamos bastante violentamente, ya que ella tenía bastante prisa.

Alargando la mano para estabilizarla, noté que mi abrigo blanco se había teñido repentinamente de rojo.

Mis ojos se fijaron en ella, y fue entonces cuando me di cuenta de que el bulto respiraba; tenía un brazo sobre los hombros de la joven, que goteaba sangre por todo el suelo, mezclada con las gotas de sudor que caían de las puntas del burka de la joven sobre sus andrajosos y ensangrentados pies; ciertamente había cubierto a pie la gran distancia que había recorrido.

—Ayuda —jadeaba, apenas podía hablar—. Madre.

El personal de emergencia ya había sido alertado; pasaron junto a mí incluso antes de que terminara de hablar.

Mientras colocaban cuidadosamente a la madre de la joven en una camilla, la aparté.

Pero no hablamos.

No había que hacer preguntas.

Porque había visto a su madre antes, como había visto a muchos como ella; y sus historias son todas iguales.

En la camilla, la mujer convulsionó cuando la sangre le brotó de la frente; sus ojos se revolvieron en sus órbitas, corriendo por todas partes; chorros de sangre salieron de su boca; y mientras su mandíbula parloteaba y gemía, gritando aterrorizada nada a los fantasmas que se arremolinaban a su alrededor, pedazos de dientes se rompieron y bailaron por el suelo.

De repente, me llevaron a mi tiempo como interno, un día en que, como parte de mi entrenamiento, me asignaron a un equipo de respuesta a emergencias.

Un vecino había hecho la llamada, informando de un disturbio gritando, maldiciendo: una gran conmoción de sonidos parecidos a los de la guerra.

—Apártese —dijo un oficial de policía, cuando su llamada no recibió respuesta.

Tirando de un ariete, la puerta se soltó de su marco, y yo lo seguí inmediatamente después de él.

Mientras el polvo de la puerta se despejaba, percibí en el cuarto oscuro delante de mí un hombre grande. Enmarcado por un lado por la luz blanca que entraba por la ventana con velo que tenía detrás, tenía la mitad de la cara pintada de negro; un contorno plateado recorría su borde. En la otra mitad de su rostro, pude ver ojos rojos, alrededor de los cuales se había rociado un punto carmesí. Sus dientes nacían, anchos y desgarrados, en la horda que se precipitaba por su puerta; esos colmillos secretaban jugos salvajes sobre su boca mientras sus labios gruñían a su alrededor. Sus hombros estaban encorvados hacia adelante, gruñía con cada aliento largo y pesado. Tenía las manos apretadas con los puños blancos y duros; las puntas de los nudillos chorreaban sangre. Había cristales rotos a sus pies; lámparas, jarrones y otros objetos domésticos rotos estaban esparcidos por el suelo. Cuando la policía se acercó a él, seguí un charco de sangre que fluía rápidamente hacia la entrada; era espeso y oscuro; mechones de pelo flotaban perezosamente con la corriente.

Allí, al final del charco carmesí, la encontré.

No respondía.

El tono de su piel era negro, azul y púrpura, solo se podían ver pequeños parches de su color natural.

Su nariz estaba torcida, sus ojos estaban hinchados y tapados; temblaba mientras la sangre brotaba de su cara y de su boca, mezclada con los sonidos ásperos y laboriosos de una tráquea aplastada.

¿Qué otra cosa sino un animal salvaje podría haber reducido a una mujer a tal estado?

Mientras mi equipo y yo trabajábamos para estabilizarla, para sacarla del borde de la muerte, mis ojos miraron hacia arriba para ver al hombre gigante que se asomaba en un rincón de la habitación.

Un oficial de policía estaba a su lado mientras el hombre se limpiaba los puños con un trapo.

No se dijo ni una palabra.

No se hizo ninguna pregunta.

Nadie le dijo nada.

Todos conocíamos a los Hadiths como tales, las manos de las autoridades estaban atadas, sus labios estaban sellados.

Pero mi corazón no se callaba.

Mientras trabajaba frenéticamente para vendar sus heridas, oré, supliqué, supliqué a Dios, mientras mi corazón se desangraba en mi pecho.

—¡Dios en el cielo! ¡Mira a esta mujer con misericordia! No encontrará justicia en este lugar, ¡oh Cristo!

La mujer permaneció a nuestro cuidado hasta que se recuperó.

Pero el día de su alta no fue motivo de celebración.

Alabé a Dios por su milagroso trabajo de salvar la vida de la mujer, por impedir que el poder de sus heridas la llevara a la muerte; pero allí en el vestíbulo estaba su marido, el animal que había pintado sus manos con la sangre de ella, como sabía que haría de nuevo.

Dios me dio un poco de tiempo con ella... ¡Oh Padre, haz crecer la semilla plantada de tu palabra!

Nunca la volví a ver.

Pero muchos como ella vinieron tras ella.

En manadas venían, todos como ella, y peor.

Y no habría justicia para ninguno de ellos.

No aquí.

Caminé por el pasillo, siguiendo el rastro de sangre dejado por la madre de la joven mientras la llevaban a un quirófano.

Mientras estaba fuera de ese lugar, puse mi mano contra la pared y oré.

Aunque la escena había sido terrible, ninguno de nosotros estaba sorprendido.

Algunos lo vieron como si fuera una rodilla raspada sobre un niño.

Era un resfriado común, una nariz que goteaba, un dedo del pie golpeado.

Mis pies me llevaron lentamente a mi coche esa noche.

Ninguna sirena había marcado el día.

Ninguna cobertura mediática había barrido la nación.

Ninguna protesta había clamado del público.

Era silencioso.

Todo era como siempre había sido, aquí, en la más oscura de las tinieblas.

Ya no estaba en América.

Estaba en casa otra vez.

\*\*\*

—¿Estás seguro de que quieres hacer esto?

—¡Me voy esta noche, pase lo que pase! ¡El hombre no me intimidará para que descuide el encuentro con mis hermanos y hermanas en Cristo! ¡Estaré allí temprano, como siempre! Si quieres, añadí entre risas, asegúrate de tener una olla recién hecha a mano.

—Bien —dijo mi amigo de la iglesia con un suspiro—. Como mencioné antes, sería mejor si te llevamos por la entrada secreta.

—Me parece bien. ¿Qué hago?

—Escucha atentamente, cuando salgas de la carretera principal, gira a la derecha...

Su voz se detuvo de repente.

Otra voz más débil emergió.

Solo pude oír susurros apagados.

—Ahmed —dijo su voz, volviendo de repente, todavía encerrado en un susurro y temblando—. Cuando te arrestaron la semana pasada, ¿te quitaron el teléfono?

—Sí, por supuesto. ¿Por qué?

Las palabras estaban rompiendo mis labios cuando me di cuenta.

Un teléfono silencioso se deslizó lentamente por mi cara.

Corriendo hacia mi ventana, exploré el área.

Todo parecía normal, pero normal en saudí no significa bueno.

Sabía que algo estaba ahí fuera, acechando en las sombras de la noche que caía, esperándome.

De rodillas, oré: «Querido Dios, los ojos del maligno están sobre mí; sus oídos son agudos y han escuchado mucho. Pase lo que pase, dije, los planes para hacer el mal, que todo se haga para el bien y tu gloria».

Me puse en camino.

Siguiendo mi ruta habitual, miré por el espejo retrovisor, buscando los faros que parecían estar a favor de seguir el camino que yo había trazado. A mi alrededor el mundo estaba en la oscuridad; incluso la luna estaba velada.

Acelerando a lo largo de la autopista, tras varias horas de viaje y orando fervientemente, empecé a sentirme cómodo porque nadie me seguía; era el único conjunto de luces en un largo, oscuro y polvoriento camino. Pasaron un puñado de horas y estaba seguro de que mi cola estaba despejada; pero la frontera de los EAU estaba solo unos pocos kilómetros más adelante. Seguramente me reconocerían; mi nombre estaría vinculado al documento que había firmado, y aunque me dejaran pasar, sin duda alguien empezaría a seguirme.

—Llévame, Padre —oré, mientras atravesaba la oscuridad de la noche—. Donde quieras que vaya, llévame allí.

Respiré profundamente para estabilizar mi corazón que latía rápidamente.

La frontera estaba cerca.

Adelante, me apresuré a través de la noche sin luna.

Un rayo de negro pintó el camino delante de mí.

Lo último que vi fue el reflejo de mis luces delanteras saltando de algo grande y metálico, seguido rápidamente después por el sonido del metal que crujía, todo instantáneamente reemplazado por el más silencioso de los silencios y una cegadora luz blanca.

# 17
## Marginado, Parte Dos

CUANDO después de una gloriosa eternidad, en la que tuve el don de caminar fuera del tiempo, caminando sin cesar en la luz más pura, que hizo que los días de la tierra parecieran un charco de oscuridad total; una luz tan limpia y purificadora, que la atraviesa como un océano, que se eleva en medio de ella como sobre unas poderosas alas, que asciende por ella como por una montaña, y que la deja bailar entre mis dedos como la arena de un desierto, hogar de innumerables granos, cada uno de los cuales tiene una semejanza totalmente única, que no se parece en nada a ningún otro grano, sino que cada uno de ellos está lleno, tanto hasta el límite de su capacidad como por encima de ella, en una armonía paradójica con tales delicias y maravillas que mi mente mortal nunca volverá a disfrutar como lo hizo, hasta que pase de esta vida a la siguiente; una vez liberado de esta eternidad, desperté para encontrarme en medio de una jungla de tubos y máquinas, todas conectadas a mi cuerpo, *parpadeando* y *pitando*, cada una a su manera.

—¿Qué... qué pasó? —Dije en voz alta, buscando mis piernas y manos para poder levantarme—. ¿Dónde estoy?

En ese momento, un equipo de doctores se apresuró a entrar en la habitación.

—¡Bienvenido a la vida! —gritó uno.

## 17 | Marginado, Parte Dos

—¡Increíble! —gritó una enfermera—. ¡Es como un milagro tras otro!

—¡Claro! —se rió el doctor a su lado—. Cuando nos dijiste que estaba despierto, casi no te creí.

—¿Qué ha pasado? —Pregunté de nuevo, haciendo un gesto de dolor cuando mi cabeza palpitaba.

—Soy el Dr. Adeel —dijo uno, dando un paso adelante—. Tuviste un grave accidente de coche, hace dos semanas.

—¡Hace *dos semanas*! —Exclamé, un shock abrasador estalló en mi cara.

—Has estado en coma desde que llegó aquí. Debo decir, mucho más que la suerte parece estar de tu lado.

—Dr. Adeel —respiré, parpadeando mientras el dolor de mi cara disminuía lentamente—, yo mismo soy médico, dímelo todo.

—Bastante extraño —dijo, acercándose a mí, mientras que el resto de los médicos y enfermeras estaban acurrucados cerca, maravillados y charlando entre ellos—. Chocaste contra un camión cisterna a toda velocidad, pero lo que es desconcertante es cómo terminó el camión en el lugar. Estaba allí, abandonado, con las luces apagadas, sin funcionar, esparcido por la carretera, como si fuera un bloqueo, supongo que se podría decir.

Mis labios se apretaron.

—Las autoridades aún no han descubierto de dónde vino el camión, a quién pertenece y qué hacía allí. Qué extraño —dijo, abriendo los ojos al sacudirse y rascarse la cabeza—. Uno pensaría que si alguien hubiera tenido problemas mecánicos, habría dejado el camión a un lado de la carretera, ¿no? No extendido como una barricada a través de la carretera. No lo sé —suspiró—. Tal vez estaba tratando de dar la vuelta y la cosa terminó mal a la mitad de la curva, o algo así. Aún así —argumentó, pareciendo recoger un debate interno que había estado organizando durante los últimos quince días—, ¿por qué no simplemente ir hasta la frontera de los Emiratos Árabes Unidos? ¡No estaba lejos de allí! Es increíble que los agentes fronterizos no hayan sido alertados, ¿sabes?

Respiré profundamente y asentí lentamente.

—De todos modos —dijo, expulsando un largo aliento—, chocaste a toda velocidad. Siento decir que tu coche está hecho polvo, pero, oye, ¿cómo es que estás vivo, no? ¿Y no tienes suerte de estarlo? El camión cisterna, como ves, llevaba material ácido; gracias a Dios, *increíblemente*, no explotó. Aún así, es un milagro que te hayan sacado sin un solo hueso roto.

Mis ojos se abrieron de par en par.

—¿Ni *uno*?

—Ni uno solo.

—¿Puedo ver el expediente médico?

—¡Por supuesto! —declaró, entregándomelo.

El informe señalaba numerosas laceraciones en la piel y una gran cantidad de cuerpos extraños extraídos; también entre la lista se encontraba una arteria facial cortada, por lo que, dado el número de puntos de sutura registrados en la página, parecía que habían contratado a un sastre para volver a unir mi cara.

Levanté la mano y golpeé suavemente el área alrededor de mi ojo y mi mejilla.

—¡Cuidado! —el Dr. Adeel clamó, arrebatándome la muñeca un momento demasiado tarde.

Todos los músculos faciales se movieron nerviosamente al tocarme, una sensación como si un conjunto de cables de arranque unidos a mi mejilla me sacudieran la cara, quemando los nervios a lo largo de la superficie de la piel y corriendo en ambas direcciones hacia la parte posterior de mi cráneo, donde las dos corrientes de dolor chocaron en una explosión de calor blanco que llenó mi cabeza y envió ondas de choque a través de mis miembros.

—Tienes un fragmento de vidrio que descansa directamente sobre tu nervio facial —continuó, bajando cuidadosamente mi mano—. Sonreír, masticar cualquier tipo de movimiento muscular, en realidad, en esta región", su dedo, parado justo al lado de mi cara, hizo un círculo alrededor del área herida; "será bastante doloroso.

¿*Bastante* doloroso?

¡No había palabras para este dolor!

Dijo que era un fragmento, una pequeña escama de vidrio, pero yo estaba seguro de que había una viga de acero al rojo vivo cubierta de ácido que sobresalía de mi cara.

—¿Cuándo me lo pueden quitar? —le pregunté, haciendo lo mejor para utilizar el menor número posible de músculos faciales.

—¿Quitarlo? —exclamó, como si nunca hubiera habido una petición más absurda—. No, no vamos a quitarlo.

—¿*Qué?*

—¡Está justo en el nervio!

—¡Estoy *rotundamente* de acuerdo!

—Bien, ¡pero si entro e intento quitarlo, hay una gran posibilidad de que corte el nervio facial y deje tu cara paralizada! No, no —se rió, sacudiendo la cabeza—; está fuera de discusión. Puedes encontrar a alguien más para intentar el procedimiento; pero no creo que muchos estén dispuestos a correr el riesgo. Déjalo ahí —dijo, hablando en lo que asumo que sintió fue su tono más tranquilizador y reconfortante—. Aprende a vivir con el dolor.

Cerré los ojos y oré a Dios para que me calmara.

Relajando mi cara tanto como fuera posible, miré el informe médico.

—Mi corazón se detuvo.

—¡Sí! —el Dr. Adeel respondió, expulsando una nota de asombro—. No sé cómo te encontraron tan rápido los paramédicos; pero es algo muy bueno que hicieron. Esa arteria cortada sangraba profusamente; otro minuto más o menos, y puede que no hayas respondido a la RCP.

Inclinándose sobre mí, señaló una nota sobre las transfusiones de sangre.

—¡Mira ese número! —exclamó, golpeando vigorosamente el papel—. ¡Seguro que has hecho una abolladura en nuestro banco de sangre! Parece que la propia muerte ha besado esa mejilla tuya, dada toda la sangre que se ha derramado de ella.

El Dr. Adeel y yo charlamos un rato más antes de que me dejasen descansar y reflexionar sobre todo lo que había pasado en lo que había parecido una eternidad y un instante. Pero no fue hasta que me levanté de la cama, poco antes de mi alta, y me miré en el espejo que vi toda la situación con mayor claridad.

Algo como un gran rallador de queso había presionado con violencia contra mi cara y tirado con una violenta ráfaga, desgarrando la carne alrededor de mi ojo derecho y mi mejilla en profundas trincheras cubiertas en los extremos traseros con racimos de carne desmenuzada. Solo pude reconocer la mitad de la cara que me miraba fijamente, y no la reconocí en absoluto. Estas cicatrices son profundas; permanecen hasta hoy: un recordatorio siempre presente del costo de seguir a Cristo: una marca que todos los hombres pueden ver por sí mismos, sin importar dónde estoy o qué estoy haciendo. El mío es un rostro que los extraños se detienen a mirar con una doble toma, ¡y dejar que miren! ¡Que todo el mundo vea mi cara! Las alabanzas de Cristo y de su Evangelio brotarán siempre de estos labios imparables e incansables, proclamando el significado de las cicatrices que llevan y el valor inestimable de las heridas que Jesús llevó por los pecados del mundo. ¡Llevo en mi cuerpo las marcas de Jesús, el costo de amarlo! ¡Si alguien todavía duda de mi historia, de mi fe, que me mire a la cara! ¡Vean estas marcas! ¡Y que el santo nombre de Cristo sea alabado por siempre y para siempre! ¡Amén!

\*\*\*

—¡Hey! ¿Qué estás haciendo aquí?

Me di la vuelta para ver a un oficial de policía corriendo hacia mí.

Contemplando mi cuerpo completamente vendado, tartamudeó un momento en su paso, y luego procedió.

—¿Qué crees que estás haciendo? —insistió—. ¿Buscando repuestos?

Me volví de nuevo y señalé la pila de metal retorcido que estaba delante de mí, tirado entre un aparcamiento de otros coches incautados o almacenados por las autoridades locales.

—Este es mi coche, oficial —dije.

Sus ojos se abrieron tan rápido y ampliamente que sus lentes de sol se cayeron de su cara.

—¿Qué? —murmuró—. ¿Esto... esto es... *tuyo*?

Asentí con la cabeza.

—Estaba seguro de que la pobre alma que había conducido este montón había sido sacada en un millón de pedazos —declaró, y luego corrió rápidamente al coche y comenzó a examinar el lado del conductor, pareciendo buscar alguna razón de por qué no había sido tragado en los impresionantes restos.

Pasando sus dedos por el interior de metal y cuero, que parecía como si un enorme cubo de pintura roja hubiera sido arrojado sobre él, me lanzó sus ojos de bola blanca y dijo sin aliento,

—¿Estás vivo? ¿Cómo es posible? ¿Cómo se puede sobrevivir a un accidente así?

Aunque tenía un par de cosas que decir sobre el uso de la palabra "accidente", sacudí mi cabeza con genuino asombro y dije,

—Mi Dios puede tener algo que hacer.

Caminando lentamente hacia mí, me miró directamente a los ojos y me preguntó:

—¿Y quién es *tu* dios?

—Solo hay uno —respondí con calma—. De la mano derecha del Poder fui sostenido por una mano atravesada. Recuerda hoy.

Entonces, después de firmar algunos papeles necesarios, seguí mi camino.

Llegué a casa más tarde y me visitaron mis amigos de California, que habían estado muy ocupados difundiendo el Evangelio por toda Arabia Saudita.

—¿Por qué no te vas de este lugar? —sugirió uno al ver mis heridas—. ¡Podrías buscar asilo en los Estados Unidos!

—Mientras pueda —respondí—, debo quedarme. Esta es mi gente, ¿cómo puedo abandonarla?

—¡Piensa en lo efectivo que podrías ser preparando a gente como nosotros para que ocupen tu lugar! Vete a los Estados Unidos, donde es seguro.

—Este mundo no es mi hogar —dije—. Por lo tanto, no hay un lugar seguro para que ponga mi cabeza. Mi pasaporte está manchado con la sangre de Jesús; ya me han concedido asilo en el Reino de Dios, y allí haré mi hogar, cuando todo el trabajo que Cristo aún tiene para mí haya sido completado.

## 17 | Marginado, Parte Dos

Pasaron unas semanas y me encontré de nuevo trabajando. Atraje muchas miradas y jadeos de doctores y pacientes por igual, mientras paseaba por el hospital. Los que habían oído hablar del accidente me observaban atentamente, como si pensaran que era una especie de aparición, o una señal de que habían estado trabajando demasiado tiempo y necesitaban otra taza de café; algunos incluso se acercaron a mí con dedos puntiagudos, para comprobar si era realmente de carne y hueso.

—¿Qué demonios te ha pasado? —gritó el jefe de mi departamento.

Se había enterado de que una momia con bata de laboratorio había estado deambulando por los pasillos tratando a los pacientes, y me llamó a su oficina para ver por sí mismo cuál era la verdad detrás de este extraño informe.

—Estuve en un accidente de coche bastante grave —le respondí.

—¿*MUY* grave? —gritó, con la cabeza llena de ojos—. ¿Por qué, qué clase de accidente deja a un hombre con este aspecto y todavía *caminando*?

—De este tipo —dije, sosteniendo mi teléfono, mostrándole una foto que tomé de mi auto mientras estaba en la estación de policía.

Me arrebató el teléfono de la mano y presionó la pantalla contra su cara con incredulidad, me miró con cuidado y dijo:

—Habla. Déjame oírte decir una frase completa.

—¿Cómo qué?

—Dame una definición de neurotrauma.

—Neurotrauma —comencé—: Una lesión en la cabeza o la columna vertebral, causada por un evento traumático repentino, que puede incluir conmociones cerebrales, lesiones cerebrales traumáticas, fracturas de cráneo, fracturas de columna...

—¡Está bien, está bien! —dijo, expulsando una respiración aliviada—. Solo quería asegurarme de que no tuvieras nada de eso. ¿No hay confusión? ¿Ningún problema de habla? ¿Ningún problema para respirar?

—Aparte de un nervio facial dolorido, nada, señor —le volví a aclarar.

—¡Increíble! —declaró, sacudiendo la cabeza mientras se reclinaba en su escritorio—. Ni siquiera puedo contar cuántas víctimas de accidentes he visto en mi vida, probablemente tú también has visto muchas.

Asentí con la cabeza.

—Nunca, y, quiero decir, nunca, he visto un coche como este llevar a ningún superviviente —mientras me entregaba el teléfono, miró al techo y gritó en árabe—: ¡Dios te ha dado una nueva vida! ¡Es como si hubieras nacido de nuevo! ¡Recreado por Dios!

Nunca olvidaré estas palabras, ni las recordaré de forma incorrecta.

Dijo exactamente esto.

Qué raro para un musulmán decir tal cosa, pensé, mirándolo desde debajo de una ceja tejida. Tales palabras no se encuentran en el Corán, ni forman parte de la teología o la cultura islámica.

Un *musulmán* podría mirarme y decir de mí "nacido de nuevo", mientras yo estaba difícilmente presionado para encontrar cristianos que hicieran lo mismo.

¿De qué otra forma podría un hombre hablar como lo hizo, empleando las palabras que lo hizo, a menos que Jesús haya usado mis cicatrices para revelarle la verdad de la nueva vida?

No pude evitarlo.

—Estaba protegido —dije, mi corazón se flexionaba con fuerza con audacia y celo—. El verdadero Dios me sostuvo en su mano, protegiendo mi vida de la muerte, mientras mi coche se hacía pedazos a mi alrededor. Sé que me protegió, porque, cuando ocurrió, iba camino de adorar a Isa, el verdadero Mesías.

No había terminado.

—Ninguna cantidad de buenas obras puede ganar o comprar algo para nosotros en el cielo, ni lavar nuestro pecado. Dios es santo —dije, mirándolo fijamente—, y nada profano puede entrar en su presencia. Solo el que es santo puede cubrir nuestro pecado, lavarlo blanco como la nieve, y presentarnos santos ante Dios. Isa es la Palabra de Dios —insistí, cuidadosamente sacando palabras que un devoto de toda la vida del Islam podría entender—, y Él es uno con Dios. Isa murió por todos los pecadores, para que pudiéramos ser perdonados, reconciliados con Dios, y tener la vida eterna!

En solo diez segundos, había pronunciado todos los contrastes críticos y abominaciones al Islam.

Juntos, soportamos un silencio aturdidor de diez días.

Entonces, en el tiempo que me llevó parpadear, el hombre se levantó de su silla y se abalanzó sobre mí, cerrando la cremallera tan rápidamente y acercándose tanto a mi cara que casi me caigo de la silla.

—¡CÓMO TE ATREVES! —gritó, saliva fundida lloviendo sobre mi cara—. ¡VETE! ¡FUERA! ¡TE DENUNCIARÉ POR ESTO! ABANDONA MI PRESENCIA DE INMEDIATO!

Como él había ordenado con vehemencia, lo hice; y no pasó mucho tiempo hasta que recibí una llamada de la secretaría de la dirección general.

—Se le informa —dijo muy educadamente—, que su puesto en este establecimiento ha sido suspendido indefinidamente, con efecto inmediato.

Poco después, fui convocado ante una junta de revisión de la más alta autoridad médica de toda Arabia Saudita.

La investigación y el análisis de mi caso duró meses: sesión tras sesión, entrevista tras entrevista y, finalmente, me llamaron una vez más para que me presentara ante la junta.

—Tras un cuidadoso examen de este caso —dijo uno de los miembros—, hemos determinado que efectivamente sufrió un grave daño cerebral psicológico en su accidente de coche, lo que le llevó a sus salvajes e incoherentes divagaciones.

—No hay nada malo en mi cerebro —respondí con calma.

—*Insistimos* —dijo otro, enfáticamente—, en que no hay otra explicación para su arrebato. Por lo tanto, le ofrecemos internarlo en una institución psiquiátrica, hasta que su cerebro se haya curado y esté lo suficientemente bien para volver a trabajar.

—Aprecio su preocupación —respondí—, pero mi mente está perfectamente sana. Lo que le dije a mi supervisor era y es la verdad: Jesucristo es mi Señor y Salvador. Mi fe está en Él, y no me avergüenzo ni tengo miedo.

Sentados en sus sillas, los miembros de la junta se miraban unos a otros con curiosidad, algunos lanzando miradas de impotencia, otros frunciendo el ceño frustrados".

—¿No lo entiende? —suspiró uno de ellos largamente—. Hacemos todo lo que podemos para preservar su carrera y su sustento; pero nos está despojando de todo poder para hacerlo.

Sus motivos eran buenos, pero no podía afirmar que mi fe en Jesús se debía a un daño cerebral; así se lo dije a una fila de rostros decepcionados.

—Esto terminará costándole todo —dijo otro—. Lo entiende, ¿verdad? Todo por lo que ha trabajado, todos esos interminables días de estudio y entrenamiento y los agotadores turnos de trabajo, ¡se habrán *ido*!

## 17 | Marginado, Parte Dos

—Está rompiendo el código ético de los profesionales de la salud.

—¡Ningún musulmán puede convertirse en cristiano! ¡Es la apostasía contra la ley de la Sharia!

—¡Será arrojado a la pobreza! El dinero que tiene ahora se secará como un charco en el desierto. ¡Nadie le dará trabajo si es despedido por una ofensa como esta!

—¡Piense en su futura esposa! ¡Sus hijos! ¿Cómo los mantendrá?

Cuando agotaron todas sus discusiones, respiré hondo y dije:

—He besado a la muerte y he vuelto a la vida. Junto a lo que tengo en Cristo, mi carrera es una basura; morir y estar con mi Salvador es una ganancia. Me mantengo firme en cada palabra que he dicho, con plena comprensión de las consecuencias. Mis palabras son verdaderas y honestas; he mantenido mi integridad ante el Señor.

—¡Está tirando por la borda el honor y la seguridad! ¡Está tirando tu vida al polvo! ¡No tendrá nada!

—¡Tendré a mi Dios! ¡Y mi Dios *no* es el dinero! ¡Es el que hizo y posee las colinas y el ganado que pasta en ellas! Miro a los pájaros y a las flores y veo cómo se satisfacen sus necesidades, y también las mías, pues mi Padre me tiene en mayor estima que ellos. ¡Seguramente, nunca me faltará nada!

—Basta —dijo uno, agitando y bajando la cabeza—. Vaya a su casa. Deliberaremos y le convocaremos de nuevo ante nosotros cuando hayamos tomado una decisión.

Sin tener la menor idea de cómo Dios se mostraría en esta situación, pasé las siguientes semanas orando y poniéndome a los pies de Su voluntad.

—Padre —dije—, me has llevado a través de mucho. Estos años practicando la medicina han sido una bendición, un honor y una responsabilidad otorgada sobre mí, una puerta abierta, a través de la cual me has llevado. Te lo doy todo a ti. Voy a donde me lleves.

Por fin llegó la llamada, y me encontré de nuevo ante la junta de revisión.

Al dar un paso adelante, el secretario me dio la sentencia.

—Su posición como médico —anunció uno de los miembros de la junta—, queda terminada. A partir de hoy, su licencia es revocada, y se le prohíbe practicar la medicina en la región de los Estados del Golfo.

Leí el documento en mis manos, en el cual sus palabras estaban entintadas en lenguaje formal.

Mirando hacia arriba, vi una fila de rostros sombríos.

Sonreí y me di la vuelta.

Entonces, en el momento en que mi pie tocó la carretera de afuera, galopé hacia la ciudad.

—¡Señor! ¿Hola, señor? —grité sin aliento, mientras me deslizaba hacia una tienda local—. ¡Señor! Sí, hola, gracias señor, me gustaría que esto se enmarcara, por favor, gracias —e inmediatamente, como lo haría un niño que presenta a su padre un dibujo que ha hecho en la escuela, levanté mi carta oficial de despido y expulsión.

Indiferente a su contenido, el hombre tuvo la amabilidad de colocar el documento en un bonito marco, que luego colgué con orgullo en mi pared, justo al lado de mi título de médico; y cómo ese documento llenó la habitación, eclipsando las credenciales que colgaban a su lado, ya que aquí había un certificado de graduación con los más altos honores, un testimonio del verdadero valor, en el que todo lo que había perdido y lo que aún perderé por causa de Cristo, y en la búsqueda de conocer y ser conocido por Él, es ganancia.

***

El año 2016 acababa de comenzar; qué diferente se veía este nuevo comienzo comparado con la primavera en Nueva Zelanda que había conocido casi seis años antes, cuando la puerta de mi corazón había sido abierta a Jesús, haciendo que todas las cosas fueran tan brillantes y coloridas y rebosaran de nueva vida como en el mundo que me rodeaba. Ahora me encontraba en la cima del invierno: sin trabajo, viviendo solo de una pequeña pensión médica, ya que el gobierno había congelado todas mis cuentas bancarias después del accidente; sin coche, estaba castigado; castigado, no podía hacer el viaje a Dubai; fuera de Dubai, no podía encontrar ninguna comunidad cristiana que me acogiera; y sin ninguna comunidad cristiana, mi alma se moría rápidamente de hambre.

Pero mi familia de siempre es una unidad fuerte y muy unida, y no pasó mucho tiempo antes de que me conectara con una encantadora mujer cristiana llamada Nicole, que trabajaba en la Embajada Americana en Arabia.

—Soy la jefa de seguridad —dijo cuando finalmente nos conocimos en persona—. He escuchado tu historia. ¡Es increíble! Y ahora entiendo que estás buscando compañerismo cristiano.

—Sí, en efecto —respondí con entusiasmo—. ¿Conoces a alguien que me aceptaría?

—¡Claro que sí! —abrió un cajón, sacó un papel en un portapapeles y escribió mi nombre en una larga lista—. Ahí —declaró, presentándomelo.

—¿Qué es esto?

—Tu nombre ha sido añadido a la lista.

—¿La lista?

—¡Sí! Ahora estás aprobado y reconocido como un individuo bienvenido en la propiedad de la Embajada de los EE.UU. Me encargaré de la presentación oficial, pero esta es la lista de referencia rápida. Celebramos un servicio de iglesia cristiana y de comunión una vez a la semana, aquí los viernes a las siete de la tarde.

—*¿EN SERIO?*

—¡Puedes apostar! También tenemos noches de oración y reuniones en varios momentos de la semana. Nos reuniremos aquí y el grupo se trasladará juntos al Freedom Hall.

—¡ESTARÉ ALLÍ!

Y lo estuve, ¡sin falta! Dios había hecho un camino para que mi transformación a la imagen de Cristo continuara, y la alegría abundaba cada segundo de cada día como resultado. Sin embargo, con toda esta alegría y felicidad llegó una gran cantidad de sonrisas, y con la sonrisa vinieron las lágrimas y el dolor abrasador; ese fragmento estuvo cuatro meses raspando mi nervio facial, y no estaba más acostumbrado al dolor de lo que un pez está acostumbrado a caminar por tierra firme con sus aletas.

Día y noche oré por la liberación de esta interminable agonía, que me había estado robando el sueño y amargando la comida. Pedí a todos los que conocía que oraran; y, cada noche de oración, con mis nuevos amigos cristianos de pie a mi alrededor, hacían precisamente eso.

Cuando me levanté para irme una noche, mi corazón rebosaba del arrebato del Espíritu y mis ojos derramaban lágrimas de tormento con cada sonrisa y risa involuntaria, un hombre indio, nuevo en el grupo, se puso delante de mí.

## 17 | Marginado, Parte Dos

—El Señor ha escuchado tus plegarias —dijo, mirándome con grandes ojos compasivos—. Me llamo Dr. Alexander; soy un cirujano general consultor. Ven a mi clínica, y haré todo lo que esté en mi poder para aliviar este dolor.

Por primera vez en cuatro meses, no sentí ningún dolor como una sonrisa más grande que cualquier otra que me hubiera atrevido a intentar en algún tiempo extendida por mi cara.

Al llegar temprano al día siguiente, el Dr. Alexander y yo inclinamos nuestras cabezas en oración, pidiendo a Dios que guiara sus manos y trabajara en mi curación.

—En el nombre de Jesús —dijo, mirándome profundamente y resueltamente a los ojos—, serás sanado este día.

Mi cuerpo se recostó en la mesa de operaciones.

El Dr. Alexander puso una mano sobre mi hombro e invocó el nombre de Jesús una vez más, encomendando sus manos al Gran Médico.

Respiré profundamente y lentamente dibujé las sombras sobre mis ojos, mientras un bendito entumecimiento se escurría por mi cara.

—El efecto de la anestesia debería estar desapareciendo ahora", dijo—. ¿Sientes algo en la zona?

Levantando mi mano, suave y tímidamente me golpeé la mejilla.

Luego, cautelosamente retiré una sonrisa.

Resoplé y meneé mis mejillas, me sacudí, bostecé, jalé, empujé, punteé... ¡Podía sentirlo todo, pero no había absolutamente ningún dolor!

—¡ALELUYA! —grité, saltando de la mesa—. ¡Es un milagro!

Sonriendo cálidamente, extendió su mano.

—Que nunca se nos olvide.

Allí, untado de sangre, había un diminuto fragmento de cristal.

Con cuidado, lo tomé de su mano.

—Así como este fragmento de cristal es extraño a tu carne moribunda —dijo—, también eres extraño al mundo con el que esa carne perecerá; y puedes estar seguro de que el que preside lo que pronto pasará ha sentido tu presencia raspando el nervio de su poder por la espada de la Palabra que vive en ti —acercándose a mí, habló en tono grave—: Él siempre buscará el modo de liberarte.

Mis ojos se posaron de nuevo en el fragmento.

Incluso algo tan pequeño, pensé, y no lo he conseguido.

Mientras intentaba encontrar palabras grandes y dignas de agradecerle como se merecía, mi mente fue repentinamente golpeada por un terrible pensamiento.

—¡No tengo dinero! —declaré, horrorizándome, que se apoderó de mis huesos—. ¡Lo siento mucho! ¡Perdóname! El gobierno congeló todas mis cuentas, ¡lo poco que tengo seguramente no cubrirá el costo! Por favor, dime lo que yo...

El Dr. Alexander levantó suavemente una mano para silenciarme.

—Tu cuenta —dijo suavemente—, está pagada en su totalidad.

A medida que el sol seguía saliendo sobre la arena saudita, me fui involucrando cada vez más en la embajada de los Estados Unidos, haciendo amistad con los guardias e incluso sirviendo como voluntario para transportar a la gente desde las puertas de la embajada hasta un lugar llamado Freedom Hall. Libre de mi persistente dolor y bien alimentado con la carne de la Palabra, ya no caminé para desplazarme; más bien, me levanté a quince pies del suelo, chasqueando mis talones y bailando alegremente entre las nubes, cantando una melodía más dulce que la de los pájaros que revoloteaban a mi alrededor, y lloviendo sobre todo en mi camino el amor de Jesús. Así fue como me dirigí una vez más a la embajada para ver a mi buena amiga Nicole y participar en otra gloriosa amistad.

Solo que...

—¿Quién eres? —pregunté, tomado con la guardia baja por la nueva cara detrás del escritorio.

—Dean —dijo el hombre severamente—. ¿Qué es lo que quieres?

Sus ojos gruñeron mientras me miraban de arriba a abajo; su cara era como una piedra.

—Estoy... estoy aquí por la comunidad cristiana.

—¡Ja! —gritó y luego volvió a su trabajo. Mirando de nuevo a mi cara perpleja, dijo—, No puedes hablar en serio. ¿Qué clase de juego es este?

—¿Está Nicole aquí? —le pregunté.

—¿Nicole? ¿La conoces?

—¡Sí! Es una amiga mía.

—Lo dudo seriamente —me dijo—. Ahora, date prisa y dime por qué estás aquí.

—¡Pero lo he hecho! ¡Estoy aquí por la comunidad cristiana!

—¡Eso es ridículo! Además, nadie puede entrar aquí sin la debida autorización de seguridad.

—¡Ya lo sé! ¡Estoy en la lista! —lloré, me puse a llorar; un impulso infantil me hizo señas para que empezara a saltar arriba y abajo, pero volví a resistir—. ¡Nicole me puso en la lista!

Su ceja se arrugó cuando tomó el archivo de seguridad.

Lo dejó en el escritorio delante de él, tiró una aleta en la lista y ladró,

—¡Nombre!

—Ahmed Joktan —me tomé la libertad de señalar mi nombre en el papel—. Justo ahí, segundo desde el principio.

Sus ojos se abrieron de par en par y su cuerpo se echó hacia atrás.

—¡Identificación, ahora! —habiendo examinado mi identificación, me miró con curiosidad y dijo—, ¿Y eres ciudadano saudí?

—¡Sí! —le aclamé—. ¡Y un cristiano!

No, no —murmuró, cogiendo su teléfono y marcando rápidamente—. No, esto es ridículo. Sí —dijo en el receptor—, por favor venga a la puerta un momento.

Permanecimos allí en silencio hasta que llegó uno de los ancianos de la comunidad.

Él y yo nos abrazamos alegremente.

—¿Quieres decir que él ha estado asistiendo a estas reuniones? —gritó Dean.

—¡Por supuesto! —respondió el anciano—. ¿Hay algún problema?

—¡Hay un *problema*! ¡Es un saudí!

—¿Y qué?

—¡Absolutamente no! —gritó, expulsando tal asombro que fue una maravilla que no se desmayara de repente por el shock—. No sé *qué* le hiciste a Nicole —ladró, lanzándome un dedo a la cara—, pero ya no se te permite estar en estos terrenos.

—¿QUÉ? —gritó el anciano—. ¡Pero si es cristiano! ¡Ha estado asistiendo durante meses!

—¡Eso no importa! —Dean aplaudió—. ¡Es un Saudí! ¡Ya no es bienvenido!

—¡Bueno, alabado sea el Señor! —aplaudí.

Fue como si el cable que alimentaba todo el sonido del mundo hubiera sido arrancado de su enchufe.

Tanto Dean como el anciano se volvieron lentamente hacia mí con miradas atónitas.

—Ahmed —murmuró el anciano al final—, ¿qué estás... no estás... cómo puedes decir, "Alabado sea el Señor" en un momento como éste?

—¡Siempre estaré alegre! —dije, citando 1 Tesalonicenses 5:16-18—. ¡Estad siempre gozosos. Orad sin cesar. Dad gracias en todo, porque esta es la voluntad de Dios para con vosotros en Cristo Jesús! ¡yo lo *estoy*! —añadí, volviéndome hacia Dean con una sonrisa radiante—. No necesito una lista para confirmarlo.

Más tarde esa noche, llamé a uno de los pastores de la iglesia en Dubai y le conté la historia de mi expulsión.

—Parece que debo ir a otro lugar —suspiré—. Tengo mi visa de EE.UU. y lo suficiente para un billete de ida y vuelta. Estaba pensando en abrirme camino a través del Medio Oeste.

—Conozco a un gran pastor por ahí —dijo—. Se llama Mark; dirige una sólida iglesia creyente de la Biblia en un pequeño pueblo suburbano. Aquí, escribe esta dirección.

Una vez hecho esto, hice las maletas y me preparé para otro viaje a los Estados Unidos.

Antes de partir, caminé de vuelta por la embajada.

—¡Hola y adiós, amigos míos! —dije, estrechando las manos de los guardias apostados en las puertas, con los que me había acercado bastante—. ¡Me voy a los Estados Unidos!

—Te echaremos de menos —dijo uno, apretando los labios mientras sus ojos empezaban a enrojecer.

—Ya te echamos de menos —dijo el otro—. No está bien, nada de esto.

—Todo lo que quiero es adorar libremente a mi Salvador en la tierra de los libres. Y esto es suelo estadounidense, ¿no es así? —mis ojos estaban pesados por el sangrado de mi corazón—. Tengo una visa —dije, hurgando en mi bolsa y extrayéndola—. Esto es suelo estadounidense, ¿no me dejarán entrar para adorar con mi familia cristiana una última vez antes de irme?

Los guardias se volvieron unos a otros.

Separando sus labios temblorosos, uno dijo,

—Lo siento. Pero tu nombre ya no está en la lista. Tengo que pedirte... que te vayas.

Mientras yo daba un paso atrás, él extendió la mano rápidamente y la agitó con firmeza.

—Que Dios esté contigo —susurró, y luego retomó su postura.

De las cuarenta nacionalidades que habían formado parte de la hermandad de la que ahora estaba excluido, yo había sido el único creyente de la sangre local -por ninguna otra razón que ésta si hubiera sido desterrado de lo que debería haber sido suelo libre. Pero la influencia musulmana es fuerte, tan convincente, que incluso la libertad se acobarda en su presencia. La gran nación de Occidente no estaba aquí más que una tortuga absorbida en su caparazón.

Así que seguí mi camino.

Justo entonces, me encontré con el Dr. Alexander, que caminaba casualmente hacia el Salón de la Libertad.

—No vienes, supongo —dijo, asintiendo con la cabeza hacia mi bolso y mi actitud de viajero; el hecho de que mi nombre fuera eliminado de la lista no le era desconocido, pero había estado orando, junto con el resto del grupo, para que Dios abriera una puerta de alguna manera, para que yo pudiera volver a participar en la comunidad de creyentes.

—Todavía no me dejan entrar —respondí, dando un fuerte suspiro—. Parece que mi expulsión es irreversible.

—Ya somos dos.

—¿También te han desterrado a ti?

—No la embajada. Mi hospital.

—¿Qué?

—Me han despedido —dijo, tan alegremente que apenas noté la gravedad de lo que había dicho.

—¡No! ¡Lo siento mucho! ¿Por qué?

—Descubrieron que uno de mis pacientes no pagó su factura.

Mi mandíbula cayó en la arena.

No pude encontrar palabras, nada suficiente para una disculpa; ninguna palabra que no se hubiera roto con la insuficiencia de mi culpabilidad, ni estallado en un fracaso total para mantener el flujo de angustia que sentía por el hombre y lo que su acto de bondad hacia mí le había costado.

—Como tu fragmento de cristal, amigo mío —dijo con una sonrisa—. Extraído de este lugar, pero no de acuerdo con la voluntad del príncipe de este mundo, cuán impotentes son los pequeños triunfos del Diablo, pues mi Dios me envía a raspar los nervios de Satanás en otra parte. Y así lo haré.

Con eso, se despidió de mí con un abrazo fraternal, y continuó su camino.

—¡Sonríe con frecuencia! —me llamó por encima del hombro—. ¡Sonríe para Dios, y acuérdate de mí!

Y yo, volviéndome hacia el sol poniente, levanté mis ojos al cielo pintado en tonos escarlata, violeta y naranja ardiente, para maravillarme y ofrecer mi silencioso tributo de alabanza: una sonrisa desgastada sin rastro de dolor, y desgastada aún hoy como entonces, como siempre será.

## 18
## Derecho a Usar el Refrigerador

—HONESTAMENTE, creo que tiene miedo de que explotes la iglesia o algo así.

Se llamaba Anna; ella y yo nos conocimos en los Estados Unidos.

—¿Conoces a Mark? —le dije, cuando me enteré que fue a la misma iglesia de la que me había hablado mi amigo en Dubai.

—Sí —respondió—, pero ya no es el pastor. Fue a fundar otra y dejó esta iglesia a un nuevo pastor. Su nombre es Matt.

—Nombres de la Biblia.

—¡Claro! Y Matt es grande, se parece mucho a Marcos: un devoto seguidor de Jesús. ¡Realmente creo que te agradará, y sé que tú le agradarás a él!

Eso fue entonces.

Después de llamar a Matt para hablarle de mí, ese enfático "sé" tenía un énfasis muy diferente.

—¡Ya lo *sé*! Es una locura, ¿verdad?

—¿Realmente *dijo* eso? —le pregunté.

—No, no dijo "explotar" o "terrorista", ni nada. Pero me advirtió muy firme y severamente que no se puede confiar en los musulmanes, dijo que su religión permite mentir para reunir conversos. ¡Incluso me agitó el dedo!" añadió con una risa.

—Bueno —dije, riéndome a lo largo de la conversación, este tipo de respuesta actuó en mí de la misma manera que descubrir la arena bajo mis uñas—, ¿le dijiste que *no* soy musulmán?

—Todo lo que tenía que decir era "Saudí" y él cerró la discusión. ¡Te está engañando, usándote!" me regañó, y luego procedió a contarme algo sobre una historia o una película que había leído o visto una vez sobre una mujer y su hija siendo engañadas para que dejaran América por el Medio Oriente y allí fueran retenidas contra su voluntad. Creo que tiene la impresión de que podrías estar tratando de engañarme para que me case contigo por una visa, o que estás tratando de secuestrarme y llevarme de vuelta a Arabia Saudita.

Sacudiendo mi cabeza sonriendo, dejé escapar un suspiro y oré una pequeña oración por el hombre.

—¿Le preguntarías de nuevo? Dile que me encantaría conocerlo en público. ¿Por qué no en el Starbucks de la carretera? ¿Crees que él estaría dispuesto a hacerlo?

—Lleva una camisa blanca y fina.

—¿Por qué?

—Para que, si te conoce —dijo ella, levantando las cejas e inclinando la cabeza hacia mí—, vea enseguida que estás desarmado.

Era un caluroso día de verano cuando por fin Matt aceptó conocerme. Sentado bajo un paraguas en el patio exterior del Starbucks, esperé ansiosamente a que llegara. Sin saber qué tipo de café quería tomar, compré dos cafés helados y un café negro caliente, que guardé en reserva, por si no le apetecía su café con hielo. Pero al juntar un montón de crema y azúcar, me di cuenta de que podría no querer tomar nada de mí, pensando que podría haber envenenado su bebida.

Me pareció recordar a un hombre que una vez tuvo una inquietud similar.

—Oh, Bueno —suspiré encogiéndome de hombros—, dos cafés helados en un día caluroso no es exactamente un sufrimiento.

Tomé un sorbo.

Y esperé.

Y bebí.

Y pensé.

Anna me había dicho que le había recitado toda mi historia a este hombre.

Me alegré.

Esto significa que había tenido la oportunidad de digerirla un poco.

Claro, parecía que ni un hueso de su cuerpo creía una palabra de ello; pero al menos podíamos empezar nuestra conversación un poco desde el principio. Lo que aún no le habían contado era la parte de mi sueño.

—Eso será interesante —murmuré en voz alta.

Bebiendo todavía, tan cerca de vaciar la taza de su refrescante deleite que en secreto esperaba que Matt tomara su café helado para envenenarse, vi los coches pasar zumbando, uno tras otro, uno tras otro, yendo como su amo. ¿Y qué los impulsaba? Tanta gente, pensé, Señor, ¿se salvarán muchos?

—¿Tú eres Ahmed?

Mi cabeza se movió para ver el origen de la pregunta.

Un rostro largo y con anteojos saltó hacia atrás en señal de alarma.

—¡Lo siento mucho! —dije en voz alta, usando una voz lo menos amenazadora posible—. ¡Sí! ¡Soy Ahmed!

El hombre se quedó parado en el lugar donde había saltado.

Sus ojos se negaron a parpadear, incluso cuando se quitó las gafas.

Lentamente, su mandíbula comenzó a caer.

Su mirada no se rompió.

Pero no me miraba a los ojos.

Un hormigueo de autoconciencia bailó alrededor de mi mejilla cicatrizada.

—Lamento haberte asustado —balbuceó, buscando a tientas la silla frente a la mía, sus ojos no querían ayudarle a encontrarla—. Soy el pastor Matt.

—¿Café? —pregunté, cuando por fin había encontrado su asiento—. Tengo tanto caliente como helado.

Se los llevé a él y él los apartó con agradecimiento.

—Anna me habló mucho de ti.

Su lado izquierdo y derecho parecían incapaces de cooperar entre sí para sentarse como uno más en el respaldo de la silla y se movía hacia adelante mientras la guerra se desataba.

—¡Y también me han hablado mucho de ti! —le respondí—. Tengo entendido que conoces a Mark desde hace bastante tiempo.

Afirmó el punto pero parecía desinteresado en hablar de sí mismo.

Respondiendo rápidamente, fue directo a una prueba de fuego de mi fe, agarrándola para ser tocado por la llama consumidora de la Biblia.

Aprecié mucho esto.

Mientras hablaba, declarando primero la deidad y la resurrección de Cristo, abandonando el Corán, renunciando a sus mandamientos y a la vida que se filtraba en el pecado y las tinieblas que había vivido una vez; como testificaba el poder salvador de Cristo, la salvación por la que soy justificado ante el Padre, la fe que me sostenía y me mantiene firme en Él en medio de una tremenda y tortuosa persecución, y la esperanza que me lleva adelante y me obliga a proclamar el Evangelio a todo el mundo; al profesar mi profundo y apasionado amor por Jesús, mi asombro por el amor incondicional, eterno y transformador con el que me amó primero, y mi indignidad de recibir hasta la más fina niebla de su gracia, dado el falso dios al que había servido, el mal que había apoyado, la violencia y la destrucción que había anhelado, y la posición hostil que había tomado con su mano extendida; mientras detallaba el glorioso momento que había contemplado el que pronto llamaría Salvador, aquí en este reino temporal, parado en medio de mí como una luz pura y radiante, exponiendo lo que era y había sido la más profunda de las tinieblas a la que había llamado mi vida; mientras decía estas cosas, mi ojo no pudo evitar observar el café helado parado ociosamente a su lado. Cuán sólido había sido el hielo allí, tan densamente apretado, formando un gran bloque. Pero mientras escuchaba mis respuestas y mi testimonio, ese bloque comenzó a debilitarse, el hielo se disolvió y la taza que lo contenía se puso a llorar. Después de un tiempo de conversación, la cara del hombre imitaba el rojo de la copa, manchada por grandes corrientes de agua que salían de ojos llorosos y que se acumulaban en el creciente charco.

    —Jesús, el Hijo de Dios —dije para concluir—, en su infinita gracia y misericordia, eligió a uno que no lo había elegido para ser un siervo que proclamara la salvación encontrada en Cristo. Que el hombre confíe en mi fe no me preocupa mucho. Mi boca lo atestigua, al igual que este rostro —dije, señalando mis cicatrices—, al igual que este cuerpo.

Hablando así, me di vuelta y comencé a levantar la parte de atrás de mi camisa.

—De ahora en adelante —dije, hablando las palabras de Pablo de Gálatas 6:17, mientras la luz del sol pintaba lentamente la carne que iba saliendo—, que nadie me cause problemas, porque llevo en mi cuerpo las marcas de Jesús.

—Detente —dijo con una voz suave y aguda.

Puso una mano temblorosa sobre su boca y miró hacia el tráfico que pasaba.

Tomando el café helado derretido delante de él, se lo llevó a los labios y lo sorbió.

Se atragantó y se sacudió; el café tibio salió de su boca.

Su cabeza cayó lentamente hacia atrás; sus ojos se apretaban con fuerza.

Luego, alzando su cansada mirada hacia mí, susurró con qué poder le había dejado su discurso:

—Es verdad. Ningún musulmán podría hablar como tú, ni soportar cosas como las que tú has soportado, si no fuera por... Quiero creerte, Ahmed —continuó después de una pausa de reflexión, con la cara retorcida, pareciendo como si su cerebro lanzara su peso contra un objeto inamovible en su cabeza—, pero tengo que orar por esto. Dios mío —dijo él, mientras sus ojos se volvían al cielo—, ¿puedo realmente creer a este hombre?

Esa última pregunta sonaba como si fuera para él.

Sus ojos se desviaron para adentrarse profundamente en la tierra.

—Necesito tiempo para orar por esto —dijo otra vez; luego, después de dudar un momento, se lanzó hacia adelante y me envolvió fuertemente en sus brazos.

Mi reacción instantánea fue más parecida a la de una boa constrictora tomada de repente; y el tirón que di en la reanimación podría haber sido la acción predominante, si no hubiera susurrado entre lágrimas:

—*Oraré*, de verdad, de *verdad* quiero creerte.

Ese tic se relajó instantáneamente y mis brazos pronto se abrieron paso a su alrededor; luego, al ofrecer un saludo de despedida, lo vi alejarse lentamente hacia su coche.

Toda la noche me quedé despierto orando, rogando a Dios que le quitara cualquier temor o duda que atormentara su espíritu, que ablandara su corazón, que le mostrara la verdad. Por alguna razón, me encontré bastante atraído por este hermano, cómo mi amigo en Dubai había elegido la iglesia de este hombre, justo en medio de un pequeño pueblo en lo que parecía no ser más que un lugar al azar en el Medio Oeste, fue bastante sorprendente para mí.

«No», pensé; «no había nada de aleatorio en nada de esto».

—Dios —oré—, siento que hay un gran trabajo por hacer aquí. Muéstrame tu puerta abierta.

—¡No he dormido en toda la noche! —dijo Matt, llevándome a su oficina.

Recibir su llamada ya había sido bastante sorprendente; que le pidieran que fuera a su oficina era alucinante.

Sentado frente a él, cerré las rodillas y puse las manos sobre ellas, los hombros hacia atrás y la cabeza recta, con los ojos bien abiertos encargados de demostrar mi atención, puestos sobre una sonrisa sin dientes; éste fue mi mejor intento de parecer inofensivo.

—¡Es como nacer *de nuevo*, nuevamente!

Yo habría pedido una explicación, pero él siguió adelante.

—¡Tu historia me impactó! ¡Qué profunda alegría se derramó en mi alma desbordante! ¡Pero eso es todo!

Si esas palabras y su presentación, pensé, estaban preparando el relato de una epifanía, seguramente hizo bien en transmitir el poder de la misma, ya que al hablar así se lanzó hacia adelante con un dedo extendido hacia arriba, acercándose tanto a mi cara que casi me caigo de la silla.

—Al escucharte hablar ayer, lloré de una alegría inconmensurable. Porque he visto en ti el poder de Dios como nunca lo había visto! Mi fe estaba siendo sostenida por la llama, mis ojos se agrandaban para ver a Dios, ¡para verlo *realmente*! No esta versión americanizada que cabría en tu bolsillo, ¡ni siquiera sabía que había estado viendo a Dios tan pequeño! ¡No! ¡Verlo en toda su gloria, en toda su majestad! ¡Maravillarse de su tremendo poder, nadar a través de las profundidades de su amor y misericordia sin fondo! ¡Para dar testimonio en la carne del más oscuro fango en el que extendió su mano para salvar! Esas palabras que hablan de Él en las Escrituras, gloria a Dios, estallan en color vivo ante mis ojos y disparan chispas a través de mi corazón.

Era como un tanque de aire comprimido con la boquilla apagada, y uno no podía dejar de preguntarse cuánta presión quedaba por expulsar.

—¡Y no eres el único! —declaró.

—¿El único?

—¡El único musulmán que ha tenido un sueño que le señala a Cristo! Ya había oído hablar de este tipo de cosas antes, pero he pasado las últimas horas, días, semanas, *lo que sea*, investigando estos casos. ¡Está por todas partes! ¡Cientos! ¡Miles! ¡Decenas de miles! Prácticamente todo el mundo habla de un "Hombre de Blanco.

Sus palabras cayeron tan rápido de sus labios; cada sílaba de ellos llegó a mis oídos como si acabara de romper la barrera del sonido.

Echando una mano temblorosa a su escritorio, se agarró a un termo alto y se tragó tres tragos monstruosos.

Habiendo estado respirando solo el aire del aliento a café que había enviado en un torbellino por la habitación desde mi llegada, pregunté tímidamente,

—¿Cuántas tazas de eso te has tomado?

—¡No importa! Perdí la pista después de cinco, de todos modos, eso fue hace horas. El punto es: esto es un patrón. ¡Musulmanes de todo el mundo han sido arrebatados del Islam a través de los sueños! Mira este caso, hace un par de años: Nabeel Qureshi. ¡Tuvo varios sueños! ¡Y esto se remonta a mucho tiempo atrás! Bilquis Sheikh en los años setenta, de una próspera familia musulmana del sur de Asia, llamado a Cristo a través de un sueño. ¡Es simplemente increíble! Dios está eligiendo llegar a la oscuridad a través de los sueños!

—Él es el mismo ayer, hoy y mañana —dije—. Muchas veces la Biblia habla de la obra de Dios a través de los sueños.

—¡Eso no es todo lo que aprendí! —continuó, girando en su silla, agarrando una pila de papeles, y girando de nuevo para enfrentarme, haciéndolo todo en un solo giro—. ¡Yo también investigué un poco sobre ti!

—¿Oh sí?

Me estaba empezando a agradar este tipo.

—Todos en tu historia... ¡Los llamé! El hombre alto de Nueva Zelanda, la gente de JUCUM, tus amigos de Dubai que conocen a Mark, ¡Los llamé a todos! ¡Mira todo esto! —exclamó, agitando la pila de papeles—. ¡Mis notas! ¡Más que un árbol entero! Está todo aquí: cada palabra que has dicho, ¡confirmada! ¡Por favor! —suplicó, tirando la pila sobre su escritorio—, ¡Perdóname por haber dudado de ti! ¿No quieres hablar con la congregación el domingo? Por cierto, ¿te gustaría tomar un café?

Una gigantesca sonrisa explotó en mi cara.

—¡Sí a todo! —exclamé.

***

Matt y yo metimos dos décadas de conversación en una sola tarde. El café es algo realmente asombroso. Al final de todo, él y yo estábamos unidos en el firme abrazo de la hermandad.

—¡Esta historia ha destrozado mi corazón! —declaró, secándose las lágrimas de sus ojos. Sosteniéndome largamente ante él, proclamó, mientras su mirada me estudiaba cuidadosamente—, ¡Es como si estuviera mirando a un fantasma! Por todo lo que he creído saber sobre el mundo y el cristianismo, aquí en mi protegido mundo occidental, ¡un hombre como tú ni siquiera debería existir! ¡No! ¡Historias como la tuya son casi inauditas en Occidente! ¡Debemos contarlas a todos! ¡Vamos, habla a la congregación el domingo!

Algunas narrativas pueden requerir muchos capítulos e idas y venidas para producir entre dos personajes una transformación de la hostilidad a la hermandad, pero la narrativa de Dios, en este caso, no requirió relativamente ningún tiempo.

—Mi fe se ha incrementado, ¡por encima de la *luna*!, ¡aún más desde que escuché tu historia! ¡Nosotros los cristianos americanos estamos dormidos a la obra de Dios en el mundo más allá de nuestros patios traseros! —gritó, habiendo confesado en su anterior aliento que había tenido un profundo miedo y una siniestra sospecha de mí—. ¿Estamos viendo realmente a Dios trabajando? Nos reunimos, oramos y ponemos ofrendas en el plato de la ofrenda, tomamos pan y vino, cantamos canciones, todo esto está bien y es correcto; pero ¿cómo podemos estar tan cómodos en nuestras fortalezas de placer pacificador cuando la gente está sufriendo y tropezando en la oscuridad? ¡Por favor! ¡Habla a la congregación! ¡Haremos un servicio nocturno especial! ¡Te digo que ninguna persona aquí ha encontrado a nadie como tú, ni ninguna historia como la tuya! Es un mundo extraño para ellos, necesitan conocer la oscuridad que existe y ver el poder del Dios al que dicen servir. ¡Por favor! ¡Habla a la congregación!

—¡Lo haré, con mucho gusto! —aceptando felizmente el compromiso por quincuagésima vez.

—¡Bien! ¡Y ven a mi casa esta noche para cenar! ¡Mi familia simplemente tiene que conocerte!

Y así lo hice, esa noche y muchos días después. ¡Nuestra unión fue instantánea! La alegría de esa casa salió corriendo de su entrada como si fuera una poderosa e inagotable manguera de fuego, empapando a todos los transeúntes.

Matt me presentó a su esposa y a muchos hijos, y llegué a conocerlos a todos extremadamente bien en nuestro corto tiempo juntos; fui instantáneamente adoptado como hijo y hermano. Tal hospitalidad y un amor inesperado no se había sentido en mucho tiempo. Matt incluso se encargó de organizar una habitación para mí.

—¡Desearía que te quedaras aquí! —dijo, mientras él y yo llevábamos al coche un colchón que me estaba dando.

—¡La tuya es una familia tan grande! —discutí, atando el colchón al techo—. Ya estás reventando las costuras de la casa.

Tendré mi propia habitación para dormir, en lugar de ocupar tu pasillo.

—¡Pero tú eres mi hermano! ¡Quiero que te quedes en mi casa!

—Esto es más que generoso —le tranquilicé, apretando la cuerda—. Por favor, ten en cuenta que estoy extremadamente agradecido.

—Y quiero que *sepas*, por favor —exclamó, caminando alrededor del coche hacia mí y mirándome a los ojos y con ambas manos agarradas como trampas para osos alrededor de mis hombros—, ¡Ahora soy tu familia, así como tú eres la mía! Todo lo que me pidas, te lo daré! A cualquier hora, día o noche, lo que necesites, no importa lo que sea, ¡*siempre* estaré aquí para ti! ¡Y no *te atrevas* a llamar a la puerta! Esta es *tu* casa, ahora; tienes derecho a usar el refrigerador, ¡somos familia! Y, como tal, espero verte aquí en los cumpleaños y las vacaciones. El Día de la Independencia Americana se acerca, no solo eres bienvenido, ¡estás *obligado* a venir!

Vine a aprender una cosa asombrosa sobre Matt: que incluso sin café, habla con todos los signos de exclamación, un idioma propio que he venido a llamar Inglés Exclamatorio.

El nuestro se convirtió en un vínculo que perdura y se fortalece continuamente, incluso hasta hoy; y he ejercido mis derechos de refrigerador más de unas cuantas veces.

Y aunque parecía que había encontrado una gran bendición del cielo en el Pastor Matt y su familia... ...no podía concebir en esos días las bendiciones que Dios aún tenía que recibir a través del vínculo que había creado.

\*\*\*

El domingo por la noche finalmente llegó, y me paré frente a un montón de ojos abiertos y mandíbulas abiertas - la caída de un alfiler fue el estruendo del tamaño de la luna. Algunas personas fueron visiblemente estremecidas; algunas incluso lloraron. Donde algunas iglesias habían visto respuestas entusiasmadas, encontré aquí una gran cantidad de reflexiones solemnes, un montón de gente muy seria y sinceramente reflexionando y absorbiendo este nuevo mundo, tan repentinamente desvelado ante ellos. Sentí como si estrechara todas las manos y escuchara todas las voces de los asistentes ese día. Uno por uno se acercaron a mí para preguntarme más sobre mi historia y para agradecerme por haberlos sacado de la comodidad de sus vidas actuales. Y me di cuenta de que estas personas no se verían afectadas solo por un día, sino que son una fuerza de guerreros cristianos serios, creyentes en la Biblia y amorosos, que se esfuerzan diariamente por escuchar la llamada del Salvador y entran en acción con el sonido de su voz. Matt incluso pidió una ofrenda especial para pagar mi camino de regreso a Arabia, y, vaya sorpresa, ¡la congregación bendecida me la dio!

Pero había algunos que dudaban.

—¡Es increíble! —exclamó Matt cuando nos conocimos más tarde ese día—. ¡Es tan exasperante! —tenía manchas rojas en la cara—. ¿Quiénes se creen que son para negar la obra de Cristo?

—Es su trabajo como ancianos tener cuidado con aquellos que pueden influir en la congregación —dije, empleando un tono uniforme para tratar de calmarlo—. Tengan cuidado de no pecar en su ira. Creo recordar a un hombre de por aquí que tampoco me creyó al principio.

—¡Ya lo sé! —Matt se dejó caer en su silla y se agarró la cabeza—. ¡Pero ya han oído tu historia! ¡Espera a que vean todas las pruebas que he recopilado sobre ti! Página por página, ¡lo repasaré con ellos! ¡No soportaré que te cierren más puertas en la cara! Si eso no los convence, ¿qué lo hará?

—El poder de Dios.

Y por ese poder Matt y yo oramos inmediatamente; de rodillas orábamos diariamente para que ese poder se moviera a través de la iglesia, para eliminar las dudas de los ancianos, y para levantar a la gente para que respondiera al llamado e ir a Arabia Saudita y difundir el Evangelio.

—¡Necesitamos organizarnos! —gritó Matt un día.

—¿Cómo así? —pregunté, sacando un sándwich de su nevera.

—¡Tu ministerio! ¡Vamos a convertirlo en algo concreto, en algo establecido! ¡Una organización internacional destinada a llevar la Palabra a los musulmanes de Arabia Saudita y de todo el mundo! La formaremos aquí en los Estados Unidos, donde no habrá ninguna interferencia del gobierno... ¡sin preocupaciones de que nos cierren o nos bloqueen la página web! ¡Utilizaremos las libertades de los americanos para llegar a los que viven en la oscuridad!

—¿Cómo lo haremos?

—¡Simplemente lo hacemos! ¿Tienes un nombre?

—Mphm hermnfph pfrmph.

Acababa de tomar un gran bocado de pavo y queso en el trigo.

—Bien, volveremos a eso... a partir de ahora, es justo que seas Director y CEO.

—¡Y tú eres mi Vicepresidente! —exclamé, escupiendo algunas migajas.

—¡Me sumergiré en cualquier certificación o licencia que queramos conseguir, y buscaré algunos recursos de mi tiempo como misionero en España para ver qué tipo de apoyo o conocimiento podemos obtener!

Trabajamos el resto de la noche, sentando las bases para un ministerio organizado. Eventualmente, nuestros trabajos produjeron una base sólida sobre la cual comenzar a construir.

Había sido un tiempo muy fructífero, pero el sol se estaba poniendo rápidamente.

—Matt —dije, mientras nos recostábamos con un descafeinado nocturno—, Volveré pronto.

El globo de alegría que se había estado inflando durante todo el día se desinfló rápidamente en un conjunto de hombros encorvados que soportaban un cuello curvo y una cabeza colgante, llevando una neblina muy rota y abatida sobre unos labios caídos, donde solo unos momentos antes había habido un sol brillante y estallante.

Con su voz baja, Matt levantó los ojos pesados y murmuró:

—¿Estás seguro? Hermano, yo... ese camión cisterna no fue un accidente. No han terminado contigo. Solo lo sé, si te vas, no te volveré a ver nunca más.

—Tengo que irme —respondí con delicadeza, ya que no era la primera vez que me rogaba que me quedara, incluso antes de que hiciera la ofrenda con que había comprado mi billete—. Mi visado está a punto de caducar.

—¡Debe haber otra manera! ¡Podemos pedir una extensión, o algo así! ¡Por favor, hermano! ¡No te vayas! Sé que fui yo quien pidió la ofrenda

—¡Cristo me llama a ser una luz en un mundo oscuro! A partir de ahora, todavía hay trabajo por hacer. A menos que Dios me provea una forma de quedarme, debo confiar en que Él me quiere de vuelta en Arabia, por qué razón, no lo sé; pero tengo que ir.

—¡Entonces, oremos! —gritó Matt—. Padre —suplicó—, ¡extiende nuestra mano y evita que mi hermano regrese a esa tierra hostil! ¡Seguramente morirá si regresa! ¡Abre un camino para que se quede aquí, donde está seguro!

Oraba todos los días de esta manera, incluso cuando yo estaba delante de él en el aeropuerto, billete en mano.

—No te preocupes, hermano —le dije, poniendo una mano compasiva en su hombro; sus ojos estaban rojos y su pecho temblaba—. Pon tu confianza en Dios. Soy su testigo, y como tal soy parte del mayor programa de protección de testigos conocido por el hombre.

Compartimos una risa, nos abrazamos y nos despedimos en un susurro.

Mientras el avión se elevaba a los cielos, levanté la voz de mi corazón a Dios, agradeciéndole por el brillante horizonte que me había pintado en los Estados Unidos; y cuando por fin mi pie tocó la arena saudita, volví los ojos al cielo y pregunté:

—¿Dónde va ahora la historia, Padre? ¿Por qué medios me usarás esta vez para llamar a los perdidos?

Una mano preparada en la distancia.

Un pedazo de papel fue colocado en su lugar.

Una gota de tinta golpeó la página.

# 19
## La Carta

VOLVIENDO a mi antiguo estilo de evangelización a través de aplicaciones de video, compartí el Evangelio con ateos, agnósticos, personas de varias creencias religiosas y orígenes, incluso cristianos que luchan contra el pecado, pero mi principal objetivo seguían siendo los musulmanes, y nunca perdí la oportunidad de tejer el amor de Jesús en una conversación, o en cualquier situación, para el caso. Continué así durante bastante tiempo, siendo tan sabio como sabía ser, para poder volar bajo la mirada del gobierno saudí.

Pero este fragmento de vidrio había estado raspando un nervio muy grande desde hacía tiempo.

Un día, mientras estaba haciendo recados en mi nuevo coche, un diminuto coupé chino de transmisión manual pintado en plata, me las arreglé para conseguir lo poco que me quedaba en mis cuentas bancarias finalmente descongeladas. A no más de dos millas y media por hora, sabiendo que este viejo y destartalado coche estaba a un bache de su chasis cayéndose, un coche se acercó apresuradamente a mi lado y gritó hasta detenerse.

Una nube de polvo lo envolvió lentamente desde su estela.

Se sentó en silencio.

Por fin, la nube pasó.

## 19 | La Carta

Bajó la ventana y de la sombra que había dentro surgió lentamente una cabeza lasciva. Una nariz larga y torcida besó primero la luz del día, mientras que un pincel delgado comenzó a pintar las rayas negras que manchaban las muchas grietas de la cara. Los extremos de una amplia sonrisa que partía la boca se doblaban sobre las orejas, mientras que hilos de sangre brotaban de las grietas cavernosas a lo largo de los labios sin vida y agrietados y rezumaban de las encías rotas aferradas a los dientes destrozados y ennegrecidos; un valle de cejas gruesas y anudadas proyectaba una sombra sombría sobre todo ello. Como si estuvieran encogidos en cuevas, los ojos se encontraban en lo profundo de dos cavidades oscuras, sus pupilas abiertas brillaban como focos. Delgada era la carne que se extendía sobre su venoso cráneo; parches de putrefacción, como óxido en el metal, masticaban los rasgos, algunos se unían entre sí en sus caminos corrosivos. La cabeza comenzó a inclinarse, sus ojos permanecieron fijos, y una risa como de hiena se escurrió de una lengua húmeda y meneante. Empezó lentamente, enrollándose en las fosas de su boca, luego creció constantemente en velocidad y volumen, convirtiéndose en una carcajada malvada y de ojos muy abiertos, intercalada por jadeos sibilantes y un traqueteo áspero en la garganta.

Bastante preocupado, bajé la ventanilla.

—¿Está usted bien?

Chillando en medio de su hinchada risa, rápidamente se puso histérico cuando su cara roja se despegó hacia atrás con una amplia sonrisa de aspecto antinatural, la cara gritó,

—¡ERES UN MALDITO *INFIEL*!

Mi sangre se convirtió en hielo y todo el aire de mis pulmones se disipó instantáneamente.

Con la boca seca, me quedé boquiabierto ante la visión salvaje que tenía delante de mí.

—¿Te... te conozco? —Pregunté.

Tirando de la piel de su cara sobre su risa, reformando a la fuerza su apariencia, se rió mientras el malvado regocijo, aún hirviendo, burbujeaba a la superficie, apenas atrapado dentro de él, y señalaba lentamente a la parte trasera de mi coche.

—Tu Ventana —titubeó, y luego se alejó tranquilamente, su risa se liberó por completo para llenar el calor del día con su sonido desgarrador.

Lanzando mi coche rápidamente al aparcamiento, me di la vuelta y me volví para ver la ventana. Su ángulo y el resplandor del sol que caía sobre la capa de arena que lo cubría no producía nada para mis ojos, así que salí del coche con cuidado y caminé hacia la parte de atrás.

Tan pronto como mis ojos cayeron sobre la ventana, se abrió a mis pies una grieta en la arena saudita.

En la ventana había sido pintada con spray la letra árabe "N".

En la pintura roja y líquida, pude ver al mártir cristiano, enmarcado en el cristal de mi infancia, colgado de una grúa en lo alto de la ciudad, llevando este mismo símbolo.

Sin pensarlo, cogí una llave de tuercas del coche y rompí el cristal, antes de volver al coche y correr al taller más cercano para que lo sustituyeran.

De regreso a casa, tomé mi teléfono y comencé a marcar.

—¡Matt! ¡No tengo mucho tiempo! Por favor, ¡ora por mí!

—¿Qué pasa? ¿Qué ha pasado?

—El gobierno ha hecho su jugada, ¡me voy a escapar!

—¡Espera! ¡Espera! ¿Qué ha pasado?

## 19 | La Carta

—¡Me van a cazar, Matt! ¡Hoy han marcado mi coche con un símbolo de la muerte! ¡Solo ora!

Rápidamente colgué, grité en un espacio fuera de mi apartamento, corrí por las escaleras, y recogí todas las necesidades que pude llevar, dejé mi último pago en el mostrador, y luego me fui a la distancia sin mirar atrás.

En Mateo 10, Jesús dice a sus discípulos que cuando son perseguidos en un pueblo, deben huir al siguiente. Hice eso, estableciéndome en un campo de trabajo a tres horas de distancia. Y allí me escondí durante los siguientes días.

Pero el ojo saudí es largo y ancho, y persistente por encima de todas las cosas.

Caminando de vuelta a mi coche una noche, percibí un gran sobre pegado a la ventana del conductor.

Era abultado y terriblemente pesado.

¿Había aparcado en el lugar equivocado?

¿Era una multa?

¿Qué clase de billete pesa tanto como este?

Mientras mis dedos rastreaban el abultamiento, temí que esto no tuviera nada que ver con el aparcamiento.

Mi respiración se aceleró, miré a ambos lados y a todo alrededor, y luego cuidadosamente empecé a despegar la costura.

Un destello de luz dorada me atravesó los ojos.

Mi garganta se selló. Mis pies se entumecieron y mis manos temblaron violentamente.

Al inclinar el sobre, tres brillantes balas cayeron en mi palma.

Su ruidoso perfume de muerte llenó mis fosas nasales.

Apreté el puño y las arrojé a la arena; y mientras las lágrimas brotaban de mis ojos, mis dedos fríos y temblorosos extrajeron la carta que les acompañaba.

**PERRO de Jesús** - dejarás de hablar en el nombre de Jesús y te volverás de nuevo a Alá y a Mahoma su mensajero. Si no vuelves al Islam, tu sangre es nuestra. **TIENES DIEZ DÍAS.** Puedes correr, pero te encontraremos. Te cazaremos. **TE MATAREMOS.**

Si había algo de lo que estaba absolutamente seguro, era que no tenía diez días.

## 20
## *Dictamen*

ACELERANDO a lo largo de la autopista, mis ojos buscaron en la oscuridad vacía una torre de telefonía móvil. Necesitaba desesperadamente hacer una llamada.

—Creo se acabó, Matt —susurré, agachado en mi coche y observando cuidadosamente la noche—. No podré escapar de estos tipos para siempre, pero estoy listo para recibirme y estar con Jesús. Matt —dije, forzando mis palabras más allá del nudo en mi garganta—, esto puede ser un "adiós".

—¡No digas eso! —gritó Matt—. ¡No lo creeré! Hasta que Dios te saque de este mundo moribundo, ¡sé que tú y yo todavía tenemos trabajo que hacer!

—¿Qué puedo hacer ahora? No tengo dinero para un vuelo a los Estados Unidos, ni a ningún otro lugar. ¡Y estoy huyendo!

La línea se calló por un momento.

—Cuéntame tu historia —dijo Matt, con su voz asomándose en el silencio—. ¡Desde el principio, cuéntame todo!

—¿Por qué? ¿De qué sirve...?

—Si vas a morir ahí fuera, lo menos que podemos hacer es escribir cada detalle de tu historia, preservarla y difundirla por todo el mundo. Si te matan, tu historia seguirá viviendo; ¡no podrán tocarla! Ahora! —gritó; podía oír los papeles crujiendo en el fondo—. ¡Empieza a hablar!

—¿Por dónde empiezo?

—Tu testimonio... ¡Vamos a anotarlo primero! Grabaremos todas las partes más importantes al principio; luego, si podemos, lo llenaremos con todos los arreglos, ¡fortalécelo con todos los detalles que podamos! ¡En marcha! ¡Deprisa!

Durante el siguiente largo tiempo, recité lo que equivalía a una lista de hechos; al día siguiente, expuse sobre esas balas con una versión apresurada de lo que normalmente hablaría a las congregaciones. Con cada día posterior que me regalaron, la historia se hizo más rica en profundidad y detalles.

Matt se mantuvo despierto, hora tras hora y día tras día, esperándome y tomando el dictado.

Nunca perdió mi llamada.

Conduje al pueblo al amparo de la oscuridad para comprar comida y provisiones. Mi pequeño coche rodó silenciosamente hasta un callejón, y me arrastré hasta la tienda local. Una vez conseguidas las necesidades, me escabullí hacia el callejón; y entonces, por el rabillo del ojo, a través de una gran nube de polvo, vi una gran masa negra, más oscura que la noche que la rodeaba, corriendo por el camino, a una velocidad vertiginosa.

Un estallido de luz atrapó mi cuerpo, enraizado en el medio de la carretera.

Al girar, vi un gigantesco todoterreno, saltando sobre la carretera sin asfaltar como si se deslizara sobre una larga fila de trampolines. Y de la ventana del pasajero apareció la figura de un hombre, que rápidamente sacó un rifle.

Aún no habían pasado diez días.

Antes de que pudiera reaccionar, el sonido de las palomitas de maíz estallando, proyectado a través de unos altísimos altavoces de sonido envolvente, comenzó a explotar a mi alrededor.

Arrojando mis objetos al polvo, corrí hacia mi coche y grité al otro lado de la calle hasta la siguiente carretera. Las balas se esparcieron por el lado del conductor, arrojando el metal como granizo sobre un techo de hojalata; la ventana se rompió en un millón de pedazos diminutos y el silbido de las rondas hambrientas pasó por mi cara.

Solo por la gracia de Dios logré mantener el control mientras quemaba el embrague a través de los engranajes como nunca había sido ni remotamente capaz de hacer. Por las calles, cortando las esquinas, virando peligrosamente cerca de los edificios y otros obstáculos, corrí hasta que ya no pude oír el sonido del rifle, en cuyo momento puse la rueda en una esquina estrecha, oscura y bien escondida; y allí esperé, observando hasta que cada grano de polvo que había levantado a mi paso cayó al suelo.

No vino nadie.

Estaba en silencio.

Me escabullí y rápidamente cubrí las huellas de mis neumáticos, y luego me escabullí de vuelta a la seguridad.

No habría vuelta al campo de trabajo.

La cacería había comenzado, y mis cazadores estaban ávidos de sangre.

Una vez satisfecho de que habían desaparecido, me metí en mi coche y salí a la oscuridad, buscando rincones oscuros o callejones en los que esconderme. Permanecí en un lugar no más de dos horas cada vez, cubriendo la mayor parte de la distancia por la noche, dejando mi coche solo para comprar comida o gasolina, y nunca a la luz del día. Mi pequeño cupé era mi nueva casa rodante. No tenía medios para limpiarme a medida que pasaban los días, y casi no pegué un ojo. Todo lo que podía hacer era orar y pedirle a Dios que me llevara hasta el siguiente amanecer, para proporcionarme la comida y el agua que necesitaría para sobrevivir.

Ahora, más que nunca, sabía que necesitaba llevarle la historia completa a Matt, con todos los detalles sobre mí, mi viaje y la cruel historia y naturaleza del Islam. Para ello, necesitaba salir de mis oscuros y desolados lugares para localizar esas torres de celdas. No eran tan fáciles de encontrar, y nunca me sentí cómodo hablando al lado de uno creyendo que había permanecido demasiado tiempo en un lugar, terminaría rápidamente la llamada y buscaría otra torre. No podía arriesgarme a tener una línea abierta para conversaciones extensas.

Con el testimonio principal terminado, llegó el momento de ofrecer los detalles de mi infancia: mi educación, mi conexión familiar con los secuestradores del 11-S; mi padre, el poderoso Muftí de la Meca; la memorización del Corán; los rituales, las devociones y los castigos; mi formación como yihadista, mi sed de sangre americana... todas estas eran cosas que Matt conocía de mi pasado, pero empecé a explicarle con más detalle que nunca, llevándolo a lo más profundo de la espinosa maleza de mi existencia. Fiel, paciente y diligentemente escribió, incluso mientras el relato se adentraba hasta el cuello en vomitivos pantanos de depravación: cristianos asesinados, crucificados y colgados de grúas; mujeres golpeadas casi hasta la muerte por sus maridos, violadas por los guardias de la prisión que ejercían los derechos que les concedían las autoridades musulmanas; personas arrojadas de edificios, desmembradas y decapitadas en las calles; y todos los medios bárbaros con los que me habían torturado.

Siguió escribiendo, incansablemente, soportando la interminable revelación de un mundo extraño, malvado y terriblemente perdido más allá de su comprensión.

Muchas veces pude oírle llorar en el otro extremo.

—La iglesia americana está dormida —murmuró Matt durante una de nuestras sesiones de dictado. Su habla era lenta; su boca era una tumba abierta—. Simplemente no lo entiendo. ¿Por qué la gente no se abre a esta historia…? Anoche le hice a mi pequeño grupo esta misma pregunta. Toda esta resistencia que sigo recibiendo aquí… ¡no la entiendo! ¿Estamos todos ciegos?

Lágrimas tan audibles como sus palabras comenzaron a filtrarse por el teléfono.

—Estoy tan débil —confesó sin aliento—. Dios me ha llamado a esta tarea; sin embargo, ¡no tengo la fuerza para llevar esta cruz! Y aquí estoy yo: ¡el que se limita a tomar el dictado! ¿Qué he sufrido?

Sus sollozos llenaron la línea durante los siguientes minutos.

Los pasé postrados ante los pies de Jesús, mi amigo los sostuvo en alto en mis manos.

—Estoy destrozado —gritó—. Mi esposa puede verlo… puede ver cuán quebrado me he vuelto; y qué bendición tan inmerecida es para ella sostenerme y animarme en este tiempo. Mis mayores también lo ven, y no dejan de preocuparse. ¡Oh, Dios! ¡Ayúdame! ¡Dame la fuerza para soportar esta carga, sin convertirme en una carga para mí mismo!

Él y yo pasamos la última hora en ardiente oración.

—Esta noche haré un largo camino —dije—. Mi plan es cubrir una gran cantidad de terreno y espero poner alguna distancia inesperada entre yo y cualquiera que me siga. No creo que me encuentre con una torre de celdas hasta mañana.

—Llama tan pronto como encuentres una —respondió—. Estaré esperando. Te quiero, hermano.

Cada vez que hablábamos, Matt me urgía a salir de Arabia Saudita; pero yo era bastante reacio a hacerlo, ya que los parientes musulmanes aún estaban a oscuras. Necesitaba desesperadamente encontrar un lugar oculto al ojo del gobierno en el que pudiera continuar el trabajo de Dios.

—¡Ese lugar es los Estados Unidos! —exclamó Matt.

—Puede ser —argumenté—, ¡pero no puedo llegar allí! ¡No tengo el dinero!

—¡Ora! —gritó—. ¡Ahora mismo! ¡Estamos orando! ¡Estoy orando! Dios Padre, si es tu voluntad que mi hermano salga de Arabia Saudita, ¡baja y rescátalo milagrosamente de esa tierra hostil! ¡No dejes ninguna duda en su mente de que le estás llamando a huir!

Dios no esperó mucho tiempo para responder.

Busqué todos los vuelos disponibles. No había ningún pasaje a los Estados Unidos en ninguna ventana corta; el único vuelo que salía casi inmediatamente a un refugio seguro era el del día siguiente a Nueva Zelanda.

Pero el coste era elevado, más del doble del precio de un avión a los Estados Unidos.

Con un suspiro, dije,

—Bueno, Señor, esto no parece prometedor. Por favor, muéstrame Tu camino.

Llamé a mi banco para preguntar por mi saldo.

Y así fue como cambió mi dirección, el número que recitaron fue un poco más que el costo exacto de un vuelo a Nueva Zelanda. Al frotarme la frente después de que el choque lo enviara hacia un impacto con moretones, dijeron que el saldo acababa de ser actualizado de mi más reciente contribución. Ese depósito era casi exactamente, hasta el centavo, el costo de mi pasaje.

Como Dios lo quiso, y Matt lo transmitió más tarde, había sido uno de los incrédulos, un anciano, quien había transferido el dinero.

El mensaje era claro.

Subí a mi coche y puse rumbo al aeropuerto de Dubai en los Emiratos Árabes Unidos.


Largo, oscuro y polvoriento era el camino; lo mejor de todo era remoto, si los terroristas se enteraban de que estaba huyendo, la caza se intensificaría. El problema de cruzar a Dubai aún persistía, pero la provisión de Dios había sido tan clara que bloqueé activamente cualquier duda y me repetía a mí mismo mientras conducía, "Confía en el Señor. Confía en el Señor, porque Él es bueno. Él proveerá un camino".

Mis faros apenas podían penetrar la espesa oscuridad.

La arena que soplaba a través de la ventana vacía de mi conductor me raspaba la cara y me pinchaba los ojos.

Mis llantas zumbaban mientras se tragaban la tierra debajo de ellas.

Más profundamente en la noche me apresuré. Y entonces, suave pero repentinamente, y aumentando por momentos, empecé a oír sobre el zumbido de mi pequeño motor un gran estruendo; pero, mirando al cielo, solo podía ver el brillo de la luna y miles de millones de estrellas centelleantes, moteadas a través de un cielo tranquilo y claro.

El trueno retumbó.

Miré por el espejo retrovisor.

## 20 | Dictamen

No había nada.

Solo una nube de polvo pintada de rojo por mis luces traseras.

Mi pie presionó un poco más fuerte contra el gas.

El gruñido de una turbulenta tormenta se intensificó.

Volví a mirar hacia atrás.

La nube de polvo se había pintado de blanco... y rápidamente se estaba volviendo más blanca.

De repente, un conjunto de luces delanteras estalló con un rugido furioso.

Corriendo a lo largo de mi lado, gritando en la noche un grito de batalla a toda velocidad y reverberante, apareció un gigantesco todoterreno negro.

El tiempo se detuvo casi por completo, atrapando al mundo en cámara lenta; los tumultuosos sonidos del camino se desvanecieron en la nada.

Como un pececillo congelado al lado del camino de un feroz tiburón, vi como la bestia negra se deslizaba muy lentamente al lado de mi coche. En perfecta sincronización, las ventanas que reflejaban mi horrorizado galope comenzaron a descender, revelando dos figuras oscuras que se encontraban allí: sus miembros se movían como si estuvieran sumergidos bajo varios cientos de pies de agua, y cada uno levantaba lentamente un rifle automático; luego, del techo emergió otra figura, esta vez levantando algo parecido a un francotirador.

Unos ojos rojos brillaban en la oscuridad; su aliento hambriento me roía los oídos; y el sonido de los dedos apretando contra los gatillos resonaba en mi cráneo.

El primer disparador hizo clic.

Mi siguiente aliento se podía oír en todo el mundo.

El tiempo se aceleró bruscamente a la velocidad de la luz, mientras una tormenta de lluvia ardiente se precipitaba en mi coche y el todoterreno avanzaba a toda velocidad, abriéndose paso a mi paso.

Me desvié y golpeé el acelerador; el tiburón salivante se redondeó de nuevo, sus mandíbulas nacieron anchas.

Una lluvia de balas atravesó las ventanas y puertas; fragmentos de vidrio llenaron el aire, mezclándose con el plomo al rojo vivo que bailaba alrededor de la cabina. Sus balas explotaron a mi alrededor, cada una impactando con la fuerza de un asteroide chillón; sentí como si todos mis huesos se pulverizaran repetidamente hasta convertirse en polvo.

Al arrojar el auto al siguiente garaje, pateé el pedal hasta el piso, patinando alrededor del todoterreno para ganar algo de distancia.

En un segundo, me volvieron a pisar los talones.

Las balas rebotaban en la carretera; las chispas brotaban del asfalto, saltando de la tierra polvorienta, mientras que pequeños volcanes de arena entraban en erupción a lo largo de la autopista.

El todoterreno retumbó a mi derecha y de nuevo se precipitó hacia mí, con sus neumáticos chirriando. Pisé los frenos y luego corté a la izquierda, desviándome detrás de ellos, antes de pisar el pedal con tanta fuerza que mi pie casi se rompe en el suelo.

Como si estuviera unido a un cohete, mi pequeño coche chirriaba delante - el indicador de velocidad casi hizo un círculo completo.

Pasé por delante de ellos.

Pero no se sacudieron.

De nuevo la bestia furiosa retumbó a mi lado; la tierra tembló y se encogió bajo sus altísimos cascos de goma. Ensanchando su boca, estallidos de llamas rugieron a través de mis ventanas y destrozaron el frágil armazón del coche; su ira era más feroz y sanguinaria que nunca - el calor de su aliento me perforó los tímpanos; el poderoso batir de sus pesadas alas arrojó mi coche por el camino como una hoja en un vendaval de otoño; sus mandíbulas se rompieron más rápido y hambriento que antes; los vapores de su saliva venenosa llenaron mi cabeza, arrojando el mundo en un desorden desorientado, convirtiendo los segundos en eternos, y convenciéndome completamente de que cada aliento frenético que tomara sería el último.

Durante más de treinta minutos corrimos a lo largo de la tierra baldía y estéril; el humo se elevaba de mis neumáticos ardiendo y el coche hacía sonar un estertor cada vez que accionaba el embrague; pero sus armas no expiraban y no hubo un momento en que mis huesos no se llenaran de sus gritos de desgarramiento.

Arranqué la rueda de esta manera y de aquella, mis ojos miraban a la nada negra que estaba delante de mí, con un ojo siempre mirando el indicador de combustible, cayendo rápidamente.

En ese momento, en medio del caos, me atravesó el hombro algo parecido a una puñalada de un cuchillo punzante. Dejé escapar un grito salvaje y me puse la mano en el brazo; al mismo tiempo, una bala atravesó el agujero de la ventana trasera y explotó en el salpicadero.

Al apretar el timón, me desvié de nuevo hacia otra mancha de oscuridad; cualquier dolor que hubiera sentido desapareció instantáneamente.

Me estaba quedando sin ideas; el todoterreno me estaba pisando los talones, y su furia insaciable se agolpaba a mi alrededor.

De repente, mi coche se estrelló en el aire, las ruedas traseras se despegaron completamente del suelo. Patiné sobre las ruedas delanteras a una velocidad peligrosa, mientras que las traseras comenzaron a deslizarse por el aire; y cuando las cuatro ruedas volvieron a golpear la carretera, me encontré con un giro incontrolable, dando vueltas y vueltas tan rápido que no podía levantar los brazos contra la fuerza para agarrar el volante, que a su vez estaba girando hasta el punto de salirse.

—¡ESTO ES TODO! —lloré, mientras el coche se alejaba corriendo hacia la noche—. ¡VOY A CONOCER A JESÚS!

SLAM

El mundo de torbellino que se había apoderado de mí desapareció de repente; al despegar mi cara del tablero de mandos, miré hacia arriba y vi que mi coche se había estrellado contra una duna de arena.

Sin saber si estaba vivo o muerto, abrí la puerta y salí corriendo a toda velocidad hacia el desierto de Arabia, en lo profundo del Gran Vacío.

Podía sentir que mis futuros asesinos me pisaban los talones; pero sabía que la gran extensión de arena absorbería el sonido de su aproximación; no se sabría lo cerca que estaban hasta que estuvieran justo encima de mí. Todo lo que podía hacer era correr y esperar a que una bala me atravesara el cráneo.

Tragando bocados gigantescos de arena y aire congelado, corrí hasta que ya no pude respirar, hasta que mis pulmones estallaron a través de mis costillas como un globo apretado entre dos pares de dedos, y me desplomé boca abajo, toda una vida de fuerza derramada a mi paso sobre las silenciosas arenas del Rub" a Khali.

Mi voluntad me apretaba y me reprendía ferozmente para que siguiera corriendo, pero mis pulmones se habían aplastado, mis piernas se habían vuelto flácidas y las tiras de carne sin valor; mi garganta se había hecho pedazos y estaba cubierta por una gruesa capa de arena.

No quedaba ni una pizca de poder.

No podía continuar.

Enterrando mi cabeza más profundamente en la tierra, oré:

—Señor, me ordenaste que huyera, y lo hice.

Mis ojos se sellaron fuertemente, preparándose para que la víbora de la muerte me rodeara con sus colmillos; no quería ver su cara.

—Dios —respiré en la arena—, ¡Pronto te veré! No me dejes marchar de este mundo con miedo. Llévame suavemente a tus brazos, querido Jesús, ¡cómo he anhelado esa dulce compañía!

Una brisa fresca y pacífica se deslizó a través de los granos que cubrían mi cara y lentamente comenzó a inflar mis pulmones aplastados. La vida volvió a mis miembros; mi fuerza comenzó a reconstruirse.

La eternidad pasó, y aún así mi corazón latía; la lengua de la serpiente no había sido devorada por su vida.

Dando vueltas con tanto cuidado, observé el desierto vacío y pinté un brillo plateado bajo la luna ardiente.

El silencio sofocaba el aire.

La quietud saturó la tierra.

Aunque mis huellas estaban claras en la arena, mis cazadores no se encontraban en ninguna parte.

Como el vapor, se habían desvanecido en el viento.

El silbido de la serpiente se había ahogado; su veneno se había detenido y sus colmillos se habían roto, pues esta noche era díscolo y ciego; y yo, la única alma en un vasto yermo de piedra pulverizada, descansaba firmemente, no sola, sobre una roca poderosa.

Levantándome de rodillas, observé la interminable extensión que tenía ante mí. A lo lejos pude ver una luz; sus rayos coronaban la cima de una duna, adornándola con un brillo glorioso. Y volví mis ojos al cielo, para contemplar otra extensión, no obstruida por la mano del hombre, y llena, rebosante, repleta, con más cuerpos brillantes que los que podrían ser emparejados con todos los granos de arena que se extendían desde donde me arrodillé. Desde vastas y lejanas tierras su luz brillaba, cada una llenando la profunda oscuridad que las rodeaba con lo que ese vacío no podía comprender, ni sofocar: una lámpara, forjada por el mismo aliento de Dios, proclamando su gloria en los lugares más oscuros, inmune a las manchas de espejismo a través de las cuales gira; y cada cuerpo que llevaba esa gloria dentro se fijó firmemente en su lugar, allí para completar su trabajo y por su muerte brillar más, llamando y obligando a todos a contemplar las grandes maravillas transformadoras del Todopoderoso y alimentar las luces que permanecen, hasta el día final.

Mis ojos se cerraron herméticamente y lloré.

—¿No me llevarás? —lloré, con los brazos abiertos, como un niño que busca a su padre para que lo levanten y lo sostengan cerca de su pecho.

Mi alma golpeó contra las puertas del cielo.

Había vuelto a saborear la presencia de la Muerte, pero no me había entregado a enfriar su negra lengua; por eso, mi anhelo de contemplar el bello rostro de mi Salvador, de aferrarme a su glorioso cuerpo, y en su amor encontrar descanso para siempre, este fuego consumidor, que ardía más con cada pincelada contra la mano de la Muerte, ardía como nunca antes, sus llamas quemaban a los que ya ardían.

Sin embargo, en medio de mi anhelo, Cristo extendió de nuevo su poderosa mano de misericordia y gracia, y me tomó en su palma, sosteniéndome estrechamente contra el agujero por el que se había clavado el clavo. Y allí oí su dulce voz, susurrando con tanta ternura a mi espíritu, instándome a que aguantara un poco más, pues aún tenía algún propósito para tejer la gran historia, en cuya narración me había elegido amorosamente como su instrumento.

La paz me consumía, y recordé el amor que no había olvidado por mi parentela, por los musulmanes de todo el mundo que aún vivían en la oscuridad de la que había sido rescatado. Tal vez esta era la razón de mi constante esfuerzo por superar a la muerte, aunque no podía esperar a encontrarme con Jesús en su reino.

Mis pies recibieron una nueva fuerza, y me levanté de la arena.

Subiendo al ápice de una duna cercana, miré al vacío hasta el amanecer que era la brillante corona en la distancia.

Era mi coche, con las luces aún encendidas y en marcha hacia la arena.

Podía ver a kilómetros de distancia en todas las direcciones.

No se podía encontrar ni un mechón de arena de los pies de mis perseguidores.

Se habían ido, como si nunca lo hubieran hecho.

Después de haber observado cuidadosamente y durante mucho tiempo el desierto, lentamente comencé a bajar por la duna hasta la que estaba mi coche.

El sonido de la puerta abierta se alejó en la noche.

Caminando cautelosamente alrededor de la duna, vi mi coche destrozado, acribillado por los agujeros de bala y con la parte delantera enterrada en la arena.

Mientras lo inspeccionaba, salieron a la luz un montón de cosas sorprendentes. En primer lugar, no se había reventado ni un solo neumático durante el tumulto unilateral de la carretera; todos estaban perfectamente intactos, sin ni siquiera un pinchazo de aguja. En segundo lugar (y esto me hizo reír bastante), el coche se había apagado. Aunque había abandonado las llaves, parece que incluso con el cerebro dando vueltas como en una lavadora, y la muerte pisándome los talones, los viejos reflejos seguían disparando en todos los cilindros, obligándome primero a apagar el coche antes de correr por mi vida. El simple hecho de que la carrocería del coche no hubiera sido ametrallada fuera de la estructura era suficiente para justificar una caída de mandíbula; pero fue la reacción de asfixia, chisporroteo, y luego de encendido después de mi giro de la llave, dando vida a este hermoso y roto cubo de pernos, lo que realmente se llevó el pastel y a través del Rub" a Khali hizo eco de un lleno de pecho, alegre, "¡ALELUYA!"

Usando las alfombras, recogí gran parte de la arena enterrando los neumáticos, y luego los fijé debajo de la goma para la tracción para que el coche rodara libremente.

Mientras el sol salía lentamente sobre el borde que se acercaba, mi coche, completamente masticado, cojeaba en un aparcamiento fuera de una tienda cercana. Mirando hacia el cruce de Dubai, pensé en todo lo que podría salir mal. Estaba yo, en primer lugar; mi tarjeta de identificación ciertamente iluminaría mis recientes encontronazos con las autoridades. Luego, estaba este auto - pocas personas, asumí, no tendrían preguntas para un hombre que conduce un pedazo de queso suizo.

El cruce de la frontera es siempre una búsqueda de cavidades, y yo llevaba mis dientes rotos en un collar.

—Cuando todo parece imposible —murmuré, viendo el fuego celestial extenderse por las nubes—. Señor, por favor, abre un camino.

Entré en la tienda y empecé a reunir comida y agua para aplacar mi hambre y mi sed.

A medida que avanzaba, pasé junto a una pila de pasteles frescos.

Extraño, pensé... ¿qué hace esto aquí?

Alargando la mano en medio de la pila, mis dedos se enrollaron sobre un rollo de cinta adhesiva.

—¡No es una gran rosquilla! —me reí para mis adentros, y luego me volví para ponerlo de nuevo en su sitio.

Antes de que mi primer pie cayera, mi mente caminó directamente hacia una sólida pared de realización, levantándose de repente de la nada.

—¡PLATA! —declaré, atrayendo una mirada curiosa del tendero.

Corrí hacia el mostrador.

—¡Esto es plata! —le grité al hombre, señalando ansiosamente la cinta.

No habló; los párpados de sus ojos simplemente desaparecieron detrás de sus cejas.

—¡Me lo llevo! —con eso, felizmente lo pegué delante de él—. ¡Oh! Y esto también —añadí, corriendo a recoger la comida y el agua que había tirado por el pasillo en mi excitación.

El vendedor debe haber sido el mejor cajero entre sus compañeros; en segundos me echó una mano para salir por la puerta.

Agradeciéndole profusamente, me deslicé a través de la puerta y me dirigí a mi coche, mientras que el vendedor bajó las persianas y cerró la entrada; me observó cuidadosamente a través de los huecos de su barricada hasta que me marché.

Mi mano metió la mano en la bolsa y sacó mi premio.

¡Plata! ¡Qué maravilla!

Y ahora, para el premio, tirando la comida y el agua en el asiento del pasajero, corrí a mi puerta y sostuve la cinta adhesiva en la carrocería del coche.

Plata y plateado... ¡Una combinación de colores absolutamente perfecta!

Bueno...lo suficientemente bueno.

Al dar vueltas alrededor de mi auto, parcheé cada agujero, perforé los vidrios que quedaban de cada ventana rota y los llené con cinta adhesiva.

Ahora, estaba en el borde.

—Jesús —oré, lanzando el rollo al asiento trasero y caminando hacia el lado del conductor—, siento como si debiera haberme cruzado de nuevo con uno de tus ángeles. Como sea que haya sucedido, Tú has hecho un camino, ahora, te pido de nuevo, haz un camino, porque ahora voy a cruzar una línea traicionera. ¡Sé mi ayuda siempre presente en este momento de necesidad!

Me subí, me puse los nudillos blancos sobre el volante, y luego escuché un golpeteo en la ventana de la cinta que había hecho.

Al quitarla, vi a un agente de la frontera extendiendo su mano.

—Identificación —dijo, con aspecto de estar muy cansado o desilusionado.

Había sido un viaje rápido; Dubai estaba a pocos centímetros delante de mí. Respiré profundamente y le entregué mi tarjeta de identificación de los Emiratos Árabes Unidos. Pero cuando me moví para abrir la puerta en previsión de que me pidiera que saliera para que pudiera realizar su inspección de rutina, el hombre suspiró y bostezó profundamente.

—Está bien —dijo, frotándose los ojos y entregándome mi identificación—. Adelante.

Mi mano que agarraba el carné permaneció inmóvil; mis ojos se congelaron, fijos en el lugar que acababa de dejar libre.

¿Qué es lo que acaba de pasar?

¿Él...?

—¡Adelante! —gritó.

Adelantándome la cabeza, le vi agitando impacientemente su brazo para que yo pasara por la puerta abierta.

Una hora de inspección fronteriza era una señal positiva, ¿pero solo diez segundos?

—¡Dos veces fue más que suficiente! —declaré a mi amigo al llegar a su casa en Dubai—. ¡Te digo, Leonard, que atravesé esa puerta abierta con la ayuda de Dios!

—Si no sirviera a un Dios tan grande —exclamó, dejando caer finalmente sus manos sobre su boca abierta—, ¡diría que no es posible! ¡Nadie pasa por ese cruce con solo un control de identidad!

En ese momento, su esposa, que acababa de regresar a casa, irrumpió en la habitación.

—¡Ahmed! —gritó—. ¡Tu coche! ¡Está absolutamente destruido!

—¡Hola, Hannah! —la saludé, moviéndome para verla—. ¡Ya lo sé! ¿No es increíble?

—¡Me lo estaba contando! —dijo Leonard—. Aún no lo he visto yo mismo.

—¿Ver qué? ¡Es un montón de metal retorcido! ¿Cómo has llegado hasta aquí?

Riéndose, le di otro mordisco al sándwich que Leonard me había preparado a mi llegada.

—¡Debería enviar un testimonio al fabricante! ¡Apuesto a que la gente saldría en tropel a comprar ese coche si vieran cómo le va en una zona de guerra literal!

Hannah de repente se adelantó, agarró mis manos y las de Leonard, y nos hizo salir.

Señalando ansiosamente la parte inferior del coche, gritó:

—¡Mira eso! ¡Miren todas esas cosas colgando! Mira lo que le has hecho a la carretera. Mira lo sucio que está el interior... ¡ese olor! ¡Es como si un animal salvaje hubiera estado viviendo en él durante meses! —de repente dejó escapar un jadeo inesperado—. ¡MIRA TU BRAZO!

En el orden que ella me indicó, miré. Numerosas partes que no podía nombrar, y que de alguna manera no había visto al golpear el casco, colgaban libremente de la panza del coche; estaban negras por su reciente contacto con la carretera, que, según percibí, tampoco había ido demasiado bien -una larga línea negra, como de un crayón gigante, trazaba la calle hasta donde yo estaba aparcado. Y había algo parecido a un animal salvaje viviendo en ese coche durante meses: yo. El olor y la suciedad en la que había vivido durante tanto tiempo había dejado de afectar a mis sentidos. Gracias a Hannah, me tragué una gran muestra olfativa y penetrante de lo que había llegado a ser mientras estaba huyendo.

Entonces, miré mi brazo.

Mi camisa estaba saturada de rojo en el hombro; el dolor regresó de repente, apuñalándome como lo había hecho durante la persecución, incluso pude oír el disparo.

Dirigiéndome hacia la casa, Hannah le ladró indignada a su marido,

—¿Cómo es que no viste esta herida mientras hablaban?

Leonard no respondió. Se había quedado mudo al ver mi vehículo; sus mandíbulas superior e inferior se habían convertido en extraños distantes. Pero de toda la carnicería automovilística antes de él, su asombro parecía haberse concentrado en un solo punto.

—Espera un momento, Hannah —dije suavemente, tomándola por los codos para frenar su avance hacia la casa—. Espera un momento —mis ojos miraron por encima de su hombro a Leonard—. Vuelvo enseguida.

Leonard estaba inclinado en la ventana trasera del pasajero del lado del conductor.

Me acerqué lentamente a él.

Su mano se apoyó suavemente en el asiento del conductor; sus ojos sin parpadear la sostuvieron en un agarre mortal.

—¿Leonard?

—Mira —susurró; y, de forma constante, tocó una pequeña y oscura mancha en el respaldo del asiento.

Dio un paso atrás.

Tomé su lugar y examiné la mancha.

Las rodillas casi se me desplomaron, porque allí, en el respaldo del asiento, había un agujero de bala, situado justo detrás de donde se había mantenido mi corazón acelerado durante la persecución. Y mis rodillas finalmente se encontraron con el suelo cuando inspeccioné el otro lado del asiento, donde encontré el destello de la punta dorada de una bala de un tirador asomándose a través del cuero.

Me desmoroné en un montón en medio del polvoriento camino de entrada, sollozando incontrolablemente y alabando la poderosa mano de Dios, que me había sujetado contra los colmillos de la víbora: ¡la misma mano de Dios se había interpuesto entre yo y una muerte segura! Más misericordia de la que jamás pude soñar había sido prodigada en mí: ¡un hombre tan pecaminoso, cuyas manos habían anhelado y se habían entrenado para apretar los mismos gatillos que ahora se habían forjado contra mí! No era una nueva revelación, que Dios me había librado de las mismas mandíbulas que habían sido las mías; pero era, sin embargo, pesada esta vez, como lo es hoy.

Llevándome en sus brazos, Leonard y Hannah me sentaron contra el coche, mientras Hannah trabajaba para volver a unirme.

—Este no es un grupo de granujas que te persiguen —dijo la voz grave de Leonard—. No, esto es el gobierno; estoy seguro de ello. Y pronto te seguirán aquí. No me sorprendería que Dubai cooperara con los saudíes, ambos irán tras de ti.

A cada paso, una sombra parecía asomarse, como una altísima ola de marea que se alzaba para estrellarse; la niebla de su oscura cresta cayó sobre mi cara mientras estaba sentado allí, mi cuerpo pesado con el peso del muro inminente listo para descender sobre mí.

—Debes irte. Ahora.

Sus palabras fueron tranquilas, pero directas.

—Hannah —dijo—, tú también debes irte.

Su cara se puso blanca.

—¿Y tú qué?

—Pronto se enterarán de nuestra amistad con Ahmed, esa raya negra en el camino seguramente ayudará. Si vienen aquí y no encuentran a nadie, sospecharán de nosotros dos.

—¡Si no estoy aquí podrían sospechar que él está conmigo!

—¡Les diré dónde está! ¡Pero no antes de que el avión salga de la tierra! Les diré todo; que lo alimenté, lo ayudé y dónde está; ¡pero no me digas adónde vas, para no mentir cuando diga que no lo sé!

—¡Pero, Leonard!

—¡Deprisa! —se quebró—. ¡Probablemente estén en camino ahora! ¡Ve!

Me puse en pie de un salto.

—¡Espera, hermano! No puedo pedirte que...

—¡No lo haces y no te lo permitiré! ¡Ora ahora conmigo! Padre —dijo—, Has llevado a mi hermano hasta aquí - llévalo ahora al aeropuerto; confunde a sus perseguidores; y tráelo a salvo a una tierra bendecida con la libertad! ¡Ahora, vete! —gritó, empujándome al coche—. ¡Y que Dios te acompañe!

En un cementerio de mecánicos cerca del aeropuerto de Dubai, me despedí de mi fiel coche, y luego corrí dentro, solo para descubrir una fila que salía por la puerta con gente esperando los pases de embarque. El tiempo se agotaba; mi vuelo salía pronto, y esta línea había perdido ese vuelo marcado por todas partes.

—¿Alguien va a Auckland, Nueva Zelanda? —gritó una voz desde el principio de la fila.

—¡YO!

Todo el aeropuerto se dirigió asustado hacia el grito salvaje y sudoroso.

Incluso yo me sorprendí por el sonido; era una exclamación bastante involuntaria, como la llamada que me había hecho.

Un hombre de aspecto agradable corrió hacia mí, me tomó del brazo con una sonrisa y me llevó a la línea de inmigración, que solo estaba compuesta por mí.

—¡Y aquí tiene su tarjeta de embarque, señor! —chirrió una pequeña y muy amigable joven—. ¡Disfrute de su vuelo!

Así como así, me metieron en un asiento, volando por encima de las nubes, con destino a Nueva Zelanda.

—¡Lo lograste! —lloré en voz alta a mi Salvador, mientras mis manos bailaban por mi pelo, me frotaban la cara, me pellizcaban las mejillas... ¡Simplemente no sabía qué hacer conmigo mismo!

Echando la cabeza hacia atrás en la silla con una mano sobre la frente, arrojé con un suspiro todo el estrés reciente que tenía como un velcro pegado a mí; el final del mismo se estremeció mientras se deslizaba con gracia sobre mis labios.

Se acabó, pensé.

Finalmente soy libre.

Por fin estoy a salvo.

Me equivoqué en todos los aspectos.

## 21
## La Tierra de la Libertad

—OJALÁ tuviera mejores noticias —dijo Matt, que había llamado poco después de que aterrizara en Nueva Zelanda; algo como un clavo de ataúd había hecho estallar su habitual personalidad burbujeante—. Leonard y varios otros han sido arrestados.

Mi mano cayó contra la pared de la terminal.

—Hannah está fuera de sí; apenas pudo decirme lo que pasó.

Cada vez más bajo me deslizaba hacia el suelo mientras hablaba.

—Se lo llevaron el día que te fuiste, luego irrumpieron en la iglesia y arrastraron a otros sospechosos de estar cerca de ti. No sé nada más hasta ahora, lo siento.

Varias personas que pasaban por allí se inclinaron hacia mí.

—¿Está bien, señor?

—¿Llamo a un médico?

Pero no pude responder; las noticias que acababa de recibir no podían existir. Y con su peso sobre mis hombros como el plato descendente de una prensa hidráulica, tropecé con el aeropuerto hasta que encontré a mis amigos John y Reena, en cuyos brazos me desplomé y lloré amargamente.

## 21 | La Tierra de la Libertad

Varios días más tarde, pasé de rodillas orando en la habitación de invitados de la casa de John y Reena por los perseguidos por mi causa, recibí otra llamada de Matt.

—¡Alabado sea Dios! —gritó, su inglés exclamatorio recuperó toda su fuerza—. ¡Han sido liberados sin cargos! ¡Y qué historia!

Corrí a la otra habitación, reuní a mis anfitriones y puse el teléfono en el altavoz.

—Leonard me dice que la policía de Dubai llegó a su casa a los cinco minutos de tu salida, destrozaron el lugar, dijo, buscándote; ¡pero no les dijo nada! Después de un feroz interrogatorio, lo arrastraron a la prisión, allí para ser interrogado con los demás. Leonard estuvo atento a la hora; cuando supo que sería demasiado tarde para que te atraparan, confesó tu paradero. ¡Y ya era demasiado tarde! Los escuchó gritarse por teléfono, al parecer no pudieron encontrarte en los registros de las listas de pasajeros porque habías usado tu pasaporte en vez de tu identificación de Emiratos Árabes Unidos.

—¿Qué importa eso? —preguntó John.

—Los saudíes no están tan avanzados en estas cosas como las naciones occidentalizadas —expliqué—. Usar un ID de los EAU para entrar en Dubai y un pasaporte para salir me hace temporalmente irrastreable, ya que los números de identificación existen en diferentes bases de datos y no están vinculados.

—¡Es asombroso! —gritó Matt—. ¡Leonard dijo que el oficial de la cárcel se volvió loco cuando recibió la noticia! ¡Aparentemente sus hombres irrumpieron en su puerta justo cuando el avión había dejado el suelo! ¡Literalmente tienen que verte ascender a los cielos hacia la libertad!

—¿Están bien? —se lo supliqué—. ¿Leonard y los otros?

—Un poco desgastados, pero no pudieron ofrecer nada más a la policía y fueron liberados a los tres días; ¡no se presentaron cargos! ¡ALABADO SEA DIOS!

Según todos los testimonios, parecía que era eso: el juicio final había pasado; había escapado de Arabia Saudita, mis amigos habían aguantado y sido liberados sin cargos, y estaba de nuevo libre para vagar por los confines de la tierra, predicando el Evangelio a los perdidos. Y así lo hice, yendo aquí y allá, hablando y enseñando, pero siempre y ante todo demostrando el amor de Cristo, sin embargo podía, incluso ofreciéndome como voluntario para lavar los platos en un restaurante propiedad de un hombre musulmán. Frotaba y charlaba sobre mi Salvador y la Buena Nueva, día tras día; una vez (porque, ¿cómo no iba a hacerlo?) ¡usé la limpieza de platos como una analogía de nuestros pecados siendo borrados!

De hecho, esta historia de la evangelización del lavado de platos sería una pequeña gran anécdota para terminar esta gran historia.

Pero el mundo no había terminado conmigo todavía.

—La palabra ha estado viajando a través de nuestra cadena de amigos —dijo John una mañana, tirando de mí a un lado antes del desayuno—. No esperes que nadie haga una llamada directa, la policía religiosa ha entrado en Dubai.

—¿Qué?

—Dubai ha accedido a cooperar con los saudíes —continuó, caminando por la habitación cerrando las persianas—. ¡Ese dinero negro es de ellos! Se ha puesto una recompensa por tu cabeza. Me acaban de informar que se ha emitido un aviso internacional de extradición; te entregarán a Arabia Saudita para que enfrentes la ejecución por decapitación.

—¡Nueva Zelanda no cumplirá con eso, sin embargo!

—No estés tan seguro —susurró, volviendo a mí después de haber oscurecido la habitación—. El amor por el dinero es una fuerza convincente.

Disculpándome, corrí a mi habitación para hacer una llamada.

—¿Y si solicito asilo?

—¡No lo hagas! —gritó el hombre alto—. Ahmed, prométeme que no harás eso!

—¿Por qué? ¡No lo entiendo! ¿Me entregarían por dinero? ¡Pensé que esta era una tierra de libertad!

—¡Escúchame! —dijo—. ¡Ya he perdido a alguien de esa manera!

Se me secó la boca.

—La situación era muy parecida, solicitaron asilo y fueron arrebatados, aquí mismo en suelo neozelandés, ¡incluso cuando pusieron tinta sobre papel en un edificio del gobierno! Eso fue hace años, Ahmed; y no he encontrado ningún rastro de ellos desde entonces. Están muertos; y no permitiré que caigan en la misma trampa.

—Pero... este lugar —gimoteé, viendo una nube oscura rodar y convertirse en cenizas lo que durante mucho tiempo había conocido solo como una tierra verde y en crecimiento.

—Este lugar está lleno de hombres —respondió con gravedad—. Y algunos funcionarios del gobierno, hombres y mujeres por igual; harán la vista gorda por amor al dinero. Ahmed, ya no estás a salvo aquí.

—Si quieren llevarte —declaró Reena, golpeando su puño sobre la mesa—, ¡TENDRÁN QUE PASAR POR MI CUERPO MUERTO!

—¡*Silencio!* —John siseó de repente—. *¡Agáchate!*

Todos nosotros golpeamos la cubierta y vimos con la respiración contenida cómo dos siluetas oscuras pasaban muy cerca de las sombras dibujadas.

John se arrastró hacia la ventana.

El agudo susurro de Reena rompió los tímpanos:

—*¡REGRESA AQUÍ!*

—*¡Tengo que ver quién es!*

Deslizando su vientre por el suelo, se deslizó por la pared junto a la ventana y se asomó cuidadosamente detrás de la cortina.

—¿Quién es? —Reena susurró—. *¡John! ¿Quién es?*

—No lo sé —contestó largamente—. *Nunca los he visto antes. Hombres altos. Trajes oscuros. Gafas de sol. Parecen policías encubiertos. Sean quienes sean* —continuó en un tono bajo cuando se arrastró hacia nosotros, acurrucados bajo la mesa de la cocina—, *no parecen amistosos.*

—Me voy —murmuré, avanzando hacia la puerta trasera.

—*¡NO TE ATREVAS!* —gritó Reena.

Era muy parecida a una madre para mí, Reena; y, como las madres lo hacen mejor que nadie, me lanzó una mirada que me redujo al tamaño de un guisante.

Cedí, pero solo por un día.

Dejando una nota en mi cama, este pequeño pichón saltó de su ventana y se lanzó a la noche a buscar otro nido en el que esconderse. Durante varios días, estuve saltando de un lugar a otro, de un lado a otro de las casas de los amigos cristianos, siempre un paso por delante de la policía, que no dejaba ni un rincón sin fisgonear.

No se veía el final de esta persecución.

—Jesús —oré—, puedo correr por esta pequeña isla hasta que me lleven al mar, sin poder compartir nunca más Tus Buenas Noticias, excepto, quizás, por los peces que paso mientras me hundo en el seno de Tasmania. Me enfrentaré a este peligro. Por favor, camina conmigo, o bloquea el camino.

Con las piernas cansadas por la carrera, me arrastré lentamente a la calle, en cuya esquina había dos hombres altos con trajes oscuros, cada uno de ellos con un gran juego de gafas de sol sobre su nariz.

Deslicé mi espalda a lo largo de la tienda detrás de mí, mirándolos mientras iba.

Su mirada oscura observaba la intersección de las ramas delante de nosotros.

—¡Caballeros! —lloré, después de varios intentos fallidos de hablar más que una tos sibilante.

Los dos hombres se pusieron en marcha rápidamente.

Cuatro cejas saltaron desde detrás de cuatro lentes oscuros, y dos grandes pies se adelantaron; otros dos se prepararon para saltar.

—¡No te acerques más! —grité, retrocediendo hacia la puerta de una tienda local, esperando que el ambiente público los disuadiera.

Esos pies no se acercaron más.

—¡Me están buscando!

Asintieron con la cabeza.

—¿Qué crimen he cometido?

No hubo respuesta.

—¿Buscan arrestarme por un crimen?

Silencio.

—¿Me interrogarán?

Una cabeza asintió lentamente.

—¡Entonces, te escucharé! ¡Pero solo en estos términos! Nos reunimos en el lugar que yo elija, con testigos de mi elección.

Después de una gran pausa, un par de labios apretados se separaron.

—¿Dónde?

Señalé la zona residencial cercana.

—Allí —y les di la dirección.

Ambos se volvieron lentamente, siguiendo la dirección de mi señalamiento; luego, sus rostros volvieron a mí.

Después de un momento de silencio, se volvieron y se dirigieron hacia las casas.

Los seguí a distancia y saqué mi teléfono.

—*John* —susurré—. *Voy a volver.*

—¿En serio? ¡Eso es genial!

—*Voy a traer algunos oficiales encubiertos conmigo.*

—¿QUÉ?

—*Estaremos allí pronto.*

—¿Cómo... qué? Son ellos... ¿qué hiciste?

—*Hablaré contigo en un minuto.*

Los ojos de John hicieron que la luna llena pareciera cuadrada cuando abrió la puerta para ver a los oficiales, más aún cuando me vio saludándolo desde el otro lado de la calle.

Explicó la situación, aceptó ofrecer su casa como lugar de encuentro, nos invitó a entrar y nos llevó a la sala de estar.

Tomé una silla justo enfrente de los oficiales.

—¿Eres cristiano? —ladró uno, sacó sus gafas de sol y sus ojos oscuros se clavaron en los míos.

—¿Qué clase de pregunta es *esa*? —gritó Reena.

—¿Es el cristianismo un crimen? —pregunté, habiéndome atrapado por poco de caer de mi silla.

—¿Nueva Zelanda ya no es una tierra de libertad religiosa? —preguntó John, reajustando su mandíbula después de que cayera en picado sobre la mesa.

Lavado por el aluvión de voces que se le lanzaron, el oficial se sentó lentamente en su asiento, se frotó la cara y luego me miró con los ojos entrecerrados, mientras su rostro luchaba contra sus mejillas para hacerlas sonreír.

—Por supuesto que no —dijo, sonando como si su mandíbula hubiera sido atornillada en su lugar—. No te preocupes —continuó, sonando como un hombre que asegura a un niño que hay caramelos dentro de su furgoneta—. No se lo diremos a los saudíes.

—¡No necesita responder a eso! —ladró Reena—. ¡Sus creencias son las suyas y no son asunto tuyo! ¿Algo más?

—Solo unas pocas preguntas más —dijo el otro, sus ojos aún más atentos que los de su compañero, tan atentos y sin pestañear, que no pude evitar estudiarlo de nuevo.

Al hacerlo, noté que un brazo se deslizaba muy lentamente hacia atrás y luego volvía a avanzar.

—Bien —respondí, inclinándome hacia atrás en mi silla y doblando los brazos—. ¿Qué te gustaría saber?

Mientras me inclinaba, mi campo de visión se amplió.

Apenas podía ver debajo de la mesa.

—¿Cuándo llegaste?

Giré la cabeza y dejé salir una tos; mirando hacia abajo y lejos, usé mis periféricos para escanear la parte inferior de la mesa; y allí pude ver un teléfono celular.

El oficial estaba tratando de grabar sutilmente la conversación.

"He aquí", dijo Jesús en Mateo 10, "os envío como a ovejas en medio de lobos".

—Hace unos días —respondí.

—¿Por qué has venido?

—Para visitar a unos amigos.

—¿Cuánto tiempo te quedarás?

—Aún no lo he decidido.

—¿Cuántos amigos dirías que tienes en la zona?

—Más de los que merezco.

—¿Qué tipo de actividades has estado haciendo aquí en Nueva Zelanda?

—Visitar.

—¿Algo más?

—Admiración del paisaje... y correr.

—¿Qué es lo que quieres? —dijo Reena cuando estas preguntas se hicieron durante algún tiempo—. ¡Es un hombre piadoso! ¡No es una amenaza para nadie! ¡Puedes llevar mi palabra al tribunal! ¡Testificaré esto ante cualquier tribunal del país! ¡No ha hecho nada malo y no te ha presentado ningún crimen que sea sospechoso de cometer! ¡Explíquense en este *instante*! ¿Por qué lo interrogan?

Un oficial miró al otro.

Suspirando, tomó sus gafas de sol y se puso de pie.

—Estaremos en contacto —dijo, y luego se volvió hacia la puerta.

Su compañero también se levantó. Dando un paso, se detuvo de repente; luego, antes de que pudiera reaccionar, se dio la vuelta y me sacó una foto.

—¡HEY! —gritó John—. ¡Esta es mi casa! ¡Es ilegal!

## 21 | La Tierra de la Libertad

—Déjalo ir, John —dije suavemente, poniendo una mano en su pecho—. Tendremos que dejarlo ir.

Se me dijo que el gobierno saudí estaba dispuesto a llegar a un acuerdo. Con pleno conocimiento de mi pobreza, pusieron por escrito que estaban dispuestos a proporcionarme "generosamente" una beca para una universidad de mi elección, junto con un cheque mensual, todo a cambio de mi silencio sobre todo el "desafortunado" asunto y mi promesa de cortar todos los lazos con el cristianismo y renunciar a él.

Saqué un bolígrafo y grabé mi respuesta.

"Nada, ni siquiera su dinero inútil, puede separarme del amor de Jesucristo, el único Dios verdadero".

Firmado.

Sellado.

Entregado.

—¡Ahora, hay una idea! —declaró el hombre alto, mientras yo sellaba el sobre que contenía mi respuesta—. Hay un tipo diferente de visado para el que puedes solicitar un visado de estudiante. No tendrás que pasar por el mismo proceso que el otro; es más rápido y podría dejarte menos expuesto. Tenemos que tratar de obtener cualquier relleno legal que podamos conseguir, de verdad. El único problema con este es que tendrías que ser aceptado en un Instituto de Inglés.

Él y yo fuimos a uno y preguntamos, pero no había manera de que pudiera cubrir los honorarios.

—¿Hay algo que puedas hacer? —le rogué a la recepcionista.

—No puedo —respondió—. Pero puedo conectarte con el director. Puedes apelar a él, si quieres. Es un hombre muy agradable; estoy segura de que te escuchará, al menos.

El director corroboró el análisis de su carácter y la suposición de su respuesta a mi pregunta.

—¡Bienvenido! —se rió, abriendo su puerta con una gran sonrisa, mientras el color de su naturaleza burbujeaba sobre los bordes de su resplandeciente personalidad, envolviendo completamente todo lo que tenía delante—. Por favor —dijo, señalando un juego de sillas en el centro de la habitación—, ¡Siéntate!

Su oficina era tan cálida como su compañía; el mismo aire que respirábamos era un delicioso brebaje de especias orientales. Un resplandor de bronce pintaba la atmósfera, y por toda la habitación había decoraciones y símbolos budistas, delicadamente adornados por el sonido del agua que goteaba mezclado con una suave música de cuerdas.

—¡Así que! —se rió, se dejó caer en su silla y nos engulló al hombre alto y a mí con su mirada ansiosa y amistosa—. ¿Qué puedo hacer por ti?

—Mi amigo no tiene dinero para cubrir el costo de la entrada —dijo el hombre alto—. ¿Hay algo que pueda hacer por nosotros?

Los ojos anchos y brillantes del director se ocultaron rápidamente detrás de dos rendijas; sus cejas fruncidas se arrugaron y su sonrisa se contrajo en un fruncido desconcertante.

—¿No eres saudí? —me preguntó.

—Lo soy, señor.

—¿Cómo es entonces —continuó, rascándose la barbilla—, que no tienes dinero para pagar? Todos mis estudiantes saudíes vienen de una riqueza desmesurada. De los problemas que ellos llaman propios y me traen, nunca he tenido ninguno relacionado con las finanzas —inclinándose hacia adelante, me miró fijamente a la cara—. ¿Por qué eres tan pobre como para no tener nada que poner en la matrícula?

—De todas mis posesiones —respondí, mirando hacia atrás—, el dinero es lo que menos me ha quitado el gobierno saudí.

Se sentó lentamente en su silla.

Pasaron varias respiraciones silenciosas, mientras la resonancia del agua resonaba sobre nosotros y las cuerdas seguían sonando.

—¿Por qué?

Su discurso fue llevado a cabo con una suave exhalación, liberada muy lentamente.

—Soy un hombre perseguido, señor.

Sus ojos se abrieron de nuevo y sus brazos se cruzaron.

—Cuéntamelo todo.

Y cuando terminé, el río furioso que fluía de sus ojos había reemplazado el sonido del agua que rezongaba, y las cuerdas que se movían caían derrotadas bajo el peso de sus lamentos.

—Mi querido muchacho —gritó, poniendo una mano sobre mi brazo—, sea lo que sea, como sea que pueda, te prometo que te ayudaré.

El hombre alto y yo nos quedamos despiertos toda la noche discutiendo los eventos del día, maravillados por la forma en que Dios se había movido en nuestra reunión con el director.

—¡Y en esto vemos de nuevo el poder de Cristo! —declaró—. ¡Que traería a un budista a nuestro camino para escuchar y conmoverse con la historia de Jesús trabajando a través de ti!

—¡Es realmente asombroso! ¡Cada cuota se ha eliminado! ¡Alabado sea Dios!

En ese momento, el teléfono del hombre alto sonó.

—¡Hola, Jeff! ¿Qué puedo hacer por ti?

La cara del hombre alto cayó de repente, arrastrando con ella toda la luz y el color de la habitación.

—Bien —dijo sin aliento—. Gracias, Jeff.

—¿Qué pasa?

—Tenemos que irnos ahora.

—¿Por qué? ¿Qué ha pasado?

—Era un viejo amigo mío —dijo, arrojando apresuradamente su chaqueta y buscando sus llaves—. Es amigo de un hombre del gobierno: Greg, un cristiano. Le había hablado a Jeff de ti y de lo que has estado pasando desde tu regreso. Debe haberle contado eso a Greg, ¡vamos! —ladró, acompañándome a la puerta—. Aunque no tenía detalles específicos —continuó, una vez que saltamos al auto—, dijo que Greg le avisó que el gobierno te ha puesto en la mira.

—¿Qué pasa con el visado?

—No parece que tengamos más opciones. Greg hizo que Jeff llamara y me dijera que te llevara con él. Ahí es donde vamos a ir.

Sería un largo y tenso viaje a través de varias horas de oscuridad.

Mientras tanto, observaba con atención cómo Nueva Zelanda pasaba a toda velocidad por mi ventana; quería hacer tantos recuerdos de una tierra que temía no volver a ver nunca más.

Este lugar había sido para mí un lugar de bienvenida; lo rápido que se había convertido en una trampa mortal.

—Debes dejar Nueva Zelanda de inmediato.

El hombre alto y yo no podíamos dejar de mirar a Greg; su tono era bajo y grave, y no había gastado tiempo en bromas.

—¿Tienes un visado para viajar a otro país?

—Tengo mi pasaporte —respondí.

Los labios de Greg se agruparon.

## 21 | La Tierra de la Libertad

—Supongo que eso tendrá que bastar. Pero no será suficiente.

—¿Qué ha pasado? —preguntó el hombre alto.

—El gobierno ha aceptado cooperar con Arabia Saudita; pronto detendrán a Ahmed y lo llevarán por la fuerza a la embajada saudí con la orden de que rellene algunos papeles oficiales para obtener su visado.

—Bien —dije, un poco desconcertado—. Pero, eso es algo bueno, ¿verdad? Necesito esa visa.

—Escúchame —las palabras de Greg eran tan afiladas como lanzas y tan pesadas como yunques—. Ya se han enviado agentes del gobierno saudí. No saldrán de la embajada de la misma forma que entraron, en lugar de hacer el papeleo, estaremos limpiando sangre.

Un espeso silencio como un globo creció entre nosotros, inflándose y presionando fuertemente contra cada uno de nosotros.

—¿Qué debo hacer?

Greg me tomó de los brazos.

—Ora —dijo, mirándome a los ojos—, y consíguete un billete a los Estados Unidos.

—¡No funciona! —llamé al hombre alto después de dos horas de intentar seleccionar un asiento en línea—. ¡Mira! Cada vez que hago clic en un asiento para reservarlo, recibo este mensaje de error! ¡Cada asiento es rechazado!

—Intenta con ese número de teléfono —dijo, tocando la pantalla.

Una vez hecho esto, le llamé de nuevo.

—Me dijeron que tengo que ir y consultar con alguien en el aeropuerto.

El hombre alto miró su reloj.

—Vamos, entonces —dijo—. Solo nos quedan unas pocas horas para el despegue.

Recogiendo la nada con la que había llegado, me dirigí a su coche y juntos corrimos al aeropuerto.

—Siento mucho la espera, señor —dijo una agradable mujer detrás del mostrador de servicio—. Estamos inusualmente ocupados esta mañana. ¿En qué puedo ayudarle?

—Entré en su página web e intenté reservar un asiento en este vuelo, pero cada vez que lo hacía, me lo negaban.

—*Hmm* —sus labios se fruncieron y se movieron a la derecha—. Déjeme ver, aquí. ¿Tiene su pasaporte? Maravilloso, gracias.

Después de un prolongado período de *tap-tapidy-tap-tap* en el teclado, se retiró como si alguien hubiera tirado de su torso con una cuerda, sonrió brillantemente y dijo:

—¡Oh! ¡Disculpe! ¡Parece que ya le hemos asignado un asiento!

Podrías haber conducido un tren de carga por el agujero de mi cara.

—Déjeme decirle a mi supervisor que lo confirme.

Un hombre flaco y calvo se le acercó, miró a la pantalla y me levantó unos ojos caídos que permanecieron fijos en mi cara durante lo que pareció ser la mitad de la mañana. Luego, sin decir una palabra, golpeó una tecla del teclado, se escabulló hasta la impresora y me dio un ticket, antes de darse la vuelta sin hacer ruido.

Lo observé hasta que desapareció a la vuelta de una esquina, y luego dejé caer mis ojos sobre el boleto.

Ahí estaba el número de mi vuelo y el destino, junto con las letras SSSS.

—Señora —dije, mirando hacia arriba otra vez—, ¿qué es SSSS?

—Selección de seguridad secundaria —respondió con amplios dientes perlados—. ¡Disfrute su vuelo!

—¿Qué es eso? —le susurré al hombre alto, mientras caminábamos hacia la puerta.

—Si tuviera que suponer, y lo haré —dijo—, estarás tratando con el equipo de seguridad un poco más íntimamente.

Mi mente comenzó a correr.

—¿Qué está pasando? —supliqué, deteniéndome en seco—. ¿Qué está haciendo Dios? ¿Por qué me trajo aquí si solo para seguir huyendo y tener que escapar de nuevo? ¿Por qué este desvío gigante de Arabia Saudita a América?

—¡No fue un desvío! Mírame, Ahmed —respondió, agarrándome los brazos—, no *fue* un desvío. Dios tenía un propósito para que estuvieras aquí. Puede que te parezca pequeño a los ojos, pero te usó para tocar la vida de muchos, que a su vez tocarán la vida de muchos otros. Solo piensa, hay gente en esta isla a la que ningún hombre podría llegar, excepto uno formado por Dios como te formó a ti. ¡Piensa en el dueño de un restaurante musulmán! ¿Un hombre como él se habría abierto a mí como lo hizo contigo? ¡Y el director budista! ¿Quién de nuestro grupo cristiano podría haber conseguido una audiencia con ese hombre y así predicarle el Evangelio, como tú pudiste hacerlo? Dios te ha regalado este camino único. ¡Tú eres su obra! ¡Y una respuesta a mis oraciones!

Lo miré con curiosidad.

—¿Qué oraciones?

Las lágrimas brotaban de sus ojos, el hombre alto apretó sus brazos.

—Fui misionero en Arabia Saudita durante muchos años.

—¿Cómo es que nunca lo supe?

—Dios puso ante mí una gran cantidad de trabajo importante para hacer aquí en Nueva Zelanda —continuó—; pero una gran parte de mi corazón permanece enterrada en esas arenas, sangrando por la gente de allí. Durante semanas, ayuné y oré para que Dios me trajera un musulmán de esa tierra, incluso una sola persona a la que pudiera llevar a Cristo: Él me trajo a ti.

Mi mente se apresuró a volver al hombre pálido, demacrado y desgarbado que conocí en la casa de los pilares blancos.

—¡Él me trajo a ti! —gritó de nuevo—. Y me dio la bendición de tenerte en mi casa. Me quedé fuera de tu habitación toda la noche —dijo, con lágrimas cayendo sobre sus mejillas—; de rodillas ante tu puerta, rogué a Dios que te quitara el miedo, que levantara el velo de tus ojos y que rompiera la oscuridad que tanto tiempo te había mantenido en cautiverio. Te digo esto porque sé que tu viaje no termina aquí. Lo que sea que esté más allá de esa puerta, dijo, apuntando al control de seguridad del departamento de inmigración, Dios lo atravesará contigo. Él tiene cosas aún más grandes que hacer.

Mis brazos se agarraron a su alrededor; mi corazón les ordenó que lo arrastraran directamente a través de mi pecho para que pudiera permanecer dentro de mí siempre, y esos brazos estaban decididos a no soltarse hasta que hubieran cumplido su tarea.

—Padre —susurró mientras lo sostenía—, ¡Dejo a mi querido amigo en Tus poderosas manos! Vigílalo, úsalo y tráemelo de vuelta a mí algún día, ya sea en esta tierra o en tu reino.

Caminando hacia el departamento de inmigración, saqué mi teléfono y frenéticamente empecé a borrar todos los mensajes de texto, números de teléfono, fotos, *todo*, limpiándolo todo, de modo que no quedara ni un fragmento para comprometer a mis amigos.

—¿A dónde se dirige hoy, señor? —llegó una voz amable y encantadora.

Levanté la vista para ver a una mujer alta, rubia y corpulenta que me sonreía por debajo de un aura como el sol de mediodía.

—¡Los Estados Unidos de América! —le respondí, entregándole mi pasaporte e intentando hacer coincidir su gigantesca sonrisa.

—¡Bien! —sonrió, escaneando mi pasaporte—. ¿No es eso...?

Su discurso se detuvo.

Su sonrisa desapareció.

Esa aura brillante sobre su cabeza se apagó, y sus pupilas se dilataron.

Al tragar con fuerza, giró robóticamente la cabeza hacia un lado, sus ojos no parpadeaban y se fijaron en el mismo horizonte mientras se movían. Su mano se levantó lentamente y cogió un teléfono; susurró al receptor. Luego, girando lentamente el torso sobre su cintura, como si fuera girada por un mando a distancia, se enfrentó a mí y le inculcó lentamente una inquietante sonrisa de ojos muy abiertos.

Pero antes de que pudiera preguntarle sobre lo que parecía ser una grave y novedosa enfermedad que alguien de mi antigua profesión podría querer examinar, tres pares de manos se agolparon y me arrebataron por todos lados; y yo me quedé suspendido, con los pies colgando libremente sobre el suelo de mármol, hasta llegar a una pequeña habitación, donde me arrojaron a una pequeña silla para una pequeña charla.

La habitación tembló y un oficial corpulento entró en ella, cerrando la puerta tras él.

—¿Cuál es su asunto aquí? —gruñó.
—¿Puedo hablar con un abogado?
—¡CÁLLESE!
—¡Responda a la pregunta! —ladró otro oficial.
—Me gustaría hablar con un abogado.
—¡Apuesto a que sí!
—¡Esto es suelo internacional, amigo! ¡Aquí hay una lista de sus derechos!

Una mano abofeteó la mesa y dio la vuelta a una palma vacía.

Una sonrisa oscura creció en la cara del oficial al mando.

Y fue entonces cuando el granizo de misiles comenzó a caer -preguntas, escupidas por todos lados, llovieron sobre mí, hora tras hora, rompiéndose contra mis huesos como bolas de demolición y golpeando mis tímpanos como si fueran parte del set de percusión de un músico de jazz.

—¿Qué le hace tan especial? —siseó uno de los oficiales.
—Creo en Jesús.
—¿Desde cuándo un musulmán cree en Jesús? —expulsó a otro, vomitando su burla sobre mí.
—Todos los *musulmanes* creen en Jesús —confié tranquilamente—. Pero yo creo que Él es Dios.

Pensando que estaba a punto de ser entregado a los saudíes, aproveché la oportunidad para compartir mi testimonio, contándoles todo sobre mi fe en Cristo y lo que mi viaje había sido hasta este punto.

Para mi sorpresa, ellos me escucharon.

El fuego del granizo cesó.

Sus bocas se detuvieron; esperaba que sus oídos se abrieran.

Después de contar una versión rápida pero carnosa de mi historia en pocos minutos, miré a los oficiales de piedra.

## 21 | La Tierra de la Libertad

Luego, eché un rápido vistazo al reloj.

Mi vuelo hacia la libertad saldría en minutos.

El oficial al mando giró la cabeza lentamente hacia el reloj, y luego volvió lentamente hacia mí.

—Ha sido perfilado como un cristiano extremista —gruñó—. Ya no es bienvenido en suelo neozelandés. Pero —añadió, tras un profundo suspiro—, no ha roto ninguna de nuestras leyes; lo respetaremos.

Con un movimiento de su mano, dos oficiales me tomaron de los brazos y me arrastraron hasta la puerta de embarque, por el puente y a lo largo del pasillo hasta mi asiento, donde me depositaron entre dos alguaciles samoanos. Al sujetarme en su sitio, sus enormes y musculosos hombros comprimieron mis pulmones con la fuerza suficiente para romper un par de globos meteorológicos; y, durante doce horas, estas estatuas parecidas a gárgolas no se movieron, ni siquiera para usar el baño, lo que, a su vez, significó que tampoco pude usarlo. Había un asiento vacío al lado de uno, lo que habría permitido un poco de espacio para respirar a sus músculos y a mis pulmones. Pero, desgraciadamente, eligieron la disposición de los asientos para hacer un sándwich Ahmed; y aunque nunca volví a ver a esos hombres, sus aplastantes presencias dejaron una marca indeleble (y, probablemente, física) en mi corazón.

Cuando por fin aterrizamos en suelo americano, los mariscales samoanos me despegaron de sus bíceps ondulantes y me arrojaron al aeropuerto.

Habiendo finalmente llenado completamente mis pulmones y vaciado mi vejiga, patiné hacia la línea de inmigración de EE.UU., mientras que la sensación volvió lentamente a mis piernas.

—¿Cómo está hoy? —preguntó una cara brillante y alegre con una voz como una explosión de confeti de cumpleaños.

Tener un Picasso humano delante de ella parecía no perturbarla en lo más mínimo; supongo que cosas más extrañas que los cristianos comprimidos de Samoa entran y salen de los aeropuertos.

Preparándome para otro abordaje y viaje a la pequeña habitación para un interrogatorio, le entregué mi pasaporte; y con un honesto tono de incertidumbre en mi lengua, respondí,

—Bien.

—¡Bien está bien en mi agenda! —exclamó—. Ahora, por favor, coloque sus dedos aquí —añadió, haciendo un gesto hacia el escáner—; necesitamos sus huellas dactilares.

Como si fuera un cocodrilo, puse mis manos en la pantalla.

Un destello rojo se extendió por mis dedos.

Jadeé y salté.

Luego, con un *FLIP, BOOM, BAM*, mi pasaporte fue abierto, un sello fue entintado, y mi pasaporte sellado.

Con sus dientes entre unos labios rosados y separados, el oficial me lo devolvió y me gritó:

—¡Bienvenido a América!

Me quedé helado, con el pasaporte en la mano.

—¿*En serio*? —gritó mi cerebro, mientras mis ojos se dirigían de izquierda a derecha, esperando ver el inminente ataque sorpresa—. ¿Va a dejar que un cristiano *extremista* como yo entre aquí sin al menos golpearlo en la cabeza unas cuantas veces?

Una ráfaga de calor saltó a través de mi brazo.

Mis ojos giraron en mi cabeza, y luego se rompió la imagen del oficial, tocando mi mano y mirándome con una suave sonrisa y un ojo parpadeante.

—Señor —susurró—, puede irse.

Dándome una palmadita en el hombro, volvió a sonreír y me hizo un gesto con la cabeza para que me moviera.

—¡MUCHAS GRACIAS! —chillé, y luego corrí por el pasillo, con las rodillas sobresaliendo del suelo, encontrándome a la altura de los ojos con cada paso—. ¡LO HE HECHO! ¡ESTOY AQUÍ! ¡ALABADO SEA DIOS! ¡LA TIERRA DE LA LIBERTAD!

## 22
## Hogar de los Salvados

—¡Es una noticia maravillosa! Me alegra saber que lo lograste!

—¡Solo por la gracia de Dios! ¡Jesús me llevó a salvo de las fauces del enemigo!

—Por favor, Ahmed, no volvamos a hacer *eso*.

—Jesús es mi vida, Jamal, *esa* es la verdad. Él es el único camino.

—Así lo has dicho. Mira, no estoy interesado en tu nueva versión de Jesús, ¿de acuerdo? Solo me alegra saber que has superado a esos tipos. Las cosas deben cambiar, y tú puedes ser una herramienta en esta lucha. Los saudíes deben volver a ser como antes, rechazar estas tradiciones wahabíes de mano dura.

—Estoy de acuerdo en que Arabia Saudita es un lugar oscuro.

—¿*Oscuro*? ¡Ja! Con la opresión de las mujeres, gente como tú se arrastra por decir lo que piensa, ¡no pudiendo creer lo que quieran! No me malinterpretes, creo que has perdido el camino al abandonar el Islam; pero con todo lo que el gobierno te ha hecho, no puedo decir que culpe a tu firmeza en aferrarse al cristianismo.

—Me aferré a Jesús antes de que mi familia me repudiara, antes de que el gobierno me torturara, antes de que perdiera todas mis posesiones materiales inútiles y saliera huyendo como un animal cazado. Y me aferro a Él ahora más que nunca, no por compulsión de los actos opresivos del gobierno, sino más bien porque Cristo me ha abierto los ojos para ver qué poderes actúan realmente en este mundo. Jesús me ordena que lleve la luz a las tinieblas; me obliga con su amor, que ha puesto en mi corazón; y pase lo que pase, voy a proclamarlo. Jamal —dije muy directamente—, Jesús te ama también, y oraré por ti siempre.

—Aprecio tu bondad —respondió—. Pero Isa, que sea bendecido, no es quien tú dices que es; así que, oraré para que Alá te libere de este engaño antes de que Isa vuelva para liberarte por la fuerza. Además, oraré para que te unas a mí en esta lucha. La tuya es una historia que podría cambiar el paisaje político y cultural de nuestra patria.

—Dejemos que la historia que Cristo ha escrito para mí primero cambie los corazones y las mentes, y señale a nuestra parentela el camino, la verdad y la vida que es Jesús. Lucharé por un saudí libre de la oscuridad que lo ata, pero sirvo al reino imperecedero. Las naciones se desmoronarán, los hombres malvados se levantarán; donde caiga un hombre de las tinieblas, dos más ocuparán su lugar. Miro al verdadero Rey, ya entronizado sobre la tierra; y a todas las naciones seré una voz que llame en el desierto: Enderecen su camino al Señor.

—¡Y que la misericordia de Alá sea contigo! Ahora, debo regresar. Dime, ¿a dónde vas ahora?

—Creo que me quedaré en California por un tiempo y continuaré mi trabajo evangelizador; algunos viejos amigos me han dado alojamiento.

—¿Qué tipo de visado has conseguido?

—Seis meses.
—¿Vas a solicitar asilo?
—Creo que sí.
—Lo haría. Consigue un abogado y todo el apoyo que puedas. Tienes amigos en todo el mundo, ¿verdad? ¿Crees que estarían dispuestos a firmar declaraciones juradas que testifiquen tu fe cristiana y la certeza de la muerte que te espera en Arabia?
—¡Muchos son testigos oculares de esos hechos!
—No pierdas el tiempo. Me alegra saber que estás a salvo ahora, *quédate* así. Estaré en contacto.
—Que Dios te acompañe, Jamal.
—¿Quién era? —preguntó mi amigo cuando colgué el teléfono.
—Un periodista del Washington Post: Jamal Khashoggi. Es originario de Medina, Arabia Saudita; pero no tiene ningún amor por el gobierno. Ha estado haciendo mucho para tratar de afectar el cambio, pero temo por él.
—¿Los saudíes buscan matarlo, como te lo hicieron a ti?
—El gobierno siempre busca silenciar a todos los disidentes con una bala. Pero no temo a los que pueden matar el cuerpo. Jamal tendrá que presentarse un día ante Dios, y si no está cubierto por la sangre de Cristo... mientras tenga aliento, todavía hay tiempo.

Durante los siguientes meses, fui a California a predicar el Evangelio, hablé en iglesias, evangelicé en las calles y mantuve un sólido alcance en línea. Pero, con solo una visa de seis meses, el tiempo no estaba de mi lado; así que rápidamente contraté un abogado cristiano.

—Tenemos veinte declaraciones juradas y firmadas —dijo, apilando mis archivos de casos—, y hay otra en camino. Además, pude usar la Ley de Libertad de Información para asegurar la solicitud internacional del gobierno saudí para su extradición. Creo que tenemos un caso bastante sólido para el asilo —suspiró, poniendo las manos en la cintura y admirando el montón de pruebas de más de 400 páginas que habíamos recopilado—. Testimonios de testigos oculares, declaraciones juradas, videos, fotos, audio, ¡además del precedente establecido por los saudíes en cuanto al tratamiento de desarticulación de personas como tú! Ahora —dijo, aplaudiendo y frotando furiosamente sus manos—, esto llevará un poco de tiempo; y aquí es donde podría ponerse complicado para ti.

—¿Qué quieres decir?

—Bueno, el gobierno no es precisamente rápido en estas cosas, no me malinterpretes, voy a hacer todo lo posible para asegurarme de que esto se acelere; es bueno que no hayas esperado hasta que tu visado haya expirado. Algunos casos que he visto pueden tardar tres o cinco años en ser escuchados por el USCIS.

—¿Cinco años?

Podía sentir la espada saudí frotándose contra mi cuello.

—¡Oremos para que no tengas que esperar tanto tiempo!

—¡Buena idea, recemos ahora!

Lo hicimos, y mi solicitud fue presentada el Viernes Santo de 2018.

Y luego esperamos.

Unas tres semanas más tarde hice una llamada telefónica.

—Ahmed, soy yo —dijo mi abogado—. Tengo noticias muy inusuales para ti.

Su voz era tan monótona, que no podía sacar ni del pozo de la alegría ni del del del terror.

—¿Qué es?

—Seguridad Nacional ha programado una entrevista para ti en la primera semana de mayo.

—¡Es increíble!

—Nunca he visto nada como esto.

Sus cuerdas vocales se tensaban como las de un piano demasiado afinado.

—Suenas tenso... ¿qué pasa? ¿No es esto algo bueno?

—Podría ser —dijo en voz baja—. Podría ser *muy* bueno... o podría ser muy malo.

—¡Ten fe, amigo mío! ¡Dios trabaja todas las cosas para nuestro bien!

—Estoy de acuerdo —dijo, hablando muy despacio—. Solo sé sabio. Mantente en guardia. No estoy seguro de a qué nos enfrentamos aquí.

El día llegó rápidamente.

Mi abogado y yo llegamos muy temprano, con los brazos llenos de todas las pruebas que pudimos reunir, demostrando de forma abrumadora que ser enviado de vuelta a Arabia Saudita era ser enviado a morir.

—¡Ahmed Joktan! —llamó al oficial de inmigración.

—¡HEY! —gritó mi abogado. Corriendo hacia el oficial, siseó en tono agudo—, ¡Esa es una violación grave, negligente y peligrosa de la privacidad! ¡Este es un espacio público, y acabas de anunciar su nombre completo al aire libre! ¡Aquí mismo en el vestíbulo!

La cara de piedra del oficial miraba fijamente a la irritación que surgía en el cuello de mi abogado.

—¿De qué nos sirve estar enfadados ahora? —dije, caminando hacia ellos—. No podemos retractarnos de lo que se ha hecho, ¿verdad?

Tras ser escoltado a la sala de interrogatorios, otro oficial entró, murmuró un saludo y se dejó caer en una silla frente a mí.

—Me gustaría empezar con este video de evidencia de la fe cristiana de mi cliente, que...

—Inmaterial —refunfuñó el oficial, hurgando en un punto de la mesa.

—¿*Perdón*? ¡Esta evidencia demuestra que mi cliente es un cristiano que ora en la Meca a Jesucristo, evangelizando en su nombre!

—¿Y qué?

El oficial aún no había mirado a mi abogado.

Una tormenta de sentencias parecía formarse en los labios de mi abogado, pero ninguna pudo manifestarse en sonido durante bastante tiempo.

—Podemos demostrar claramente —dijo alargadamente—, que un cristiano profeso, convertido del Islam, como es conocido y documentado por el gobierno saudí, está condenado a morir bajo las leyes de la apostasía saudí. Insisto en que me permita presentar esta evidencia.

—E insisto en que pase a otra cosa —dijo el oficial—. Digo que es irrelevante, me está haciendo perder el tiempo.

Tomando uno de los archivos que tenía delante, el oficial comenzó a hojear nuestras pruebas.

—Veamos: repudiado por su familia, viviendo en la calle... oh, aquí hay una buena: ¡*torturado*! —escupió con una burla—. Algo aquí sobre dientes perdidos, algunas cicatrices... ¿qué es esto? —se rió, sosteniendo una foto de mi coche lleno de balas—. Es que no sabe conducir, ¿o qué?

Mi abogado estaba hirviendo.

—¿No tiene respeto por la tarea que tiene entre manos, oficial? ¿Esto es una especie de juego para usted?

Cerrando el expediente, el oficial se burló de mi abogado.

—Ya veremos —volviéndose hacia mí, hizo un *humph* y exclamó—: ¿Cuál es su historia?

—¿No revisó ninguna de las pruebas que le proporcionamos de antemano? —intervino mi abogado—. ¿Ha estudiado alguna de las pruebas que presentamos?

—¡No estaba hablando con *usted*! —el oficial ladró, y luego me hizo un gesto con la mano para que empezara a hablar.

Aunque algo fuera de balance, comencé por el principio, ofreciendo un relato conciso desde la infancia hasta la conversión al presente.

—Y mi padre me trajo varias veces a la ciudad para ver estas ejecuciones. He visto a innumerables cristianos con sus cabezas cortadas o crucificados y colgados de grúas, en lo alto de la ciudad.

—No lo creo.

—¿Qué?

—Es un montón de basura —se rió el oficial, sacudiendo la cabeza y cruzando los brazos—. Pero por favor —añadió, sacudiendo la cabeza hacia adelante de manera burlona—, continúe.

Respirando profundamente, procedí.

—Me golpeaban, día y noche, y luego me echaban sal en las heridas.

—Sí, claro —dijo con un par de ojos anchos y entornados.

—En el sobre había tres balas brillantes y una carta que me decía que me iban a matar... *esta* carta, aquí.

—Su letra, ¿eh? Buen trabajo. ¿Qué es esto, un lápiz?

—Me persiguieron durante treinta minutos por el Rub" al Khali, disparando a mi coche con una descarga de rifles y armas automáticas.

—¡Oh, seamos realistas! ¿Qué es esto, un cursi argumento de película de acción? ¡Solo lo está inventando para poder quedarse en el país!

—¡Cómo se atreve! —gritó mi abogado.

—¡Usted no es *realmente* cristiano! —gritó el oficial, lanzando un dedo a mi cara—. ¡Admítalo! Usted no es cristiano, ¿verdad?

Sus palabras fueron como el látigo de mi encarcelamiento; su vehemente hostilidad fue como el silencio ignorante del mundo, como los gritos de aquellos males indecibles que soportan en las celdas oscuras y los rincones ocultos de mi patria se derraman sobre sus palmas por el dinero negro colocado en ellas.

—Sí lo soy —respondí, completamente aplastado pero tranquilo—. Por Cristo mi Salvador, lo soy.

—¡Ya he tenido suficiente! —gruñó el oficial, poniéndose rápidamente de pie.

—¡*Señor*! —llamó mi abogado, saltando de su silla y corriendo hacia la puerta.

Girando rápidamente, el oficial tomó la mano de mi abogado y lo acercó; comenzó a susurrar.

La puerta se cerró de golpe detrás de él.

Girando lentamente, mi abogado se deslizó trancedentemente de vuelta a su asiento.

Se acomodó en él como una hoja de otoño que cae de un árbol; luego, después de mirar fijamente al vacío durante unos minutos, comenzó a empacar lenta y cuidadosamente todos los materiales que habíamos traído para nuestra sesión de dos horas de cruel burla y escarnio.

—¿Qué dijo? —le pregunté.

Enderezó su cuello, se arregló la corbata y se aclaró la garganta.

—En su *propio* vocabulario y con tantas palabras —respondió, con los labios fruncidos y los ojos enrojecidos—, me expresó que eres el peor mentiroso que ha encontrado y que he sido engañado por ti.

No tenía sentido discutir el tema.

—Volveremos en dos semanas —continuó—. Conoceremos el estado de tu solicitud entonces. Vámonos.

La respuesta de Seguridad Nacional fue rápida y demorada; llegó repentinamente pero tardó una eternidad en llegar. Y no me sorprendió en absoluto ver que su veredicto.

### *Solicitud de asilo - DR. AHMED JOKTAN*

*Los solicitantes de asilo deben demostrar de manera creíble que han sufrido persecución en el pasado o que tienen un temor bien fundado de persecución futura por motivos de raza, religión, nacionalidad, pertenencia a un grupo social determinado u opinión política y que merecen que se les conceda asilo en el ejercicio de su discreción.*

*Por la(s) razón(es) que se indica(n) a continuación, el USCIS no ha concedido su solicitud de asilo:*

### **PERSECUCIÓN PASADA**

*El solicitante no ha establecido que ningún daño experimentado en el pasado, considerando incidentes tanto individuales como acumulativos, equivalga a persecución.*

### **PERSECUCIÓN FUTURA**

## 22 | Hogar de los Salvados

*El solicitante no ha demostrado que exista una posibilidad razonable de sufrir persecución en el futuro.*

**VEREDICTO: ASILO DENEGADO**

No me recuperé rápidamente.

—¡Estoy a punto de explotar! —gritó Matt al otro lado de la línea—. ¿A quién servimos? ¿A Dios o al gobierno? Y aquí estoy yo presionando a los cristianos, ¡diciéndome que esta negación prueba que has estado mintiendo todo este tiempo! ¡Alguien me dijo que debería confiar en el conocimiento del gobierno, que ellos saben más que nosotros y por lo tanto te rechazaron por alguna oscuridad oculta que has albergado para engañar a gente como yo para que te ayude!

—¡No me importa si ni una sola alma en esta tierra cree lo que digo! —lloré, apenas pude hablar en medio de la rotura y el rechinar de mi corazón—. ¡Si todos me expulsan, que así sea! Tengo un amigo más poderoso, de cuyo lado nunca seré expulsado. ¡Oh, Dios mío! —oré, mis palabras resonaban cada una en su propio aliento—. ¡Reivindícame! Jesús, reivindícame, porque no he dicho nada más que la verdad.

Matt y yo consumimos el aceite de medianoche, orando como nunca antes para que Dios trabaje en su poderoso propósito a través de esta prueba, que nos dé paz, que me allane el camino, y que al final lo use todo para echar de los ojos de muchos el velo de la oscuridad.

Dios no tardó en responder.

Unos días después, recibí una referencia de una abogada cerca de Washington D.C., una especialista en casos de inmigración como el mío.

—¡Esto es una clara demostración de parcialidad! —declaró al revisar mis pruebas, la forma de mi entrevista y el resultado de la misma—. Cualquiera puede ver claramente la aplastante persecución de los cristianos en Arabia Saudita… ¡la pena de un musulmán que se convierte al cristianismo está grabada en piedra!

—De hecho, mi primer abogado y yo nos sentimos de la misma manera. Pero, incluso con esta claridad, se me negó, como usted dice, esto parece parcial. Entonces, ¿qué puedo hacer? Si no quieren creerme, ¿cómo podrán creerme?

—Esta sigue siendo la tierra de los libres —dijo—, y aún así los valientes hacen de este su hogar. Llega a todos los amigos de la nación, pídeles que sean valientes, que te acompañen y que contacten con sus representantes electos. Debemos usar el poder del pueblo para presionar al gobierno, abrumarlos, obligarlos a escucharnos, y no dejarles ni siquiera una cornisa en la que mantener este injusto rechazo.

—¿Sigue el gobierno considerando la voz del pueblo?

Pasando una mano por su cara, se metió los labios en la boca y suspiró.

—Debemos poner nuestra confianza en algo más alto que los hombres de poder mundano.

—Ella quiere que todos mis amigos escriban a sus congresistas para que podamos conseguir apoyo. He estado llamando a la gente todo el día, ¿le escribirás a los tuyos?

—Lo *haré* —la voz de Matt sonaba como un gesto de dolor—. Es solo que su política no está alineada con el apoyo al cristianismo y sus valores. Aún así —continuó después de una larga pausa—, ¡podrías estar en la posición perfecta!

—¿Qué quieres decir?

—¡Apoyo bipartidista!

—¿Es eso posible?

—Dios, no el gobierno, hace montañas para moverlas; ¡Sus herramientas son a menudo los instrumentos más improbables! ¡Puedo ver este caso apelando a un extremo en cada lado! No importa a qué parte de ti se opongan, tienes algo que cada partido apoya ciegamente para el posicionamiento político: ¡el cristianismo y el inmigrante!

—No entiendo.

—No atribuiré motivos a nadie; los partidos han establecido sus valores de voto. Uno ha demostrado anteriormente que probablemente tocarían sus trompetas por haber salvado a un cristiano de los males de Oriente Medio; ¡el otro probablemente haría sonar el gong para elevar al inmigrante oprimido! ¡Dios puede convertir los males de nuestro tiempo y la locura del hombre para trabajar por Su bien! Y no es menos importante: esas mismas personas que me han estado royendo los oídos acerca de cómo el gobierno sabe más acerca de que eres un mentiroso que lo que mis ojos "ciegos" han podido ver, no confían en nuestro senador ni por un segundo. Si él se pone de tu lado, ¡creo que finalmente verán el poder de Dios trabajando en tu vida! ¡Voy a buscar mi bolígrafo!

Y así lo hizo, junto con amigos y amigos de amigos de toda la nación, bombardearon el congreso con cartas suplicando a sus representantes que actuaran; y no pasó mucho tiempo antes de que yo recibiera mi primera carta.

```
Dr. Joktan,
    Numerosos electores de mi estado me han escrito
en su nombre. El mensaje ha sido bien recibido,
```

alto y claro. Tiene mi apoyo y mi promesa de hacer todo lo que pueda para ayudarle en su momento de necesidad.

Parece que hay muchas razones por las que es necesario un acto del Congreso, ya que pronto me inundaron las respuestas de los senadores y congresistas de todo el país, todos prometiendo su apoyo bipartidista para trabajar como uno solo para llevar mi caso hasta el final. Y, así como así, una carta de la oficina del Servicio de Ciudadanía e Inmigración de los Estados Unidos apareció en mi buzón.

*El archivo del Sr. Joktan fue solicitado a la Oficina del Abogado Jefe y ha sido revisado. El Sr. Joktan ha sido programado para una entrevista adicional de asilo en la Oficina de Asilo en la siguiente fecha.*

—¡No puedo creer que haya llegado tan pronto! —gritó mi abogada; podía oír por teléfono el eco de su mano abofeteando su frente—. ¡Las investigaciones del Congreso suelen tardar meses en llegar!
—¡Pero servimos a un Dios grande y poderoso!
—¡Voy para allá! —gritó, y luego se subió a un avión desde Washington D.C.
Inmediatamente después llamé a Matt.
—¡De verdad! ¿Quieres que vaya contigo?
—Bueno, si estás muy ocupado...
Antes de que pudiera terminar la frase, Matt estaba a mi lado, dándome palmaditas en la espalda y rogándome como un niño que preguntaba por la llegada del día de Navidad cuando

iríamos a mi entrevista. Estaba tan febril, tan ansioso y burbujeante de regocijo eléctrico que, hasta el día de hoy, no estoy seguro de que no haya hecho todo el trayecto corriendo a pie.

Con mi abogada y varios amigos reunidos, nos metimos en un coche y corrimos por la autopista hacia nuestra cita.

—Llamé antes e hice algunas demandas —dijo mi abogada, en medio de su reunión con el grupo para informarles de lo que se esperaba cuando llegáramos—. Habrá un control de seguridad en la puerta, ten tu identificación a mano, para que no perdamos tiempo; la puntualidad y la eficiencia proporcionarán a nuestro equipo una buena óptica y, como mínimo, no darán al personal ningún motivo de desaprobación subconsciente. Me han asegurado que la sala de espera ha sido reconfigurada según mis especificaciones; nuestro registro se hará lejos de los ojos y oídos del público. Por último, y lo mejor de todo —dijo, sonriéndome—, he conseguido un nuevo oficial de entrevistas. Está familiarizado con el caso y con nuestras pruebas, lo que hará que la entrevista se desarrolle sin problemas y nos permitirá afinar cada detalle preciso.

Poco después del registro, me llamaron para mi entrevista.

—Antes de que te vayas —dijo Matt, cogiéndome de la manga—, ¿puedo orar por nosotros?

—¡Por favor, hazlo!

Acurrucados y sellando nuestros ojos, todos inclinamos nuestras cabezas a los pies de Jesús y dejamos que nuestros corazones sangren ante su santa presencia.

—Estamos indefensos para mover esta gran montaña, Señor —oró—; pero Tú, nuestro poderoso guerrero, vas delante de nosotros en este día, bajando la imponente bestia que se interpone en nuestro camino. Mueve tu mano atronadora; que sea un sonido pesado que sacuda los cimientos de la tierra, desalojando la oscuridad de los ojos de los incrédulos y los incrédulos. Somos Tus siervos; esta es Tu historia, y no somos más que pobres actores, indignos del escenario en el que hemos sido colocados, que no pueden decir nada más que tonterías de nuestros propios labios, que no pueden más que tropezar en nuestro propio poder. Ve delante de nosotros este día, ¡oh Cristo! Danos las palabras para hablar; ¡fortalécenos para que podamos estar de pie! ¡Y brilla! ¡Oh, Jesús! Brilla este día! Haznos lámparas en la colina más alta, en lo alto de los picos más altos; ponnos en lo alto de los cielos para que todos vean tu gloria y se vuelvan a ti. Pedimos en tu nombre este día y creemos, Jesús, nuestro Dios, creemos que nos guiarás por el horno, como lo hacías con tus siervos de antaño. ¡Nuestros días ya han sido escritos en tu libro! ¡Muéstranos hoy, muéstrale al mundo entero qué es lo que tu mano ya ha escrito! Lo que nos espera al pasar la página, te alabaremos. ¡En la seguridad y en el peligro, te alabaremos! ¡Incluso en el umbral de la muerte, te alabaremos! ¡Porque la batalla ya ha sido ganada! ¡Ningún poder en la tierra puede reclamar la victoria! ¡Es solo tuyo! ¡Vamos ahora, Jesús, a lo desconocido! ¡Camina a nuestro lado, ahora y siempre! ¡Nos comprometemos a nosotros mismos y a nuestro querido amigo, Ahmed, en Tu mano! ¡Alabado sea Dios!

Y, todos juntos, lanzamos un estruendoso, "¡Amén!"

Cuando mis ojos volvieron a enfocar la habitación, vi a un empleado parado cerca.

Sus ojos estaban enrojecidos.

—¿Puedo añadir mi "Amén" a tu oración? —ella preguntó, dando un paso adelante de un niño, las puntas de sus dedos danzaban una sobre la otra—. Fue hermoso.

—¡Claro! —lloré.

—¡ALABADO SEA EL SEÑOR! —dijo Matt, exponiendo su habitual entusiasmo estremecedor.

—¡Alabado sea el Señor! —declaró a cambio, con una lágrima a lo largo de su mejilla—. ¡Y que Dios esté contigo!

Y así fue.

Después de dos horas de testificar y presentar pruebas a un oficial muy cuidadoso y atento, mi abogada hizo su declaración final y luego me informó al salir que un milagro de Dios sería una respuesta dentro de un año.

El mío llegó al día siguiente.

Desde las traicioneras arenas de Arabia, Dios me llevó a la tierra de la libertad, aquí, ahora para ser protegido por las poderosas alas del águila y sobre ellas volar a través de los cielos de la libertad, sostenido por el aliento y el amor de Cristo.

Lo que debería haber tomado años, tomó menos de veinticuatro horas.

Esta tierra se ha convertido en mi tierra; este hogar se ha convertido en mi hogar.

Fue y es nada menos que un milagro.

Pero Dios no había terminado.

Tenía otro milagro bajo Su manga.

## 23
## Una Familia para Siempre

—BIEN —suspiró, alejándose del escritorio—, está terminado. ¿Qué te parece?

Acercándome a la computadora, tomé el ratón y comencé a desplazarme por página tras página, un océano de palabras, entrelazadas con fotos de mi vida y mi viaje, y repletas de todos los detalles que aún están vivos en mi memoria, junto con una completa historia del Islam y su proclamado profeta Mahoma, presentada para aquellos que escuchan el llamado de Jesús que se levanta de la página, desterrando la oscuridad de la ignorancia.

—*De la Meca a Cristo* —leí, llegando de nuevo a la portada—. Gracias, Matt. Es simplemente maravilloso.

—Es simplemente horrible —dijo el hombre alto por teléfono.

En cuanto Matt y yo terminamos la producción del libro, que incluía todo, desde el comienzo hasta el asilo, se lo envié al hombre alto para que me diera su opinión.

Y, vaya si lo dio.

—No vas a publicar esto, ¿verdad?

—B-bueno, yo... ese era el plan —mi cabeza todavía se estaba recuperando del trauma de la fuerza bruta de su honestidad—. ¿Qué tiene de malo?

—¡Oh, Ahmed! —gritó, sus palabras como las de un padre a un niño que no se da cuenta de los peligros de caminar en una calle muy transitada—. ¡Es ilegible! Esta asombrosa historia está enterrada bajo un montón de gramática entrecortada, una estructura desordenada... ¡no hay ninguna emoción en ella! ¡Solo un montón de hechos! Esta historia del Islam es buena, pero la has puesto justo al principio. Incluso si un lector supera esta lección de historia, su recompensa será solo una narrativa rancia, a la que seguramente renunciará de inmediato. No, no puedes publicar esto.

—¡Pero debo hacerlo! ¡Esta es la historia de Dios! ¡Quiero que todos conozcan las realidades del Islam y la vida en Arabia Saudita, tanto para los cristianos como para los musulmanes!

—Entonces, tienes que reescribirla.

—¿*Qué*? ¡Ya fue bastante difícil armar un libro entero! ¡No soy escritor! ¡Y tampoco lo es Matt! ¡Seguramente, no podríamos hacerlo *de nuevo*, y mucho menos mejor! ¿Qué se supone que debo hacer?

—Orar —respondió con calma—. Realmente creo que Dios quiere que esta historia se cuente al mundo, y que ya ha levantado un escritor para la tarea. Ora; Dios te traerá Su pluma.

—Tiene razón —dijo Matt cuando le hablé de los comentarios y consejos del hombre alto—. No somos escritores. ¡Todavía no puedo creer que hayamos logrado juntar la mayoría de esto por teléfono! —pasando las manos por su cara, se quejó y dijo—: Sí, esto definitivamente necesita ser reescrito.

—¿Pero por quién? ¡Ciertamente no *podemos* hacerlo! ¡Este fue nuestro mejor esfuerzo! ¿Hay alguna agencia de escritores a la que podamos llamar, o algo así?

Matt se sentó en silencio por unos momentos, sus ojos bailaban en el suelo y una mano le acariciaba suavemente la barbilla.

—Hay... no —hizo un gesto de dolor, sacudiendo la cabeza—. No. Él no lo haría.

—¿Quién?

—No importa. Conozco a alguien que es escritor... pero no; él no lo haría. Vamos, tú y yo, a orar por ello. Como dijo el hombre alto, Dios nos traerá su pluma.

Lo hicimos, y luego pasamos el resto de la tarde discutiendo los planes para nuestro ministerio y organización misionera.

Antes de que se acabara la medianoche, Matt volvió a un tema que había abordado un puñado de veces antes.

—¡Solo digo que necesitarás un ayudante! El que encuentra una esposa encuentra algo bueno, ¡ya sabes! Y, afrontémoslo, el tiempo no está exactamente de tu lado... ¡eres una gallina de primavera en otoño, amigo mío!

—¡Y no estoy en desacuerdo! Es solo que... Matt, ¿alguna mujer me aceptaría?

—¡Tu ortodoncista ya te ha dado una ventaja competitiva en trece de ellas, de hecho! Con esa nueva sonrisa dorada tuya, ¿cómo podría cualquier mujer resistirse?

—Pero mira mi cara... ¿un ángel podría amar a un desgraciado desfigurado? ¡Y mira mi historia! ¿Podría la dulzura hacer un hogar donde hubo una vez violencia, donde el peligro aún se cierne? ¡Mi familia llevó a cabo los asesinatos del 9/11! ¿Podría una mujer americana dar su corazón a un hombre así?

Bajando los labios y encogiéndose de hombros hasta las orejas, Matt se giró en su silla, exclamando: "¡Averigüémoslo!" y rápidamente comenzó a atacar su teclado.

—¿Qué estás haciendo?

## 23 | Una Familia para Siempre

—Creando un perfil de citas online para ti.

—¡Pero eso es público! El FBI me ha advertido sobre estas cosas.

—Tienes razón —dijo; aunque sus dedos continuaron su acoso a las teclas—. Entonces, ¿cómo quieres que te llames? ¿Calvin? ¿Rufus? ¡Oh! ¿Qué tal Pierre?

Mis ojos rozaron el techo.

—¡Oh, bien! Dejémoslo en Adam.

—Adam. Entendido. ¿Qué deberíamos decir de ti en tu biografía?

—Qué tal, "Mi pastor me obligó a hacerlo".

—Tentador. ¿Robaste eso de una red de hilos de Shakespeare, o algo así?

—Qué gracioso. Solo escríbelo.

—¿Seguro que no quieres, "Diamante de Oriente Medio en bruto" o algo así?

—¡No!

—¡De acuerdo! ¡De acuerdo! Aquí, siéntate y escribe esto. Es tu biografía, después de todo.

—Preferiría no hacerlo. ¿Por qué no lo desechamos todo?

—¿Crees que un hombre debe obedecer a su pastor?

—Bueno, claro, pero...

—¿Y quién es tu pastor?

—Tú... pero...

—¡Entonces obedéceme! —exclamó, con un parpadeo en los ojos—. En serio, creo que encontrar una esposa será un componente crítico, no solo para tu vida, sino también para tu ministerio. Solo inténtalo y veremos qué hace Dios, ¿eh?

—Bien.

—¡Bien! ¡Siéntate!

—¡No sé qué escribir!

—Bueno, ¿qué clase de mujer podría despertar tu interés?

—Una mujer cristiana comprometida y seria en su fe.

—Bien. Escríbelo. ¿Algún criterio específico?

—¿Quizás algo sobre cómo me gustaría llevar a cabo todo el proceso de conocerte? ¿Qué tal esto? Consideraré una cita solo si cada uno trae un amigo y se recita un capítulo favorito de las Escrituras?

—¡Bien! Trae a un amigo, recita un versículo favorito...

—No, *capítulo*.

—¿Un *capítulo* entero? ¿Intentas sabotear tu futura felicidad marital? ¿Cuánta gente ha memorizado un capítulo entero de las Escrituras?

—Una mujer seria en su fe lo haría. No tengo todo el tiempo del mundo para ir a citas, esto hará que la multitud se reduzca significativamente y me dirá mucho sobre su carácter.

—¡Eso es una gran petición! Pero —suspiró—, ¿qué planes podemos hacer para perturbar el de Dios? ¡O no obtendrás respuestas y luego modificarás tu estándar, o nos encontraremos una joya con una cabeza para memorizar!

Mi perfil fue publicado y esperamos.

Matt preguntaba a menudo; yo me olvidé de ello.

Y luego...

—¡Adam!

—¿Sí, señor Vicepresidente?

—¡El suspenso me está *matando*! ¡Déjame ver ese perfil!

—Adelante, conéctate, si recuerdas la contraseña.

Arrojándose a la silla, los dedos de Matt empezaron a bailar.

—Bueno, voy... ¡*eres* popular!

Dejando de lado mi preocupación, corrí hacia el ordenador y rápidamente aparté a Matt de la pantalla; su encantadora risa llenó la habitación en un vórtice mientras giraba libremente en su silla giratoria.

Dejé caer las palmas de mis manos sobre el escritorio y me quedé boquiabierta ante el número cinco rojo encaramado con tanto orgullo sobre el pequeño icono del sobre azul.

Mi mano, como una esponja mojada, se inclinó sobre el ratón.

Desde algún lugar a diez millas de mi cuerpo, vi el pequeño cursor negro navegar hacia el sobre.

Cinco nombres estaban parados uno encima del otro, como sugirió el servicio.

Matt agarró el ratón y pulsó sobre el primer nombre.

—¡De ninguna manera! —soltó antes de que yo pudiera objetar—. ¡Paso! —gritó, habiendo revisado el siguiente y borrado rápidamente el nombre—. ¡Nada! Hey, este tipo de... nada, no importa.

Entonces, un *CLIC* como fuegos artificiales del cielo explotó a través de la habitación.

Y allí estaba ella.

Algo como el puño volador de un boxeador de peso pesado se estrelló contra mi pecho.

El mundo a mi alrededor se derritió en un borrón de suaves acuarelas, y yo floté suspendido sobre una piscina de cristal, alimentado por un arroyo de risa, cayendo sobre las piedras con un sonido como un coro de ángeles susurrantes, sus voces eran como la delicadeza de sus alas emplumadas.

Aunque lo intentó, Matt no pudo arrancar mi cara de la pantalla; mis ojos estaban pegados a ella como un par de ventosas.

—Matt —murmuré—. Ella es... es simplemente... hermosa.

—¡Es un unicornio!

—¿Qué?

—¡Un unicornio de ojos azules y sangre roja! ¡Mira este perfil! ¿Has visto alguna vez tal audacia, tal fe radical y audaz?

Miro en silencio aturdido por unos momentos más.

Golpeándome repentinamente en la espalda, Matt gritó:

—¿Y bien? ¿A qué esperas, eh? ¡Ponte a escribir!

Y, empujando su silla debajo de mí, salió de la habitación.

Apenas sabía qué escribir, y aunque lo supiera, ¿cómo podría hacerlo con las manos actuando como si estuvieran viendo una cinta de fitness en casa: temblando y sudando?

—Querido Dios —oré, usando todo el aliento que mis pulmones, que se tensaban, podían evitar—. Nunca he hecho nada como esto. Envíame a predicar Tu Palabra en medio de una batalla furiosa, con las balas disparándose por encima, ¡y me iré con toda confianza! Pero... ¿esto?

Sellando mis ojos, respiré profundamente y le pedí a Dios paz y algo coherente que decir.

—*¡Hola!*

—*¡Hola!*

—*¡Buen día!*

¡Se está poniendo peor!

—*¡Encantada de conocerte!*

Sin el signo de exclamación, tal vez.

—*Encantado de conocerte.*

Bueno, eso suena poco sincero.

—¿Cómo va todo por aquí? —preguntó Matt, saltando de nuevo a la oficina.

—Todavía estoy trabajando en la primera línea.

—¡Ha pasado más de una hora!

—¡Esto no es exactamente lo más fácil! ¿ok?

—¡Eres un doctor! ¡Fuiste a la escuela de medicina!

—¡Y eso fue *años luz* más fácil que esto!

—¡Muévete! —gritó, me metió en la estantería—. ¡Deja que el hombre casado te enseñe un par de cosas! —sus dedos se deslizaron sobre las teclas: *"¡Hola! Me llamo Adam. Me gustaría mucho tener la oportunidad de conocerte mejor"*—. *¡Ahora, a trabajar!* —gritó, haciéndome rodar de nuevo frente al ordenador—. Cuéntale más sobre ti, habla de las próximas semanas, ora; y luego, si todo va bien, ¡invítala a una cena de grupo! ¡Soy tu acompañante!

Seguí esa fórmula hasta la saciedad, y no pasó mucho tiempo hasta que me quedé tan impresionado por esta mujer, hasta el punto de que no pude permitir que la timidez o el nerviosismo me impidieran preguntarle, que la invité a cenar con Matt y una de sus amigas.

Antes de que llegara el aperitivo, me encontré mirando como al sol a alguien cuya imagen debería haber sido avergonzada por lo mal que había captado su protagonista; esta visión viviente y respiratoria separó sus labios y habló mientras el pájaro azul cantaba, —Por lo tanto, no hay ahora ninguna condenación para los que están en Cristo Jesús —y así siguió, cada versículo del que yo pendía amenazando con enviar mi rostro cautivado a la mesa, hasta que al final, concluyendo su memorizado capítulo de Romanos 8, dijo, —Porque estoy segura de que ni la muerte ni la vida, ni ángeles ni gobernantes, ni potestades, ni la altura ni la profundidad, ni ninguna otra cosa en toda la creación, podrá separarnos del amor de Dios en Cristo Jesús nuestro Señor —luego, con una pequeña sonrisa pintada bajo unos ojos parpadeantes y entrecerrados en marcos negros, añadió—: Amén.

Fue entonces cuando un toque de emoción atravesó ese espíritu angelical.

Ladeando una ceja e inclinando la cabeza hacia adelante, soltó un cordial

—¡Tu turno!

Al final de la cena, me sentía enganchado.

Pero el matrimonio no es un asunto fácil, y el matrimonio con alguien como yo requiere aún más cuidado y consideración. Por mi bien, no podía dejar que la emoción dominara el día; por su bien, tenía que poner todo en juego con total transparencia.

Mientras nos despedíamos, le entregué una copia del manuscrito *De la Meca a Cristo*, impreso en mi ordenador.

—Si quieres —le dije—, por favor, lee esto con atención.

—¡Oh! ¿Es este el libro del que me hablaste?

Asentí con la cabeza.

—Léelo con mucho cuidado —le insté—. Como he mencionado, la mía es una vida que trae consigo mucho equipaje, algunas cosas serias de mi pasado que deben ser consideradas. Todo está aquí.

Mientras Matt y yo caminábamos hacia su coche, me pasó el brazo por encima de los hombros y dijo:

—¿Qué te hizo elegir 2 Corintios 4 como tu capítulo?

—Es corto.

Él y yo nos miramos y nos echamos a reír.

—No —dije, secándome una lágrima del ojo—; el libro que le di esta noche es mi pasado; ese capítulo es mi futuro despertar.


Cuando terminó de leer, se puso en contacto conmigo y arreglamos otra cita grupal.

—Tú dijiste cuando me diste esto —comenzó, deslizando el manuscrito por la mesa—, que tu vida lleva mucho equipaje.

—Lo hice.

Inclinándose hacia adelante, me miró fijamente a los ojos y dijo muy claramente, con confianza,

—Jesús se llevó ese equipaje —el viejo tú murió ahí fuera en el desierto. Estoy mirando a un hombre nuevo, vivo en Cristo.

La mandíbula de Matt y la mía cayeron justo en la sopa de langosta.

—Y yo que pensaba que el hecho de que ella pasara por ese lío de un manuscrito había sido la parte más asombrosa —murmuró Matt.

Las puertas del diluvio se habían abierto; ella y yo conversamos constantemente desde ese día en adelante, nuestras discusiones se sumergieron más hondo en las profundidades de nuestras vidas a través de discusiones abiertas sobre Cristo, quién es Él, y lo que significa ser su seguidor; discutimos las Escrituras, su proyecto de matrimonio, y lo que creíamos que la Palabra nos ordenaba hacer como esposos y esposas. Y no lo hicimos solos, ya que nuestros deseos se apresuraron hacia un dosel de blanco y un par de "yo acepto", ella y yo nos alistamos cada uno en la responsabilidad de compañeros para ayudarnos a mantenernos enfocados, puros y honrando a Dios mientras hacíamos este viaje juntos.

Todas las piezas correctas estaban cayendo en su lugar.

Había una cosa, sin embargo, que aún no habíamos tenido la oportunidad de hacer.

—Mi pequeña niña dice que eres un musulmán reformado —sonó el rugido de la panza de un ser humano muy bullicioso cuando nos sentamos a cenar—. ¡Un cristiano, dice ella! Bueno, hijo —dijo—, ¡Me temo que tendrás que demostrármelo! —una gigantesca sonrisa se dibujó en su rostro—. Ningún musulmán come cerdo, ¿verdad?

—No —respondí; aunque la palabra cayó de mis labios con un toque de inquietud, sonando como si llevara un signo de interrogación.

—¡Camarera! —llamó—. ¡Dos sándwiches de carne de cerdo! ¡De los grandes!

—¡Sé bueno, papá! —dijo un par de cejas levantadas, sobre una sonrisa de labios apretados.

—¿Quééé? —se quejó, encogiéndose de hombros con una amplia e inocente sonrisa—. ¡Tiene que pasar la prueba!

Al poco tiempo, la camarera volvió y me presentó un sándwich humeante, de tamaño americano, que necesitaba un montacargas para recogerlo, empapado en un aroma tan sabroso y delicioso que podría haber llenado una jarra con la saliva, preparando mi lengua para hundirme en este placer más allá de lo descabellado. Mis ojos desaparecieron en la parte de atrás de mi cabeza mientras el cálido aroma de una nueva aventura de ruptura total de cinturón se deslizó por mis fosas nasales; mi estómago gorjeaba impacientemente.

Un gran recipiente de salsa había llegado con el sándwich; dado que se trataba de una prueba, no sentí ni un poco de presión para desempeñarme bien. Así que, haciendo lo que asumía que todos los americanos hacían, vacié el contenedor entero sobre el cerdo y hundí mis dientes en la magnífica y desordenada exhibición.

Nadie me dijo que el contenido del recipiente era noventa por ciento de sal, diez por ciento de salsa; así que cuando su padre me pidió que después de terminar de comer compartiera mi testimonio, pedí otra jarra de agua, ya que tenía tres jarras de profundidad cuando llegué a mi infancia.

—¿Dijiste que solías tener camellos?

—Mhmm —afirmé entre dientes.

—Aprendiste mucho de ellos, ¿eh?

Casi le eché agua encima.

Riéndose entre dientes, miró a su hija y dijo:

—¡Vaya, me agrada! —y cuando ya se había dicho todo, me levantó, me dio un gran abrazo y declaró a todos los de la mesa—: ¡Está bien! ¡Está aprobado!

De repente fui tomado en los brazos de mi nueva familia americana, abrazado como un hermano y un hijo; y de la mano de su cabeza se me dio en un glorioso día soleado la mano de su más preciada joya: una mujer incomparable, con la que, completo en Cristo, se me concedió el honor y acepté la responsabilidad de ser su amante, protector, líder, compañero y amigo; de pasar el resto de mi vida atrapado en la fascinación de quién es ella y todos los intrincados y explosivos detalles maravillosos que son obra del Creador, con mi única preocupación de que mi vida pueda ser demasiado corta para explorarlos, aprenderlos y guardarlos todos - pero eso no será por falta de intentarlo.

—Y vinieron de todas las tribus, lenguas y naciones —dijo Matt, reflexionando sobre el día en que él y yo descansamos de las festividades de la boda—. De todas las naciones... ¡míralos! ¡Me sorprendería si no hubiera un representante de cada país aquí hoy!

—Es abrumador —dije en voz baja, mi mano me cubrió la boca con firmeza, y una lágrima se balanceaba en el borde—. Todos vinieron, cada uno de ellos. ¿La ves? —señalé a una joven que conversaba con mi nuevo suegro—. Ella voló esta mañana desde Corea del Sur; está aquí solo para la boda y regresará esta noche.

Tantas maravillas en tan poco tiempo habían ocurrido, y no fue la menor de ellas este momento: cuando me volví para mirar a Matt y lo encontré observando a la multitud... sin palabras.

Fue una maravilla de corta duración.

—Dios te ha usado para tocar tantas vidas en todo el mundo —dijo, el asombro pesado en sus labios—. Y aquí están, todos reunidos para celebrar contigo! ¿Algún hombre ha tenido alguna vez una familia como esta?

Me volví hacia él con una sonrisa; y, poniendo mi mano en su hombro, dejé caer la lágrima.

—Una familia para siempre.

## 24
## Su Gran Comisión

RECUERDO bien esa mañana de octubre de 2018.
Tan pronto como el suelo bajo mis pies se rompió en un millón de pedazos sobre una caverna de la nada, mi teléfono empezó a sonar.

—¿Has visto las noticias?

Apenas pude formar una respuesta.

No había aliento con el que hablar, de todos modos.

No pude más que mirar el audaz texto amarillo que ardía contra un río de sangre, untado en la parte inferior de la pantalla de televisión.

**SE CONFIRMA LA MUERTE DEL PERIODISTA JAMAL KHASHOGGI**

Lo que había sido mi temor se había convertido en una realidad; el día que fue reportado como desaparecido, pude sentir en mis entrañas que se había ido. Y lo que cortó profundamente y ennegreció aún más la pérdida de un amigo fue el hecho de que había sido atraído a su muerte de la misma manera que el gobierno saudí había tratado de atraerme. Habiendo sido dirigido al consulado saudí bajo falsos pretextos, fue asesinado a su llegada y cortado en pedazos -un periodista estadounidense desmembrado y mutilado por las autoridades de su patria, todo porque los había desafiado y criticado su gobierno.

—¡Padre, Dios! —lloré, cayendo de rodillas, allí en medio de mi cuarto oscuro, pintado con el brillo plateado de las noticias desgarradoras—. ¡Oh, Dios mío! ¡Si hubiera sido más audaz! ¡Si lo hubiera retenido más rápido! ¡Si lo hubiera amado más! ¿Dónde está ahora mi amigo, oh Dios? ¿Qué palabra dijiste cuando él estuvo frente a ti? ¿En qué se paró su espíritu ese día? ¿Por qué estaba cubierto? ¿Qué pago reclamó para satisfacer su deuda? —mi sollozo se intensificó en un retorcido y silencioso movimiento; mis entrañas se contrajeron todas a la vez, y solo pude hablar por la sangre que fluía libremente de mi corazón, pintando de rojo el suelo debajo de mí—. ¿Qué más podría haber hecho, oh Dios? ¿Cuánto tiempo pasé en cosas que se pudren? ¿Habría permanecido con él todas las noches, diciendo la verdad de horizonte a horizonte, podría él conocer ahora tus brazos de amor? Jesús... mi Jesús... ¿este sirviente le ha fallado a su amigo?

Mientras mis lágrimas se encharcaban en mi cabeza, presionando fuertemente contra el suelo, se me metió debajo algo como una nube suave pero firme. Aunque estaba débil y tembloroso, indefenso en mi dolor, esa nube comenzó a levantarse, llevándome lejos de la habitación oscura, hacia los cielos, para ser bañado en el agua de un cálido y reconfortante sol que me envolvió como una manta de lana. Y oí esta palabra: que yo, un manojo de carne frágil, no tengo el poder de salvar a ningún hombre, ni siquiera a mí mismo; es para todos los hombres elegir la vida, si quiere, y caer sobre la salvación obtenida solo por Cristo.

Una paz extraña vino sobre mí, recordándome que se me había ordenado ir, y así fue; pero la salvación pertenece al Señor, y si Jamal ignoró la verdad o dejó que penetrara en su vida estaba fuera de mi alcance para afectar o amoldarse a mi voluntad.

—Dios —gimoteé—, Tu amor es un regalo gratuito. Señalé ese amor a mi amigo. Porque Tú eres amor, has honrado su elección; no lo has forzado a abrazarte. Si él escogió su propio camino, así es como se le ha concedido la libertad de irse. Pero los innumerables caminos del hombre conducen a la destrucción, aunque parezcan brillantes a nuestros ojos mortales. No soy más que un mensajero, señalando el único camino. Y así lo seré siempre, hasta que vuelvas o me llames a casa.

La habitación regresó, llenándose lentamente a mi alrededor.

Sentí un tirón en mis hombros.

Suavemente, floté hasta ponerme de pie.

Girando la cabeza, vi como las noticias mostraban fragmentos de mi amigo, del caos de mi patria contra el que había luchado, y de los líderes saudíes que insistían en que estos informes eran falsos y que eran parte de un gran engaño.

Mi determinación nunca había sido mayor.

—Matt —dije, tomando mi teléfono—, comencemos.

—¿Cómo lo vamos a llamar? —preguntó después de que vaciáramos tres cafeteras, dando los últimos toques a nuestra organización de concienciación.

—De La Meca a Cristo Internacional.

—Me gusta. ¿Cuándo empezamos? —añadió con un guiño.

Dando el último sorbo en mi taza, sonreí y dije:

—Ahora.

Y lo hicimos, explotando teléfonos, hablando desde los púlpitos, enviando correos electrónicos y yendo de puerta en puerta.

Con más de tres millones de musulmanes presentes en los cincuenta estados, y miles de millones más en todo el mundo, era fundamental que nuestro mensaje se difundiera ampliamente.

—Pero nunca he conocido a un musulmán, y mucho menos he tratado de compartir el Evangelio con uno.

—No eres el primero en tener esta preocupación —decía, prácticamente cada vez que salía o escribía un e-mail—. En primer lugar, la evangelización musulmana comienza con el amor; el amor de Cristo, su amor incondicional y sacrificado, es un concepto extraño a una vida dedicada a buscar favores.

—¡Los musulmanes son peligrosos! —dijeron muchos.

—El *Islam* es peligroso —respondería con calma—. De hecho, si te encuentras con un musulmán en la calle, probablemente no sea radical. Pregunta por su fe y probablemente encontrarás que su conocimiento del Corán no es extenso más allá de los rituales que realiza y los versos que ha memorizado para fines litúrgicos. Pregunta, y probablemente te referirá a su Imán. Tales hombres, casi todos ellos, siendo bien versados en todas las enseñanzas del Islam, se inclinan hacia el radicalismo, que es el modelo encontrado en los libros de la religión. El Corán y los Hadith les ordenan atacar al Cristianismo y aferrarse a lo que el resto del mundo podría llamar creencias "extremas".

—¿Qué clase de métodos funcionan mejor para presentar el Evangelio a esas personas?

—¡Afortunadamente, no necesitamos *inventar* nuevas e ingeniosas formas de decir la verdad! ¡Ni tampoco el Evangelio requiere ningún tipo de edición o modificación! El método de Jesús es más que suficiente, ¿no es así? Jesús fue amable, pero audaz; se entregó libremente, pero no aceptó la tibieza. Si te acercas a un musulmán como un reto para hacer una marca en tu Marcador, o un check para tachar en tu lista, ¡no vayas en absoluto!

Conseguimos apoyo de todo el país y rápidamente establecimos una organización de alcance musulmán completamente funcional, a través de la cual empezamos a equipar iglesias para ministrar a sus vecinos musulmanes y mostrarles el amor de Cristo; empezamos a utilizar los medios sociales e impresos, e incluso empezamos a desarrollar la idea de que yo llevara un equipo de profesionales médicos a zonas del mundo devastadas por la guerra para difundir el Evangelio a través de la sanación. Pero nuestro núcleo siguió y sigue siendo el evangelismo, viajando a los barrios musulmanes de los EE.UU. y organizando equipos para ir y difundir la Palabra hasta los confines de la tierra, incluso en la oscuridad que es Arabia Saudita.

—¡Esta es su gran comisión: *ir*! ¡Jesús nos ordena que *VAYAMOS*! ¡No solo a la iglesia o a los estudios bíblicos! sino que dejemos nuestras zonas de confort, arriesguemos nuestra riqueza, nuestra reputación, nuestras vidas, todo, por el bien de las almas perdidas. Jesús nos llama incluso ahora para que vayamos a la cruz. ¡Iremos como Él lo ordenó, para hacer discípulos de todas las naciones! —declaré, de pie ante un grupo de curiosos evangelistas potenciales; fue mi primer intento bajo esta nueva bandera de organizar una fiesta para aventurarme en el Medio Oriente—. Me rompe el corazón que el asilo me prohíba volver a mi casa, mi padre está allí, mi madre, mis hermanos; toda mi familia, a la que tengo dolor. No puedo volver con ellos y compartir esta Buena Nueva, pero puedo equipar a todos y cada uno de ustedes para entrar en la boca del león y ser un testigo efectivo de Cristo. ¿Responderá alguno de ustedes al llamado de ir?

La sala se quedó en silencio por un momento.

Luego, un hombre sentado al fondo de la sala se puso de pie.

Empezó a caminar hacia mí.

Mis ojos se abrieron de par en par cuando vi ese pelo rubio arenoso, la piel besada por el sol, las chanclas y las gafas de sol de color arco iris metidas en su pálido bolsillo azul.

—¡THOMAS!

Antes de que llegara al escenario, corrí y le di un gran abrazo de oso.

Sosteniéndome delante de él, Thomas sacudió su cabeza con una triste sonrisa.

—Te traté mal cuando servimos juntos en JuCUM —dijo—. Te pido disculpas. Déjame ser el primero en aceptar tu ayuda y responder al llamado de nuestro Salvador con De La Meca a Cristo.

\*\*\*

Me levanté en medio de la oscuridad y salí a la arena helada. Su gélido pellizco roía la base de mis pies desnudos; su aliento me bañaba los dedos de los pies. Todo el mundo estaba oscuro; las estrellas estaban veladas, y no podía percibir nada de su forma o composición, aparte de lo que suponía que debía ser. No me atrevía a hacer un movimiento, ni a dar un solo paso; aquí, firme en el suelo helado, sentía que podía robar otro aliento pasajero y recorrer el siguiente, ignorando los minutos, las horas y los días que vendrían. Entonces, mis piernas comenzaron a acalambrarse; mi columna vertebral comenzó a torcerse. Tanto tiempo había estado posado en la oscuridad; mi cuerpo no podía durar mucho más, pero ¿qué podía encontrarse en la oscuridad para sentarse? Con nada más que mi propio poder para sostenerme, endurecí mis articulaciones, endurecí mi cuello y me cimenté con más firmeza en su lugar; aquí me pararía, y me quedaría de pie. Si algo podía saberse, era el frío de la sombra que se cernía sobre mí, no visto pero conocido por el doloroso frío que infligía; y en medio de él, ante su penetrante mirada, no me atrevía a temblar y luchaba duramente contra la inevitable caída. Me estaba quebrando, aunque creía que mi piedra era fuerte. Y entonces, estallando por un momento, pero no en mi tiempo, una sombra de luz llenó la oscuridad, deshaciendo lo que la oscuridad había devorado.

Las manchas de una gloria abrumadora deslumbraron mi visión.

Entonces, empecé a ver.

Sobre las copas de los árboles estaba pintado un rayo de nube gris y espesa; pero solo un aliento sobre la línea de los árboles, cortando el gris, era una larga banda que separaba la neblina, era una ventana, tan ancha como el ojo podía ver, a un cielo matutino cristalino, bañado en un cálido resplandor que desterraba rápidamente la oscuridad. Y aunque la densa capa de nubes no me permitía ver su llegada, ese brillo, haciendo temblar la oscuridad, proclamaba con una voz fuerte, que sacudía los huesos sin sonido, la llegada de lo que pronto se asomaba sobre el deshilachado y brumoso borde de la nube. En el momento en que su cabeza coronó la lágrima en el cielo, mis ojos se encendieron por el poder de su forma roja ardiente, y el mundo se despertó. Lentamente subió, hasta que por fin fue presionado entre las dos capas de humo cegador de arriba y abajo, dando luz a todos; y, durante un rato, él y todo lo que tocaba se hizo evidente a la vista, y vi claramente la gran división que tenía ante mí: mis pies enterrados en arena abrasadora, mientras que una hierba cubierta de rocío estaba justo más allá de las puntas de los dedos de los pies.

Goteando un resplandor rojo sobre el cielo, el cuerpo ardiente manchó el espectáculo celestial con su sangre, arrojando sobre el lienzo celestial un poderoso pincel para pintar una obra maestra, para la cual nada en la tierra -ninguna fuerza de la naturaleza, ni la inteligencia del hombre- podría crear un igual. Entonces, rápidamente, se elevó a la atmósfera, desapareciendo detrás de la enorme mancha en el cielo; pero el mundo no cayó en la oscuridad. Cada vez iba más alto, y esto lo sabía solo por la luz que continuaba inundando el mundo a mi alrededor desde una fuente que siempre estaba presente en solo una parte de su esencia total; y aún más alto iría, por su reinado que todo lo soportaba.

En algún lugar de arriba, apenas dentro de mi alcance de visión, había una ruptura final en esa enorme nube, sin ninguna mancha encima para ocultar lo que, por un momento, pasó por detrás sin ser visto. Allí, en la cima de la tierra, amanecería, revelándose una vez más, rompiéndose en toda su gloria, eliminando la última de las sombras que aún se aferran a la tierra.

Y mientras miraba, la gran extensión de arena en la que me encontraba empezó a moverse, y de cada grano brotó algo parecido a las figuras de los hombres; grano tras grano se fueron transformando, hasta que me encontré en medio de un mar de mi familia nacido en la arena, cubierto por el polvo de nuestra patria, con los ojos vueltos hacia el cielo.

Allí vimos la gloriosa reaparición, la lluvia de belleza resplandeciente y de paz y alegría eternas, prometida a estallar como al principio, volviendo esta vez con la plenitud de su gloria.

Una vez más, llegaría.

No podía dejar de preguntarme cuándo.

Con mis ojos puestos firmemente en el cielo, mis pies avanzan sobre la fresca hierba cubierta de rocío, moviéndose debajo de mí, con una multitud de almas siguiéndome a lo largo y alrededor, todos nosotros lavando nuestros pies en la nueva y fresca vida, abandonando el polvo de la Meca en nuestro pasado.

# Apéndice

## Traducciones de la Memoria a la Narrativa

Aquí sigue un desglose capítulo por capítulo de los medios y métodos por los que las memorias de *De la Meca a Cristo* se convirtieron en la forma narrativa de *Meca en mi Pasado*. Las declaraciones marcadas con un asterisco (*) deben ser asumidas para que ocurran a través de múltiples capítulos.

—

Capítulo 1. El escritor fantasma, para articular mejor y enfatizar las emociones de Ahmed durante la escena, ha interpretado algunos de los pensamientos internos de Ahmed en una composición narrativa*. Esto se hizo para hacer que el personaje de Ahmed fuera de carne y hueso como la página lo permite, para dar a luz una humanidad más profunda que no se experimenta en el recuento de los hechos como sucedieron.

Capítulo 2. El escritor fantasma ha interpretado y compuesto algunos diálogos, dibujando líneas e inspirándose en los acontecimientos tal y como ocurrieron, así como en los sentimientos y creencias de los personajes que hablaron*. [Para demostrar: Se puede contar históricamente que un general militar ha dado un discurso entusiasta a sus tropas, hablando sobre el valor y la valentía, sin que se haya grabado la transcripción de sus palabras reales; por lo tanto, el escritor fantasma rellena ese diálogo con palabras que articulan el enfoque, los medios y la entrega del personaje histórico, atribuyéndolos al personaje tal y como se retrata en la narración, y basándose en tantos ejemplos históricos y de la vida real como sea posible para crear un discurso exacto].

Capítulo 3. *De la Meca a Cristo* no contiene un registro de la observación de Ahmed de hombres que escoltaban a sus esclavas sexuales de la tienda después de la comida. Sin embargo, Ahmed confirma que estas acciones son exactas, ya que las había visto a menudo en su juventud; por lo tanto, fueron incluidas aquí para ilustrar mejor el mundo en el que Ahmed fue criado. Además, las reflexiones específicas de Ahmed sobre el Corán fueron añadidas para desarrollar el carácter narrativo de Ahmed y demostrar cómo las enseñanzas del Islam moldearon su vida y la de todos los que viven en Arabia Saudita hoy en día.

Capítulo 4. El sueño escrito en este capítulo no es el que tuvo Ahmed. Es más bien una representación poética y metafórica de un evento real (narrado en el capítulo 5) y un presagio de los eventos por venir. Esto se hizo, en primer lugar, para introducir el concepto de sueño en la narración, que es un componente crítico de toda la historia; y, en segundo lugar, para cambiar el ritmo de la narración hasta ahora, añadiendo color e intriga a través del misterio. En cuanto a la reflexión de un hombre sentado en un bordillo, rechazando la llamada a la oración: esta historia fue compuesta a partir de la explicación de Ahmed de lo que le sucede a esas personas, y se insertó aquí para hacer del personaje narrativo de Ahmed un espectador de los acontecimientos de la vida real. Finalmente, la reflexión de Ahmed sobre el Corán 9:111 retoma el conocimiento que Ahmed tenía durante este tiempo y lo presenta al lector en una reflexión narrativa para revelar la justificación coránica de los ataques terroristas del 11 de septiembre.

Capítulo 5. La historia sobre el hallazgo de la armónica por parte de Ahmed es cierta; sin embargo, fue tomada de su punto real en la historia y colocada aquí para propósitos de estructura de la trama. El evento con el peregrino ruso es cierto y se añadió aquí en forma de flashback para servir mejor a la trama. El testimonio de Ahmed de las ejecuciones en la plaza del pueblo es un evento compuesto, es una amalgama de las numerosas ejecuciones y castigos de varios tipos que había presenciado a lo largo de su educación. Poniendo en una sola escena un puñado de estos eventos históricos, la narración se mantiene fluida y estrecha, y revela mejor la gravedad de algo que se ve a menudo y durante un largo período de tiempo. Por último, la imagen que Ahmed ve por su ventana al final del capítulo es una visión muy común para los ojos de los ciudadanos saudíes; el contexto narrativo en el que se presenta fue creado para la trama y el desarrollo de los personajes.

Capítulo 6. El escritor fantasma seleccionó los versos reales del Corán recitados por Ahmed y el estudiante anónimo.

Capítulo 7. A Ahmed se le mostraron muchos videos de decapitación durante su entrenamiento; el video específico descrito aquí fue uno visto años antes por el escritor fantasma, y utilizado para transmitir las imágenes grotescas. Como en el capítulo 5, la experiencia de Ahmed caminando por las calles es una combinación de varios eventos vistos a lo largo de su vida; la decapitación de la mujer es una retransmisión directa de una decapitación real a partir de una prueba de vídeo proporcionada por Ahmed y mostrada al escritor fantasma.

Capítulo 8. No hay más enmiendas que las identificadas con asteriscos.

Capítulo 9. La larga discusión entre Ahmed y el hombre alto incorpora los temas presentados en *De la Meca a Cristo*, con varios temas y argumentos adicionales añadidos por el escritor fantasma, basados en el estudio integral realizado durante sus reuniones.

Capítulo 10. No hay más enmiendas que las identificadas con asteriscos.

Capítulo 11. Mientras estaba bajo arresto domiciliario, Ahmed escuchó desde el otro lado de la pared a su padre cantando los versos sobre el hijo de Noé. El escritor fantasma convirtió este evento en un sueño para articular su emoción y severidad de una manera más colorida, usando la metáfora y el sueño para atrapar mejor la imaginación del lector y atar la situación a los eventos registrados en el capítulo 7.

Capítulo 12.   El escritor fantasma seleccionó el tema discutido con la mujer en la sala de chat. Además, el hallazgo de Ahmed de la obra de arte chiíta fue creado para pintar más visualmente en el momento en que se dio cuenta de que él, un suní, estaría bautizando a un chiíta. En su charla con el hombre alto, se insertaron algunos temas de discusión para exponer al lector los eventos reales que ocurrían en la vida de Ahmed en ese momento.

Capítulo 13.   El oficial de policía religiosa con botas negras fue creado para representar a la fría autoridad que lleva a cabo los castigos de la ley Sharia. Mientras está en prisión, Ahmed escucha los gritos de una mujer. Aunque no se relata como parte de su experiencia en la prisión, se añadió para exponer al lector los horrores a los que se enfrentan las prisioneras de sexo femenino; los actos, tal y como están escritos aquí, así como la cita de las autoridades musulmanas que justifican dichos actos, son hechos y no exagerados o tergiversados. La triple constatación de Ahmed, así como su caída sobre sus atormentadores y su petición a Dios de que los perdone, se superpone a la postura actual del personaje narrativo Ahmed hacia aquellos que le infligieron el mal a él y a otros; no cuenta las acciones históricas que tuvieron lugar mientras estaba en su celda. Históricamente, estas realizaciones y postura vinieron después para Ahmed; fueron insertadas aquí para la estructura de la trama, el ritmo y el desarrollo del personaje.

## Apéndice

Capítulo 14.   La visión de Ahmed con el largo corredor de puertas fue creada para demostrar simbólicamente la lucha experimentada en este momento. El personaje de Rashid fue creado como una representación de individuos desgarrados entre lealtades, mientras Ahmed buscaba aceptación en un cuerpo eclesiástico.

Capítulo 15.   El anciano bigotudo fue creado para representar el retroceso hostil y la duda que Ahmed experimentó al buscar una iglesia. Mientras que las memorias de Ahmed se refieren a un evento con un anciano hostil específico, este personaje está destinado a representar la totalidad de esa hostilidad experimentada por muchos individuos. Finalmente, la conversación entre Ahmed, Andrew y el joven fue creada como una manifestación de muchas de esas conversaciones que Ahmed tuvo con gente acerca de ir a Arabia Saudita a difundir el Evangelio.

Capítulo 16.   El personaje Vince fue creado para representar a las muchas personas con las que Ahmed trabajó durante su tiempo con JUCUM, específicamente aquellos que estuvieron a su lado, creyeron en su historia y sirvieron para darle ánimo. El encuentro de Ahmed en el hospital con una víctima de violencia doméstica fue creado para capturar a las innumerables víctimas de dicha violencia que él había tratado durante todo su tiempo como médico. La historia de encontrar a una mujer que se muestra indiferente en su casa es cierta y se cuenta en *De la Meca a Cristo*; se insertó aquí como un flashback para puntuar mejor el tema del capítulo y avanzar en la trama.

Capítulo 17.   No hay más enmiendas que las identificadas con asteriscos.

Capítulo 18.  La línea de tiempo de los encuentros entre Ahmed y Matt se ha comprimido por el bien del ritmo. Después de su primera reunión con café, Matt menciona que la noche después de conocer a Ahmed había hecho una extensa investigación sobre él y su historia - esta investigación se llevó a cabo un mes más tarde a instancias de los ancianos de la iglesia de Matt, que lo desafiaron a estar seguro de las afirmaciones de Ahmed. Otras conversaciones entre Ahmed y Matt presentan temas y citas tomadas de toda la amplitud de su relación durante este tiempo, compiladas y comprimidas en escenas individuales.

Capítulo 19.  La apariencia del hombre que se acerca al auto de Ahmed ha sido elaborada de tal manera que muestra en su manifestación física la retorcida y fea postura y posición que muchos en Arabia Saudita toman hacia los sospechosos de ser cristianos.

Capítulo 20.  No hay más enmiendas que las identificadas con asteriscos.

Capítulo 21.  La conversación telefónica entre los personajes Ahmed y Matt, así como una con John y Reena, une en una sola escena las noticias que Ahmed recibió a través de varios canales durante un largo período de tiempo. El escenario en el que Ahmed se enfrenta a los oficiales de policía encubiertos lo pone en una esquina de la calle para dar al lector la sensación de exposición y el peligro abierto que el evento real poseía. El personaje Greg fue creado para personificar la advertencia que Ahmed recibió de sus diversos canales.

## Apéndice

Capítulo 22.    Ahmed estuvo en contacto con Jamal Khashoggi durante este tiempo. La conversación compuesta aquí fue creada por el escritor fantasma para encapsular un punto culminante específico de su correspondencia de un año de duración y para establecer la reacción a la muerte de Khashoggi.

Capítulo 23.    El matrimonio de Ahmed se trasladó a un momento posterior en la línea de tiempo de la narración con fines de ritmo y comprensión. En realidad, Ahmed estaba comprometido para casarse durante el tiempo de su solicitud de asilo; sin embargo, el escritor fantasma hizo este cambio para mantener el capítulo relativo a la solicitud de asilo libre de contener dos acontecimientos fundamentales, para evitar dividir la atención del lector entre dichos acontecimientos.

Capítulo 24.    La muerte de Jamal Khashoggi no coincidió con la finalización de De La Meca a Cristo Internacional, ya que esta última ya se había establecido. Esta fue una elección creativa del escritor fantasma para emparejar la necesidad del ministerio con un evento real que demostrara esa necesidad. El personaje Thomas vino a Ahmed para disculparse y buscar ayuda para llegar a Arabia Saudita a evangelizar; la escena que describe este evento fue conceptualizada por el escritor fantasma. La visión final de Ahmed fue compuesta por el escritor fantasma a partir de la inspiración de una experiencia personal al ver un amanecer oculto, utilizada aquí para ilustrar a Cristo y su segunda venida, y más coloridamente capturar en resumen la totalidad de la narración y el gran relato del que todos somos parte.

En su bondad, Dios te llamó a participar de su gloria eterna por medio de Cristo Jesús. Entonces, después de que hayas sufrido un poco, él te restaurará, apoyará y fortalecerá, y te colocará sobre una base firme. ¡Todo el poder para él para siempre! Amén.
1 Peter 5:10-11

SOLI DEO GLORIA

www.ingramcontent.com/pod-product-compliance
Lightning Source LLC
Chambersburg PA
CBHW031053080526
44587CB00011B/669